U0783515

中国教育学会
教师培训者联盟

中国教育学会教师培训者联盟
2018 年度实践案例集

闫寒冰　魏　非◎主编

 华东师范大学出版社

中国教育学会教师培训者联盟
2018 年度实践案例集

顾　问：杨念鲁　袁振国　尹后庆
　　　　吴颖民　杨银付　李　方
主　编：闫寒冰　魏非
编　委(按姓氏笔画排序)：
　　　　王　红　白　晓　毕诗文　朱　婷　苏争艳　李瑾瑜　吴国平
　　　　吴德芳　汪昌海　陈恩伦　周增为　赵　健　梅秀娟　符杰普
　　　　熊秋菊
参　编：李树培　钟蓓蓓　樊红岩

序

信息技术的快速更迭、学习的跨界性和终身性、时间的碎片化等时代特点促使教师专业化发展成为国际教师教育的发展方向。我国教师群体之庞大规模与稳定质量,在世界范围内都备受瞩目,很大程度上得益于有序系统的教师培训工作。近年来,在强大的政策与经费支持下,我国教师培训呈现出大规模与常态化的特点,然而,当前教师培训仍存在不少问题:尽管培训经费充足,但相当部分教师视培训为负担而非福利;尽管课程供给充裕,但其精品化程度与国际知名项目或企业培训相差甚远;尽管培训的实践性与应用性被反复强调,但专家拼盘式的培训比比皆是,等等。随着教师专业发展面临的挑战日益升级,人们对教师培训品质的期望也不断提升,教师培训中的这些顽疾不断拷问着教师培训的价值和意义。

教师培训者是教师培训中整合资源、实施任务、承担管理的核心主体,不仅需要对政策有宏观的把握,更需要有专业的素养与实践的智慧,有研究的意识与前瞻的视野。当前教师培训诸多问题的存在有多重原因,某种程度上培训者与管理者队伍缺乏专业化建设也是其中的影响因素。教师培训困境的改善与解决,不仅需要国家政策导向和财政经费支持,更仰赖各位教师培训者的专业化发展与合力。

"培训专业化"是加强教师培训内涵建设的当务之急,培训者亟须专业发展和自我更新。然而,面向教师培训者的支持比较薄弱、不够聚焦已成为教育界的共识。正是出于助力中国教师培训者专业成长的初衷,在教育部领导和中国教育学会的支持下,2016 年 11 月,由华东师范大学联合多家单位发起成立了"中国教育学会教师培训者联盟"(以下简称"联盟")。"联盟"的成立,成功地为教师培训者的专业发展搭建了可以分享经验、相互学习的学术平台,使我国教师培训者凝聚为学习共同体,共同探索教师培训的系统解决方案以及教师培训者的专业发展路径,让教师培训者在自身专业成长的过程中,创造出更能促进教师专业发展的培训模式、培训内容、培训机制。"联盟"自成立以来,受到了全国各地教师培训从业者的高度关注,目前已经有131家单位主动加入"联盟"成为会员单位,共同致力于推动中小学教师培训的专业化发展。

为了发挥联盟的专业引领作用,"联盟"建立了年会制度,组织专题研讨,分享教师培训领域中的研究进展与实践成果;开展专题研究,融合国际国内的最新研究与实践;启动实践案例征集活动,构建优质教师培训实践资源库。本次结集出版的实践案例来源于"联盟"2018年年会组织的"实践案例征集活动"。活动中共征集到55个案例,经过专家多轮评议,最终有16个案例入选《中国教育学会教师培训者联盟2018年度实践案例集》。实践案例征集意在汇聚在实施过程中取得良好成效、具有可操作性、可迁移性和推广价值的培训课程资源与培训项目实践,积淀培训成果、荟萃实践智慧、提升专业水准、推动培训发展。我们衷心地希望借助"实践案例征集活动",使更多培训界同行能够回顾、总结、提炼、反思实践研究经验,充分利用"联盟"这个平台,开展更多维的对话互动,激发更深度的思维碰撞,进一步提升教师培训服务的内涵与品质,推动当地教师队伍的专业成长与整体发展。

希望我们教师培训者不忘初心,砥砺前行,始终保持对教师培训与发展领域的研究热情与实践智慧。有了各位的协同合作,我们更有信心和动力继续推进"联盟"的稳步发展,使其成为教师培训者的专业加油站和共同家园,我们也将更有理由相信和期待大家创造出更多精彩的互动、交流和成长,进一步明晰和描绘教师培训专业化发展的未来蓝图!

闫寒冰

目录

案例一

中小学教研组长
"学科校本研修领导力提升"实践研究

北京市海淀区教师进修学校

主题类别：培训项目的专业化规划

关 键 词：教研组长、学科校本研修、领导力提升

背景与问题

随着基础教育改革的逐渐深入，校本研修这种以学校为本、以教师为本、以解决问题为主要目标的研修方式，以其针对性、灵活性和多样性的特点成为较为经济、实用、有效的研修方式，在教师专业化发展中发挥着重要作用。但是，随着校本研修的深入，实践中逐渐呈现出一些问题：区域内各基层学校的校本研修发展不均衡，一部分学校的校本研修缺乏理论指导，学校开展研修活动随意性较强，校本研修的设计者缺乏专业性，区域的统筹管理、指导作用没有充分发挥。因此，如何发挥区域的指导作用，有效推进区域内的校本研修，实现校本研修的科学性、系统化和高水平，进而促进教师的专业化发展，成为区域教师培训部门校本研修工作的重要内容。

海淀区教师进修学校师训部通过问卷调查和对实际工作的考察发现，教研组长在校本研修过程中起到非常重要的作用，在促进学科教师发展中起到引领作用，是基层学校校本研修的主要实施者和学科领导者。然而，教研组长这一校园角色及其作用却没有得到足够的重视，当前教研组长队伍中的突出问题是：一方面，教研组长主要是行使上传下达的职能，起到组织协调的作用，处在半行政的状态；另一方面，组织以听评课为主要形式的单一活动，教研组工作缺乏整体规划设计，系统性不强，随机性大。教研组长的教师培训工作经验比较缺乏，迫切需要提高包括培训需求调研分析、培训项目课程设计、课程实施、效果评估等在内的有效开展校本研修的能力。

教研组长是决定学科校本研修成效的关键人物。学科校本研修的实然现状迫切需要教研组长成为学科教师发展的领导者，具有学科校本研修领导力、能够带领学科教师发展的教研组长已经成为基础教育改革新时代的必然诉求。区域教师培训部门应通过开展教研组长自愿参加的专项培训活动，加强学校学科组建设的指导。以教研组长专项培训活动为抓手，提高教研组长在课程改革背景下的学科校本研修领导力，开展"学科校本研修领导力提升"实践研究，有效推进区域内的校本研修工作，促进学科教师的专业发展。

问题解决思路

教研组长是基层学校校本研修的主要实施者和学科建设的领导者，"深综改"背景下的课程改革、招生考试改革对教研组长提出了更高的要求。为帮助教研组长拓宽视野，整体推进教研组校本研修的设计和实施的系统化、科学化、专业化，从而促进学科组建设，提升教育教学质量，引领学科教师专业发展，我们以项目研修为载体，开展了实践研究。

一　开展需求调研　诊断核心问题

为了有针对性地开展研修实践，项目组设计了需求调研问卷，对全区中小学教研组长进行调研。调研问卷包括填空和简答两种类型的问题。调研内容包括：区域教研组长队伍现状；教研组研修机制情况；组长完成的工作以及学校对教研组的评价；教研组开展研修活动的困难和面临的问题；组长具备的能力要求等。

项目组通过问卷网发放问卷，共回收中学问卷 406 份，其中有效问卷 388 份；小学问卷 611 份，其中有效问卷 610 份。在开展问卷调研的同时，项目组还收集了近三年各教研组的计划和总结,通过案例进一步分析了解教研组长的工作状态。

1. 教研组长队伍现状

(1)队伍现状调研数据

A. 性别组成

表 1－1　中小学教研组长性别组成

学　　段	男	女
中　学	23.97%	76.03%
小　学	15.08%	84.92%

B. 年龄情况

表 1－2　中小学教研组长年龄情况

年　龄　段	中　学	小　学
35 岁及以下	12.37%	23.14%
36—45 岁	48.71%	54.38%
46 岁及以上	38.92%	22.48%

C. 教龄情况

表 1－3　中小学教研组长教龄情况

教　　龄	中　学	小　学
5 年及以下	3.61%	5.58%
6—10 年	5.41%	9.52%
11—15 年	12.11%	16.92%
16—20 年	23.20%	26.43%
21—25 年	29.90%	22.50%
26 年及以上	25.77%	19.05%

D. 职称情况

表1-4 中小学教研组长职称情况

职 称 情 况	中 学	小 学
无	0.00%	2.17%
不详	1.29%	3.50%
三级教师	0.77%	6.68%
二级教师	6.19%	37.73%
一级教师	28.61%	44.91%
高级教师	63.14%	5.01%

E. 荣誉称号

表1-5 中小学教研组长荣誉称号情况

荣 誉 称 号	中 学	小 学
无	50%	50.25%
区骨干教师	21.13%	13.18%
区学科带头人	19.07%	19.93%
市骨干教师	3.09%	1.65%
市学科带头人	1.55%	0.16%
特级教师	1.55%	0.66%
其他称号	3.61%	14.17%

F. 担任教研组长时间

表1-6 中小学教研组长担任组长时间情况

序 号	组 长 龄	中 学	小 学
1	5年及以内	42.01%	61.48%
2	6—9年	29.64%	15.41%
3	10—14年	20.36%	14.09%

序　号	组 长 龄	中　学	小　学
4	15—19 年	4.64%	5.74%
5	20 年及以上	2.58%	3.28%
6	不详	0.77%	0.00%

（2）队伍现状分析

参与培训需求调研答卷的有 48 所中学的 388 名教研组长,涉及中学的全部学科,可归纳合并为 18 个门类。中学教研组长,年龄 41—50 岁的占 59.79%,教龄 16 年及以上的占 78.87%,担任教研组长 5 年以上的占 57.22%,拥有高级教师职称的占 63.14%,与学科教学相关的区级以上骨干教师占 46.39%。

参与培训需求调研答卷的有 76 所小学的 610 名教研组长,涉及小学的全部学科,其中女组长占 84.92%。小学教研组长中年龄在 36—45 岁的占 54.38%,教龄 16 年以上的占 67.98%,担任教研组长 5 年及以内的占 61.48%,拥有高级教师和一级教师职称的占 49.92%,与学科教学相关的区级以上骨干教师占 35.58%。

透过这些数据可以看出,中小学教研组长以女性为主(中学男性比例略高)。中学教研组长以中年为主,小学教研组长以中青年为主。从教龄上看,小学教研组长以 16—20 年教龄的最多,占比 26.43%;中学是 21—25 年教龄的最多,占比 29.90%。从职称上看,中小学分别以中学高级教师(63.14%)和小学高级教师(44.91%)为主。从荣誉称号来看,没有荣誉称号者超过 50%,具有与学科教育教学相关的区级以上称号的分别为中学 46.39%、小学 35.58%;其他称号的分别是中学 3.61%、小学 14.33%。从承担教研组长时间来看,5 年以内的组长占比最大(中学 42.01%,小学 61.48%)。

有关教研组长队伍现状的基本结论是:中小学教研组长主要是以女性为主的中青年骨干教师。这一群体,学科专业素养较高,具有较丰富的教学经验。从教研组长完成的主要工作内容调研以及培训者的专业判断可以推论,教研组长这个群体能够比较准确地把握本学科的教学现状并诊断教学问题,是学科教学的中坚力量,能够开展常规的教研活动,但是带领本组教师研修的经验尚显不足。

2. 学校教研机制建设情况

(1)教研机制建设情况调研数据

A. 教研组活动制度

表1-7　教研组活动情况

活动是否有固定时间	中　学	小　学
有固定时间和活动次数要求	96.13%	99%
无固定时间和活动规律	3.87%	1.00%
活动每周一次及以上	86.60%	90.83%

B. 每次研修活动时长

表1-8　教研组每次活动时长情况

每次活动时长	中　学	小　学
2课时以下	28.61%	30.16%
2课时	47.94%	46.34%
2课时以上	14.43%	22.50%
不明确	9.02%	1.00%

C. 教研组研修依据

表1-9　教研组研修依据情况

政策文件/规定要求	中　学	小　学
区级以上的政策文件	70.10%	27.05%
学校相关规定、要求	34.28%	37.21%
没有依据	0.00%	33.61%
不清楚	0.00%	2.13%

（2）学校教研机制建设情况分析

从这些数据可以看出，海淀区绝大多数的中小学教研组建有研修制度，包括有固定时间，活动次数等要求，并且能够按时、按规定开展研修活动，中小学每周一次及以上活动次数的教研组达到86％以上（小学达到90.83％）。在活动时长方面，近50％的教研组是以每次活动2课时为主，同时也有近三分之一的教研组每次活动不到2课时。

在教研组研修活动依据方面，中小学教研组长表现出很大差异。中小学都有三分之一以上的教研组长组织教研组研修活动时是根据学校的相关规定和要求而展开的。不同的是，由于中学更多的与升学考试有关，依据区级以上政策文件开展研修活动的占比达70.10％；而小学不清楚或者盲目的组织研修活动的占比达35.74％，这是值得关注的。

教研组长们写到的学校相关规定要求的具体内容主要包括：学校发展规划，学校理念，学校工作意见，学校工作条例、计划、要求，学校教育管理规章制度，学校行动纲要；组长工作条例、工作职责，有的学校还有《教研组长工作手册》、《学科主任工作常规》、《学校课程建设方案》以及《关于中学教学研究组工作条例》等相关文件；也有学校考虑到了组内教师的需求、学生的需求、新出现的问题等。

从教研活动的内容和形式来看，更多的教研活动内容是围绕教材进行教法交流，教材的把握和知识点的熟悉，教材整合分析等，形式上占比最大的是听课评课，其次是学习研讨，第三是讲座指导，第四是比赛和辅导比赛。

基本结论是：学校的教研组研修制度还不健全，每次不足2课时的活动难以保证活动实效。三分之一的小学教研组长做的更多是上传下达的盲目活动，更多的组长是以要完成的工作任务为主线零散地安排组内的活动，缺乏对接问题以及问题解决的精心设计。

3. 学校对教研组工作的评价与教研组长的工作状态

学校对教研组的工作比较重视，主要通过以下几种形式来对教研组的工作进行评价：

表 1－10 学校对教研组工作的评价情况

评价内容与方式	小　学	中　学
教研组分享、集体评议、汇报交流、总结	26.89%	23.71%
课(展示课、随堂课)和论文;竞赛评比	18.36%	10.33%
教学质量、效果、教研实效、成果	7.38%	27.84%
本组教师获奖情况,对学校突出贡献,教科研情况	7.87%	20.62%
常规检查,教学主管和领导参与	10.33%	22.16%

在"组长完成的主要工作"的问题上,组长们的填答很分散。相对集中一些的观点是,小学:主持教研活动,定时间、定地点、定内容,组织研究教材、集体备课、互相听课等活动,提升组内成员的业务水平,此条目占比 41.48%;中学:组织教学研究,提升教育教学能力,规划设计和听、说、评课,此条目占比42.87%。

由此,我们形成了对学校教研组长工作状态的基本认识:教研组长在学科教学中的作用还没有得到充分发挥,职责不是很清楚,工作也不明确,评价还是模糊的。更多的组长,做的工作就是组织协调(小学偏管理),活动核心就是开展听课评课活动以及落实学校布置的任务,而忽略了学科组建设的工作。

4. 教研组研修面临的困难

教研组长开展组内研修所遇到的主要困难,如下表:

表 1－11 教研组研修面临的困难情况

序号	困　难　项　目	中　学	小　学
1	教研组活动时间有限、没有保障	23.20%	30.66%
2	缺乏专业的支持、引领和指导	18.56%	22.13%
3	教师任务重、压力大、精力有限、参与研修的积极性不高	25.00%	18.52%
4	教研组团队建设存在人员配置、能力水平等问题;教研组长自身的能力、水平与经验问题	19.59%	10.00%

10

序号	困　难　项　目	中　学	小　学
5	教研组研修的设计、实施与评价问题,各种问题的研究与解决	21.13%	8.69%
6	各种资源欠缺,学校对教研组研修的支持、激励不足	17.78%	7.21%

可以看出,随着课程改革、招生考试改革的不断推进,教研组长所面临的压力越来越大,在开展学科研修过程中遇到了诸多困难。具体表现在:教师参与研修的积极性不高,缺乏有效调动教师参与的策略与方法;教研组团队建设存在各种问题;教研组缺乏研修的设计、实施与评价相关经验;学科教学中现实问题的研究与解决不够等。因此,从自身岗位胜任的角度,需要提高教研组长自身的能力和水平;同时,要加强学科研修的设计和组织实施,从研修活动的系统化、专业化上解决问题;另外,还要促进学校对教研组研修工作的激励、支持,建立教研组活动的保障机制,提供适应岗位的专业支持、引导和指导。

同时,学校教师培训负责人强烈呼吁对教研组长开展区级培训,有近八成的教研组长非常愿意或愿意参加研修学习。希望通过区级研修活动,相互借鉴教研组研修设计、实施的相关经验,帮助教研组长适应学科组建设的要求,促进学科教师的专业成长。

二　研究岗位职能 建构能力标准

通过对海淀区中小学教研组长进行的现状调查和分析,以及对其角色定位和能力要素结构的研究,为校本研修项目提供了科学的依据。

项目组从中小学共998份关于教研组长完成工作的描述,以及对应该具备的支撑能力做归纳聚类,结合中学教师培训负责人高级研修班的培训实践经验,提炼建构出了教研组长的能力要素,可应用于区域教研组长培训,作为推进区域研修的策略。

从教研组长主要完成的工作来看,在分散的答案中,我们可以基本梳理出教研组长岗位的工作类别和内容,如下表:

表 1-12 教研组长岗位的工作类别和内容

序号	工作类别	主要工作描述
1	教学研究	组织教学研究,教学科研;课题、项目研究;考试研究、命题研究;提升教育教学研究能力
2	团队建设	教师培养、教师专业发展;教研组学科建设,提高全组业务素养和能力
3	规划设计	制定本组的工作计划、完成工作总结;规划设计听、说评课等活动
4	组织、管理协调	常规工作的管理和监督,参与评价组员的业绩、对学校的人事安排提出建议;协调组织各项比赛、统筹组内教学工作、学生活动、学生发展
5	学科教学	关注学科教学整体思路、总体教学质量、教学改革实验;开展集体备课、教材教法研究,完成本学科任务;形成《学科课堂诊断标准》
6	教学指导	学科教学的指导
7	课程建设	课程设计、研发、研究

结合相关教研组长的文献资料的学习,以及教研组长完成岗位工作需要的能力支撑,我们建构了教研组长的能力要素框架,含有八个能力要素,分别是:(1)学科教学能力;(2)教学研究能力;(3)教学指导能力;(4)规划设计能力;(5)团队建设能力;(6)组织协调能力;(7)课程建设能力;(8)学术引领能力。

根据前期的调查分析和梳理准备,我们把能力要素作为教研组长研修的主要培养指向,设计区域教研组长的研修方案、实施方案,并依托实践活动展示促进学科教研基地的建设,了解追踪区域内学校开展校本研修情况,指导教研组长设计和实施校本研修,逐渐完善指导教研组长开展校本研修实践的有效策略和方法,积累指导案例。

依据需求调研,按照建构的教研组长能力框架,我们设计并实施中小学教研组长培训,开展实践研究,帮助教研组长提升岗位工作能力。

1. 培训主题

教研组长的学科校本研修领导力提升。

2. 培训目标

使教研组长系统学习校本研修的理论、策略和方法,通过学科组研修的典型案例,学习借鉴先进经验,根据学校的教师校本研修规划与方案,科学定位、系统设计、专业实施学科校本研修,从而提升教研组长学科校本研修领导力,进而促进团队成员的专业发展。

(1)通过将校本研修的理论、策略和方法作为培训内容,培养教研组长学科校本研修的科学规划、系统设计的能力;

(2)明确教研组长在学科校本研修中的作用,强化岗位责任,促使教研组长营造学科团队研修文化,培养学科团队建设能力;

(3)借助典型案例,提供专业支持,培养教研组长学科教学示范、业务指导以及学术引领能力,注重培养和锤炼本组教师,促进教师专业成长;

(4)通过实践操作,增加教研组团队的凝聚力,扩大影响力,锻炼和提升教研组长的学科研修领导能力。

3. 培训课程

(1)课程内容

培训分成三个阶段,每个阶段都包含两个模块的课程:理论模块,包括学科校本研修理论、学科组建设的策略与方法等;实践模块:包括操作和观摩。操作包括教研组成员的需求分析、教研组研修课程设计,以及教研组研修的组织与评价等,观摩包括案例分析、研修现场观摩与经验分享、研修成果交流展示等。

表 1-13　教研组长研修课程和任务

研修阶段	研修地点	主要研修内容	任务成果
第一阶段	北京	教研组长职能定位 学科组建设的策略与方法 学科研修的内容与方式	教研组校本研修方案
第二阶段	异地	学科校本研修典型经验 案例和观摩	教研组校本研修方案实施的路径
第三阶段	校际	组织实施学科校本研修 举办现场展示活动	教研组校本研修案例

（2）课程安排

第一阶段：集中研修·系统学习·制定规划（四天工作坊）

集中研修,系统学习校本研修课程的规划、设计、实施的理论、策略、方法;制定教研组校本研修课程规划。

表 1-14　第一阶段课程安排

序号	培训单元	培训专题	培训目标
	培训准备	每位学员提交一份教研组研修计划	了解培训起点,调动内驱力,激发主动性
1	校本研修理论与研修设计	开班仪式、方案解读破冰活动	尽快相互认识、相互熟悉,建立学习共同体,增强成员之间的凝聚力
		校本研修的理论与系统设计	了解校本研修的理论,明确学科研修在深综改背景下的地位与作用,催生学科校本研修设计思路,培训规划设计能力
2	教研组校本研修的理论与实践	教研组开展校本研修的策略与方法	学习通过需求调研、问题诊断,确定学科研修目标和开发校本研修课程的策略方法,培养规划设计能力
		教研组团队建设的理论与实践	了解教研组长管理要求、职责(教师专业规划、教研组的发展),体现团队建设的系统性、系列性和专业化,凸显学校特色,培养管理协调能力以及教师发展规划能力

14

序号	培训单元	培训专题	培训目标
	任务：制定教研组校本研修框架		
3	校本研修内容(1)：学科课程建设与实施	学科课程理解力提升与实践活动课程开发	适应课程改革要求,提升课程育人意识,理解学科课程育人的功能与价值,提高学科课程资源开发能力、学习设计能力和学业评价能力。筛选校内外课程资源,开发学科实践活动课程,提升学科实践活动课程建设的创造力
4	校本研修内容(2)：学业发展评价与教学改进	学业发展水平评价工具开发与基于数据的教学改进	通过基于案例的互动式研修,掌握学业评价纸笔测试工具开发的基本流程、关键策略,明确基于数据改进教学的校本研修的指导策略,提升评价专业素养
	任务：设计教研组校本研修方案		
5	校本研修方式(1)：课例研修	课堂评价与课例研修——深综改背景下的好课标准、课例研修的开展	通过听课评课的案例分析,掌握评课的维度和方法,明确一堂好课标准;明确开展课例研修的流程和方法,培养学科教学指导能力
6	现场教学	校本研修观摩	现场学习、体验学科校本研修的组织方法
	任务：修改教研组校本研修方案		
7	校本研修方式(2)：项目研究	学科项目研究与成果梳理	学习把学科教学问题转化成项目研究的思路,以改进教学;学习固化研究成果的方式方法,培养校本研究能力
8	培训总结	教研组校本研修方案交流	专家指导,修改完善方案(分组进行)
		研修总结/评估	明确方向
	培训任务：完成教研组校本研修方案		

第二阶段：异地研修・案例学习・完善规划

异地研修,参观学习在校本研修领域领先的学校,开阔视野,借鉴经验;同时,拓展思路,激活思想,借鉴发达地区课改及高考改革背景下的学科校本研修经验,修改、完善教研组校本研修课程规划,使学科研修体现学校特色,更加系统性、专业化。

表 1−15　第二阶段课程安排

序　号	专　题　内　容	专题形式
1	体悟地方文化	体验学习
2	立德树人背景下教师校本教研价值观再思考	讲座
3	集体教研活动如何提升教师学科课程领导力	驻校研修
4	案例研究助推教研组长的专业发展	案例分享
5	学科组与教研组建设的策略	讲座
6	指向教师执教能力的实践研修	讲座
7	立足校本实际的课程开发策略与实践	讲座
8	基于校本课程开发的学科组与教研组活动	活动观摩
9	校本研修方案的策划、实施与评价	分组指导
10	校本研修方案策划的路径	小组研讨
11	教育考试评价改革与教研质量提升	讲座
12	智慧分享	论坛

第三阶段　实施研修·行为跟进·成果展示

　　学员的"教研组校本研修课程规划"在本校本组内实施,体验专家指导下的教研组研修的设计、实施和评价的全过程。学员举办半天的研修展示,邀请其他研修成员进入教研组校本研修的现场观摩,交流分享。最后,形成教研组校本研修案例,对培训成果进行评估。

表 1−16　第三阶段课程安排

时　间	活　动　主　题	培　训　目　标	培训形式
启动阶段	1. 校本研修的实践与反思——教师培训负责人分享收获 2. 方案解读,学员制定计划	1. 深入了解学校教研组如何开展校本研修 2. 明确阶段任务标准,统一认识,做好行动准备	案例讲座 研讨交流

时　间	活 动 主 题	培 训 目 标	培训形式
中间 四个月	实施"教研组校本研修方案"（学员在校实践）	通过实践操作，提高教研组长开展学科校本研修的能力	实践操作、现场展示
	学习分享（每位学员观摩2所学校的校本研修实施）	现场观摩教研组校本研修，学习借鉴成功经验，提升领导能力	现场观摩
学期末	提炼完成教研组校本研修案例	学员总结、反思三阶段的学习，形成典型案例以及典型经验	研讨交流
	阶段总结	在班级内分享收获，明确努力方向	交流分享
学期末	实践智慧分享，结业式		

四　厘清实践思路 指向实际效果

1. 确定教研组长研修项目的定位与形式

研修基于学科但必须跳出学科。教研组长是基层学校校本研修的主要实施者和学科建设的领导者，要让他们系统学习校本研修的理论、策略和方法，通过学科组研修的典型案例，学习借鉴先进经验，从而根据学校的教师校本研修规划与方案，科学定位、系统设计、专业实施学科校本研修，提升学科校本研修领导力。

研修采用工作坊的形式。教研组长以中年为主，学科专业素养较高，具有较丰富的教学经验，具有一定的带领本组教师研修的经验，能够开展常规的教研活动。研修采用工作坊的形式，可以充分调动已有经验，以实践为基础，注重体验和反思的发生，从而实现对原有教研活动的再造提升。

2. 访谈论证方案　确保研修科学性和操作性

教研组长研修方案形成后，项目组通过电话与首师大杨朝晖教授、北师大郑威教授进行专家访谈，进一步明确了教研组长的职能，对教研组长的需求进行了研修可行性的分析,从而初步确定教研组长研修课程。为保证研修课程的针对性和可操作性,项目组进一步与一线专家进行了论证性访谈,访谈专家包括北大附中特级教师于璇(理科)和十一学校特级教师闫存林(文科)。同时,研修课程也听取了进修学校多位副校长的意见和建议,综合多方面的信息,最终确定了教研组长研修方案。

3. 按照逻辑整体约课　精心打磨专题课程

为保证研修质量,确保课程的系统性、逻辑性、连续性。项目组在邀约师资之初,就把学员的需求和研修课程的阶段目标、专题目标等与师资充分沟通,对研修方式加以说明,以得到师资的理解、协作、支持和配合。打磨过程中特别关注每个单元的课程内容及安排,包括理论引领、案例筛选,活动展开的各环节,以及学员有可能遇到的困惑和问题。在师资充分备课的基础上,项目组再次进行了研讨,以确保学员能够进入活动中并深度参与,在做中学习做中反思,从而保障工作坊的效果。

经验与创新

一　案例的特色

1. 聚焦问题　准确定位

根据教研组长岗位胜任力较弱的问题,确定教研组长研修主题——提升学科校本研修能力。提升学科校本研修能力,包括需求调研、方案设计、效果评估等有效设计和开展学科校本研修的能力;同时,强化岗位意识,科学定位、系统设计、专业实施学科校本研修,带领团队教师发展。

2. 整合资源　有效实施

整合各方课程资源,开发三阶段课程与设计研修活动,即制定方案、完善方案和实施方案三阶段紧密相连,每个阶段都有理论和实践课程;同时,北京和其他教育发达地区联手,优势资源互动分享;遴选培训专家、实践专家、一线专家以及培训者专业队伍,组建师资团队;充分与师资沟通,促使师资对课程理解到位,保证课程实施方向。采用工作坊的研修形式,有效实施培训。

3. 任务驱动　行为跟进

(1) 查找不足,明确培训任务

培训前学员都需要提交原始方案,培训任务贯穿三个阶段的学习过程,学员要查找方案的不足并重新设计方案、再次改进和完善方案,最后实施方案,每个培训阶段后都要完成相应的跟进任务,不断深入直至落实在实践中。

(2) 调动内驱力,培训过程行为跟进

强调培训过程的生成,过程中聚焦问题,不断改进和解决问题。强调行为跟进,落实到实践中,在第三阶段实施,进行实践反思再改进。

(3) 培训课程注重案例性、实践性

课程逻辑清晰,环环相扣,逐步落实,成果应用在实践中。

4. 专家指导　实施评价

项目贯彻"以终为始"的培训理念,培训过程中专家对学员进行全程跟进,并对参加研修学员制定实施的方案进校观摩,评价实施效果。

(1) 注重培训方式的案例性

培训方式采用理论＋案例的形式,通过案例分析、范例讲解以及现场观摩,小组交流分享,促进培训的吸收与内化。

(2) 注重培训任务的驱动性

培训以设计方案、交流分享、实施方案的形式,促进学员行为的转化,以实现指导能力的提升。

(3) 注重培训阶段的实践性

通过各阶段的实践体验,促使学员明晰自身校本培训者的角色功能,激发教师参与校本研修的内动力,学习有效指导的策略与方法。

1. 建立了校本培训者培训制度

重视校本培训者——教研组长在校本研修中的作用,开展相应的区级培训,这在全国也具有开创性。培养和建设基层学校培训者队伍,是从根本上加强校本研修工作的区域支持和服务功能。

2. 创建了三阶段的研修课程和研修模式

以往的培训是缺乏跟踪的,行为到底有无改变,培训效果如何是没有保障的。本项目把效果跟踪设计成第三阶段,并有专家指导,解决实践中的困难,从而保障了理念的转化,行为的落实,学员在艰难的实践完成之后,收获了专业的能力和专业自信。此外,研修课程也成为重要的培训资源。

3. 建构能力结构框架,推动教研制度完善

此项目的研究,形成了教研组长能力的八大要素。以能力框架为依据的教研组长研修,推动了基层学校对教研组长群体作用的发挥,以及学科教研制度、机制的完善和形成。

4. 初步解决了岗位胜任力问题

此项研修建构的专业支持课程,特别是跨学科的交流,明确了教研组长的职责,比较全面地提升了教师培训负责人的岗位胜任力,对教研组建设起到了很好的促进作用,提升了教研组长的学科校本研修能力。

5. 项目成果具有借鉴价值

在项目研修过程中,学员形成的学科校本研修方案、教研组校本研修案例,对于学校校本研修工作具有借鉴价值,都是很好的项目资源,经过修改完善提升以后可供相应工作者借鉴与使用,对改进和推动、深化校本研修工作起到了规范和引领的作用。

思考与展望

中小学教研组长"学科校本研修领导力"提升项目,目前共开展了四期。有位学员在反馈问卷中写到"累并痛快着,辛苦并提升着,走出小圈,大有天地!"教研组长的研修课程,项目组也是"累并旋转着"。在集中研修阶段,每次讨论结束,项目组都在紧张地处理学员们的课终反思卡,分类处理疑问或问题,或是给出答案、或是寻找策略;同时又在开始联系、打磨下一周的课程。在实践展示阶段,整个部门的老师们都在各自负责的小组里,指导学员的实践展示、总结和反思。回顾研修项目,我们有以下反思。

1. 研修课程可以再进一步筛选

关注中小学教研组长的差异,进行必要的课程调整、筛选和优化。一方面,个别课程还可以再聚焦,另一方面,还需要把一些必要的内容添加进来。

2. 师资是保障研修效果的关键

一方面,要加强师资的沟通和交流,与师资统一思想,真正达到工作坊的师资要求。另一方面,应对紧急情况要有预案,要充分考虑各种情况,准备充足的课程及师资资源。培训者在研修过程中不再仅是管理者,还是研究者,更是重要的师资力量。

3. 工作坊研修形式,对项目团队提出了更高的要求

工作坊研修形式活动丰富,准备、梳理提炼等工作任务量大,每次活动都是团队在作战,大家有不同的分工而又彼此合作。真的不是一两个人能轻松完成的,需要强大的团队力量,否则就会捉襟见肘。

4. 三阶段的研修,要合理解决工学矛盾

三阶段课程的研修,跟踪指导,指向行为的改进以及教研组长制度的完善,但是同时,也凸显了工学矛盾。身兼多项工作的组长们,很难保证研修期间的全勤,特别是异地研修,有个别学校的教师岗位过于紧张,组长离不开,在一定程度上对研修活动产生了不利影响。如何更好地解决工学矛盾,还有待后期进一步在区级制度和机制上做探索。

案例实践情况

海淀区中小学教研组长高级研修、北部地区教研组长高级研修,4 期共 186 位学员。

案例开发档案

案例归属单位:北京市海淀区教师进修学校

案例开发时间:2018 年

案例开发团队:

姓　名	工　作　单　位	学科背景/职称	主　要　贡　献
申军红	北京市海淀区教师进修学校	教育学/高级教师	项目规划,实施指导与评估
刘　锌	北京市海淀区教师进修学校	小学数学/高级教师	项目实施,课程开发
王秀英	北京市海淀区教师进修学校	中学生物/高级教师	项目实施,课程开发
迟淑玲	北京市海淀区教师进修学校	中学语文/高级教师	项目实施
赵杰志	北京市海淀区教师进修学校	中学语文/高级教师	课程开发

案例二

以问题解决和思想形成为导向的
专家型教师培养项目设计

东北师范大学教育学部教师发展学院

主题类别：培训项目的专业化规划

关 键 词：专家型教师、学科研究能力、
        教学思想、项目设计、问题
        解决

背景与问题

自 2007 年 12 月以来，东北师范大学受厦门市教育科学研究院的委托，一直与其合作实施厦门市"中小学名师培养工程"。双方的合作项目以两年为一个培训周期，从语文、数学、英语、物理、化学、生物、地理等学科入手，目的是为厦门市培养一批中小学专家型教师。在总结前六期合作经验的基础上，2015 年 3 月，东北师范大学教育学部教师发展学院再次接受厦门市教育科学研究院的委托，承担了"第六期厦门市中学专家型教师培养高级研修项目"。

为了进一步提升培训质量，本项目在设计伊始，就在思考和讨论专家型教师的核心特质是什么，学员现状与理想状况的差距有多大。只有明确这些问题，才能精心设计培训课程，优化培训模式。经过反复研究，我们把专家型教师界定为具有教育教学专长并且能够自我发展的研究型教师。我们认为形成独到教育哲学思想和个性化教学风格是专家型教师的核心特征；涵盖理论应用、实践反思的教育科研是专家型教师成长的有效途径。面对专家型教师漫长的成长过程，培训须为学员快速成长提供关键助力。

然而，上述项目的有效实施面临着诸多问题。学员的起点较高，大都处于骨干教师——学科带头人——特级教师这一区间，但在追求教师"二次发展"方面方向感不清晰，自己专业发展的重点也不清楚，更不清楚哪些路径是有效的。通过前期调研发现，这个教师群体的一般特点是：都参加过骨干教师省级以上培训;担任省级或市级学科带头人;一半以上具有中学高级教师职称,有的已经被评为特级教师;他们具有较丰富的专业知识、娴熟的专业技能和良好的专业态度;他们的教育教学能力较强,教学成绩显著,在同行中享有较高声誉。但是,阻碍这一教师群体进一步提升的突出问题是教育教学科研能力薄弱。他们中有的属于"经验型教师",尚缺乏"以研促教"的意识;有的虽有探索和研究愿望,但苦于规范的专业训练不足,对于从事科研处于"心有余而力不足"的窘境,缺乏研究的支撑和引领使得他们的专业成长受到严重制约。

因此,如何对此次教师培训项目进行设计显得非常关键。从专业化和学科教学专家的角度来看,在设计这个培训项目时,我们要着重解决以下几个问题:(1)从培训对象来看,作为未来学科专家的教师群体有何特殊性?他们的需求是什么?(2)这个群体的培训目标与重点内容有哪些?(3)什么样的培训课程设置对这个群体是有效的?(4)如何对为期两年的培训任务进行分解和分阶段推进?(5)如何设计保障机制和评价机制来确保此次培训达成预定目标?

问题解决思路

一　　培训的目标定位:　造就研究型的学科教学专家

结合教师专业发展阶段理论,立足于培训对象所处的发展阶段,经过项目团队双方的反复研究和需求调研,我们把专家型教师界定为具有教育教学专长并且能够自我发展的研究型教师。我们认为形成独到教育哲学思想和个性化教学风格是专家型教师的核心特征;涵盖理论应用、实践反思环节的教育科研是迈向专家型教师的有效途径。基于这种理解,我们从知识技能、过程方法、

情感态度价值观三个维度研制了本项目的具体培养目标,具体如表 2－1
所示。

表 2－1　厦门市第六期中学专家型教师培养高级研修项目培养目标

目 标 维 度	目 标 陈 述
情感态度价值观	1. 体验终身学习与自主发展的快乐和成就感,激发专业发展动机。 2. 正视教师专业发展的平台期与职业倦怠,丰富教育智慧,端正教师专业发展的名利观。 3. 具有高度的教育责任感与事业心、高尚的职业道德,勤于学习,严谨治学,做个有爱的教师。
过程与方法	1. 经历一次完整的教育教学课题研究(从立项到中期检查再到结题),从而掌握一种或几种教育科研方法,规范地开展教育教学研究。 2. 在教育网络平台上,撰写教育教学反思,逐渐将教育经验凝练为教育实践智慧和思想理念,明确个人教学风格,推出几个有代表性的名博。 3. 在交流与分享中建立起专业发展与学习的共同体,为教师的持续专业发展提供强大的组织支持。
知识与技能	1. 更新教师的本体性知识、条件性知识和实践性知识,完善教师的知识结构,发展教师的学科教学知识(PCK)。 2. 学会将问题变成课题,能够根据课题内容选择合适的科研方法,设计合理的研究计划,开展课题研究并撰写研究论文及研究报告。 3. 学会将研究成果及教育反思转化为有质量的教育学术论文,两年研修期间能够发表至少 2 篇 CN 以上级别的教育教学论文。

二　　立足需求,确立以问题研究解决为中心的培训任务

该培训项目的整体设计思路如图 2－1 所示。首先,我们进行了教师专业成长
状况调研(包括学员专业成长的意图、实然样态和应然样态),在此基础上确定了
三大核心研修任务,即:(1)课题申报、开题与结题;(2)教学风格锤炼与教学改
进;(3)教育教学思想的凝练、表述与传播。这三者分别在价值与理念层面、行为
层面影响着教师专业发展。

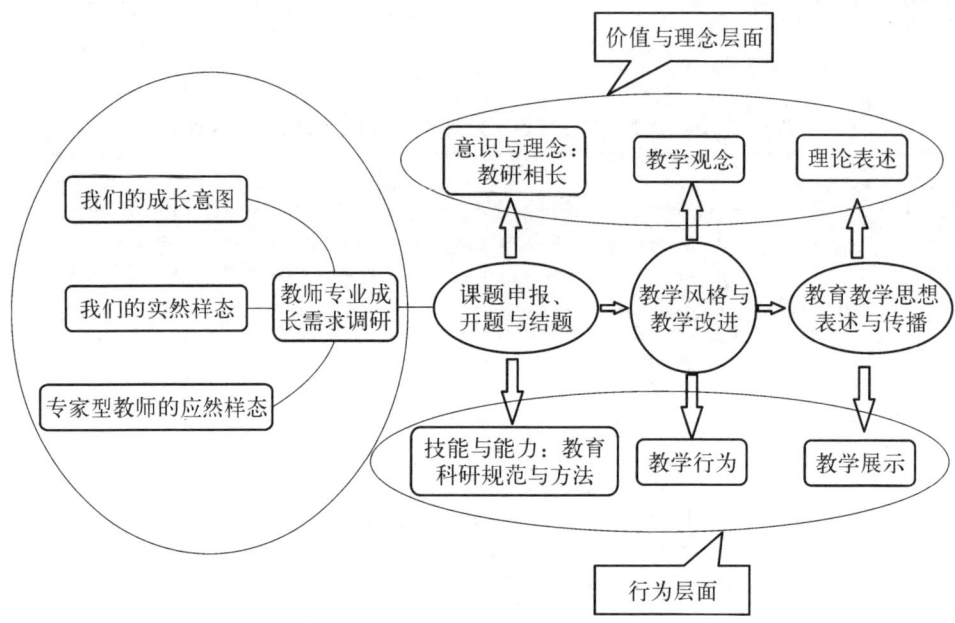

图 2-1　厦门市中学专家型教师培养高级研修项目设计整体思路

三　培训项目的整体设计

　　立足于学员需求、发展现状和培养目标,项目采用双导师指导,设计通识教育和专业教育,根据教育、心理与社会文化、科研方法、团队建设三大模块设计阶段性的培训课程。教育、心理与社会文化模块的课程主要是教学琢磨和教学示范;科研方法模块主要聚集于课题研究、教学研究成果提炼和汇报。这两个模块的课程既有理论学习,又有实践考察和名师对话,均采用理论与实践导师双重引领。学习团队课程模块主要是学习共同体建设,在双方项目团队和学员学习共同体共同努力的基础上形成名师成长路的合著,最终达到预期培养目标。具体思路见图2-2所示。

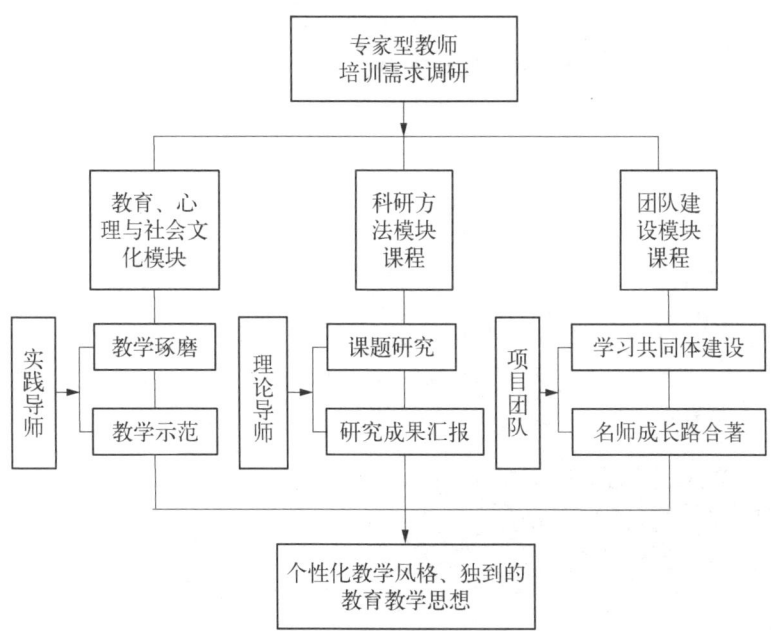

图 2-2　厦门市第六期中学专家型教师培养高级研修项目实施思路

图 2-3　专家型教师培养对象与国培计划(2018)
中小学名师领航工程名师对话

本项目组参照高校教师国内访问学者和博士研究生培养方式,结合学员任教学科和研究兴趣为其配备指导教师,采用研究性学习和导师指导相结合,集中培训与岗位研修相结合,通识培训与专业深造相结合,面授指导与函网交流相结合的形式,在为期两年的培养过程中,网络研修、双导师指导、课题研究和阅读写作将贯穿始终,既是过程性实体内容,又是各个阶段研修质量的有效保障。

图 2-4　影子学习项目中理论导师、实践导师共同指导学员

网络研修——依托"全国中小学教师继续教育网"开展导师在线指导、资源分享与课程学习。鼓励教师开通教育博客,通过撰写教学案例、教育叙事和教育感悟,树立教育反思意识,养成反思写作习惯,提高实践反思能力,同时依托网络开展在岗研修与导师指导。

双导师指导——聘请东北师大教育学部及各个学院从事学科教学论研究的知名学者担任理论导师,负责学员的学科知识提升、科研能力培养、实践经验的提炼;同时聘请长春市中学名师担任影子培训阶段的实践导师,负责指导学员锤炼教学风格、改进教学实践。

课题研究——在理论导师的指导下完成一项有价值的教育教学课题研究,有条件的可将研究成果转化成公开发表的研究论文。

阅读写作——组织学员就推荐书目进行泛读与精读,通过定期的线上线下读书会交流读书收获;在"理论学习——实践反思"双向互动的基础上对个人教育教

图 2-5 专家型教师培养对象接受理论导师的个性化指导

学思想和专业成长路径进行梳理,在同伴互助中撰写"名师成长路"文稿,并结集出版。

<table>
<tr><td>五</td><td>以问题解决和思想形成为导向的核心课程结构</td></tr>
</table>

在上述图 2-2 的基础上,本项目充分考虑学员的岗位实际,采用了过程性、立体化的培训课程模块设计。五个培训模块的开设,贯穿 8 个培训阶段,具体包括:(1)理论研究模块。通过专家讲座、名著导读、文献研读、学术活动参与等夯实理论基础,提升综合素养。根据学员专业发展需求和关键问题,在导师个性化指导下,协商确定研究选题,借助开题形成研究计划,然后开展研究。(2)实践浸润模块。通过观摩学习、同课异构、跟岗实践等活动,深度体会东北师范大学附属中学、吉林省实验中学、吉林大学附属中学等重点名校同行的教育思想、教学艺术,多角度汲取教学经验,领略名家风采。(3)思想凝练模块。在导师指导下,结合课题研究,通过实践探究、教学诊断、研讨交流等形式,促进学员不断凝练教学思想,完善教学风格,并发表教学科研论文或专著。(4)成果展示模块。借助撰写研修反思、研究散记,参办研修简报和做学术报告等形式,展示学习心得、研究成果和

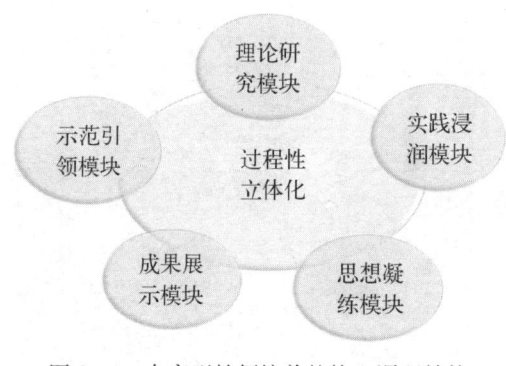

图 2-6　专家型教师培养的核心课程结构

精神风貌。（5）示范引领模块。学员通过开设专题讲座，上公开课、示范课及指导年轻教师等活动，充分发挥其示范引领和辐射带动作用。这五个培养模块既相对独立又相互支撑，特别是理论研修与实践浸润等模块，交替进行、有机融合，有效促进了学员的知能转化和专业成长。

上述五个培训课程模块在实施过程中贯穿 1+8 个培训阶段。首先是预备阶段。重点任务是调研需求、选聘导师、确定研究方向，地点在厦门市。接下来是 8 个阶段：（1）第一阶段，集中学习。除了课程研修，其间还要开展第一轮教学"琢磨"，预开题，制定个性化研修计划。该阶段为期 1 个月，研修地点在东北师大。（2）第二阶段，在岗研修，准备开题。该阶段研修地点在厦门市。（3）第三阶段，返校开题，影子培训。该阶段研修地点在东北师大。（4）第四阶段，在岗研修，开

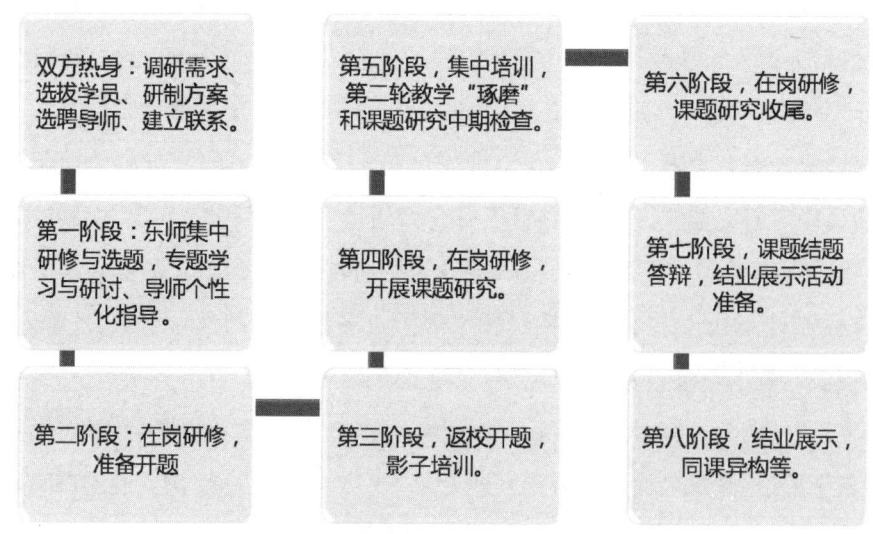

图 2-7　专家型教师培养的 1+8 研修阶段设计

展课题研究。该阶段研修地点在厦门市。（5）第五阶段，集中培训，第二轮教学"琢磨"和课题研究中期检查。该阶段为期1个月，研修地点在东北师大。（6）第六阶段，在岗研修，课题研究收尾。该阶段研修地点在厦门市。（7）第七阶段，课题结题答辩，结业展示活动准备。该阶段研修地点在东北师大。（8）第八阶段，结业展示，同课异构等。该阶段研修地点在厦门市。

六　以研究能力为重点的培训评价内容

本项目的评价方法主要包括建立学员研修档案袋，采用导师评价、培养机构评价、个人自评、学员互评相结合的方式，对培养对象的研修学习进行过程性评价和终结性评价。

本项目的具体评价内容包括以下方面：

（1）东北师大集中研修期间，每周撰写1篇研修反思，1篇不少于3 000字的研修散记。

（2）教育科研课题（包含立项申请书、开题报告、结题报告）。

（3）影子培训报告（每次1篇，每篇不少于5 000字）。

（4）教育考察报告（每次1篇，每篇不少于5 000字）。

（5）公开发表的CN以上级别的论文2篇（专家型教师确认时应提供3篇本学科的CN以上级别的教育教学论文，其中要有一篇发表于核心刊物的论文）。

（6）读书笔记（不少于5万字，手写）。

（7）每年区级或以上专题报告2次、区级或以上公开教学2次（其中市级专题报告会、公开课每年至少各1次）。

（8）出版文集书稿（2万字左右，具体要求见教育学部和出版社意见）。

（9）开通教育博客，并经常撰写教育博文，每周发布不少于2篇有效博文。

（10）指导2位一级以上的教师（包含1位外校教师，要求签署指导协议）。

（11）每学期送教下乡1次。

（12）每学期在校本研修中主持本学科活动和承担主讲任务不少于1次。

上述的评价内容与指标是以"研究能力提升"为主线来设计的。首先，要求教师参加理论学习和撰写读书笔记，目的在于提高准确识别和定位教育问题的能力；其次，要求教师基于自身关键问题开展课题研究，推动他们动手解决问题；再次，要求教师完成撰写影子培训和考察报告、读书等任务，以促进他们多渠道探寻解决问题的策略；最后要求教师通过发表论文、出版著作等方式来呈现研究成果，展示研究能力与水平，梳理、凝练思想理念和教学主张；同时还要求教师完成送教下乡、结对帮扶、专题讲座等任务，在实施素质教育、推进基础教育改革、引领教师专业发展等方面发挥示范引领作用。

图2-8 培养对象为厦门市语文　　　　图2-9 厦门市专家型教师培养
新教师做专题讲座　　　　　　　　项目系列著作

经验与创新

一　　准确定位专家型教师培训项目

基于打造学科教学专家的初衷，我们借助理论研究、专家咨询、学员专业发展需求调研等手段厘清了专家型教师的特质,并由此对专家型教师培养项目进行了准确定位。作为高端教师培养项目,我们将教师的科研能力提升、教学风格锤炼、理论素养提升乃至理念形成以及团队合作能力培养、示范引领作用发挥等确定为项目实施重点,实践成效证明这种定位是准确的。

二 人员遴选标准高

首先是学员的遴选标准高。作为高端项目,我们对学员的资质要求非常严格(包括基本研究能力、自主发展意识和潜力、本科以上学历、45 岁以下、骨干教师等),确保了研修的针对性和实效性。

其次是导师队伍遴选标准高。理论导师从东北师大各专业学科教学论专家中选聘,要求有责任心和指导能力、在教学的学术方面造诣深厚、了解中学学科教学实践问题等;实践导师从长春市重点中学名师中遴选,要求教学经验丰富、教学成效显著、教师发展指导能力强等。

最后是管理团队的专业水平要求高,不仅要求培训团队要善于了解研究学员的需求,还要求其能够科学地设计培训方案与课程;同时还要能够充分调动与协调包括东北师大以及地方优质中小学中的各种优质资源。

三 课程与研修方式设计富有人性化和创新性特点

为了切实提高专家型教师的研究能力等,本项目组参照了高校教师国内访问学者和博士研究生的培养方式,结合学员任教学科和研究兴趣为其配备指导教师,采用了研究性学习和导师个性化指导相结合,集中培训与岗位研修相结合,通识培训与专业深造相结合,面授指导与函网交流相结合的形式,确定了以科研能力养成为主线、兼顾其他素质养成的多元化课程模块,充分体现了本项目的创新性。同时,将五大课程模块的实施分散到八个阶段,这在一定程度上有助于缓解工学矛盾,便于学员将学、思、改有效结合起来,从而体现了课程设计的人性化和项目实施的合理性、可行性。

四 注重专业共同体建设和教师群体专业发展

一般来说,高端教师研修项目的学员数量较少,但是他们都被寄予厚望,即引领教师群体发展。为此,本项目试图通过建设教师专业共同体,培养学员的合作意识和能力。这些专业共同体是多个层面的,包括:"学员—学员"专业共同体、"学员—指导教师"专业共同体、"学员—薄弱学校学科组"专业共同体、"学员—管理团队—指导团队"专业共同体等。实践证明,专业共同体建设不仅提升了专家型教师的示范引领能力,而且促进了教师群体和培养团队的发展,达到了"一人培训,多人受益,教学相长"的良好效果。

五 管理与评价追求专业化和多样性

本项目的管理方式要求,东北师大与厦门市教科院共同参与,既相互合作,又有相应分工。东北师大主要负责学员需求调研、培养方案研制、课程活动实施等工作,厦门市教科院主要负责学员遴选、人事协调、活动组织和过程监管等工作,特别是在培养后的学员考核和使用方面(如特级教师评选、名师讲师团成员遴选须有此项目研修经历)发挥质量保障作用。

本项目的评价方式既关注了专家型教师培养对象的研修过程,同时又充分关注了学员研修的实效性,把过程性评价和终结性评价有机地结合起来。

思考与展望

　　教师研修项目设计的专业性直接关系到研修效果和项目实施质量,这种专业性体现在多个方面,包括对培训对象及其培训需求的准确把握、科学设计研修目标、研修的重点内容、课程结构、培训组织与教学模式、评价体系等。作为造就研究型的学科教学专家的高端研修项目,本项目将学员培养目标准确地定位为学科专家,即具有教育教学专长并且能够自我发展的研究型教师,具有独到的教育哲学思想和个性化教学风格的核心特征。在此基础上设计了多维度的培训目标,把科研能力、反思能力、示范引领能力等列入了重点目标。为了达成这些目标,设计了模块化的课程、双导师制、过程性与终结性评价相结合的评价体系等,这些都在一定程度上体现了教师培训课程设计的专业性。

　　展望未来,为了提升此类教师培训项目设计的专业化水平,有几个问题尚需进一步探索:教师培训项目设计专业化的一般标准是什么? 设计学科教学专家培养项目时,学员的培训需求往往是繁多杂乱的,如何研制用于科学遴选学员的标准? 如何聚焦学科教学专家的核心素养来设计培训目标和课程? 学科教学专家所需要的研究能力究竟可以通过哪些途径来培养? 怎样的课题研究实践才能有效提升中小学教师的研究能力? 在教师研修过程中采用"双导师"制,如何优化两者的角色定位与任务分工? 我们未来将对这些问题进行持续探索,以进一步凸显教师培训项目设计的专业性。

案例实践情况

　　应用项目:"国培计划(2018)"——中小学名师领航工程名师培养,福建厦门、福建晋江、山西大同、浙江奉化及辽宁锦州等地专家型教师及名师培养。

应用人数：300

应用方式及成效：东北师范大学教育学部教师发展学院于 2015 年 3 月设计了"第六期厦门市中学专家型教师培养高级研修项目"方案，在此后的两年(2015 年 7 月至 2017 年 6 月)内，该项目方案一直被用来指导专家型教师研修，同时还被当作"模板"来设计类似的高端研修项目。

基于对中学学科专家特质的理解，本项目在回应专家型教师培养的多方面需要的同时，把学员的科研能力发展作为重中之重。因此在设计培训项目时，在目标定位、课程结构、学习方式和效果评价等方面，问题研究与解决成为了主线。

经过两年的努力，本项目取得了良好的实践成效。在两年的培训期间，厦门市第六期中学专家型教师培养对象先后完成自选课题 25 项，申报立项国家级课题 6 项、省级课题 23 项、市级 39 项。基于课题研究，培养对象先后公开发表 CN 级以上论文 91 篇(其中核心期刊论文 20 篇)。培养对象通过开办讲座和公开课展示自己，发挥辐射示范和专业引领作用，两年来先后开设省级公开课的有 13 人次，市级公开课的有 103 人次，区级公开课的有 5 人次；开办国家级讲座的有 2 人次，省级讲座的有 24 人次，市级讲座的有 98 人次，区级讲座的有 42 人次，充分交流了思想，展示了风采。通过研修，培养对象的专业能力获得了快速提升，并开始发挥更大的作用。两年期间，培养对象的专业领导能力得到了上级认可，先后有 5 名学员获得职务晋升；培养对象的教学工作得到各级领导和广大师生认可，两年来有 2 人荣获"福建省优秀教师"称号和奖励，有 2 人荣获"厦门市杰出教师"称号和奖励，有 3 人荣获"厦门市优秀教师"称号和奖励。

基于该项目实施积累的经验和学术、师资优势，东北师大成功申报了"国培计划(2018)"——中小学名师领航工程名师培养基地，并获得了小学数学、小学语文、初中物理、初中化学、高中语文、高中历史、高中数学、高中地理等所申报的全部八个学科的招生资质，使学校成为能够承担此项目的 14 所院校之一。目前，申报我校并被我校录取的首期项目的 12 位学员已经入校开始参加第二次集中研修。

表2-2　第六期厦门市中学专家型教师培养高级研修项目成效与应用情况

目标达成	模式推广	课题立项	成果发表	公开课讲座与晋升
1. 形成了比较成熟的中小学专家型教师培养项目的研修模式。 2. 达成了问题解决、实践提升、辐射示范、专业引领、教学思想建构与风格形成等预期目标。 3. 成为所在学校及当地基础教育发展的主要领军人物。	1. 厦门8期中小学专家型教师培养工程。 2. 晋江小学名师培养工程。 3. 奉化中小学名师培养工程。 4. 沈阳4期名校长培养工程。 5. 山西大同2期中小学名师培养工程。 6. 辽宁锦州青年骨干教师培养工程。 7. 包头九原区中小学种子教师培养。	国家级课题6项；省级课题23项；市级课题39项。	公开发表CN级以上论文91篇(其中核心期刊论文20篇)；东师公开出版学员成果3部；硕士论文2篇。	省级公开课13人次；市级公开课103人次；区级公开课5人次；国家级讲座2人次；省级讲座24人次；市级讲座98人次；区级讲座42人次；5人获得职务晋升；2人荣获"福建省优秀教师"称号和奖励；2人荣获"厦门市杰出教师"称号和奖励；3人荣获"厦门市优秀教师"称号和奖励。
增　值	助力东师获批"国培计划(2018)"——中小学名师领航工程名师培养基地,使学校成为能够承担此项目的14所院校之一。首期项目12位学员已入校参加第二次集中研修,并与第七期专家型教师进行了圆桌论坛与对话。			

案例开发档案

案例归属单位：东北师范大学教育学部教师发展学院

案例开发时间：2015年3月

案例开发团队：

姓　名	工作单位	学科背景/职称	主要贡献
孟繁胜	东北师范大学	教师教育/副编审	项目指导
梅秀娟	东北师范大学	教师培训/研究员	项目负责人

姓　名	工 作 单 位	学科背景/职称	主 要 贡 献
邓　涛	东北师范大学	教师教育/副教授	方案设计与案例撰写
梁红梅	东北师范大学	教育管理/副教授	方案设计与案例撰写
王　敬	东北师范大学	教育培训/职员	项目实施
唐泽静	东北师范大学	教师教育/职员	项目实施
毋锶锶	东北师范大学	教育评价/研究生	资料查阅和整理

案例三

教师培训从专业化到学科化的转型升级

华南师范大学教师教育学部

主题类别：培训管理机制的专业化构建
　　　　　与创新
关 键 词：教师培训学科、教师发展与管
　　　　　理、教师教育

背景与问题

　　百年大计，教育为本；教育大计，教师为本。长期以来，4 至 7 年的教师职前培养得到了足够重视，但是近 40 年的教师职后发展却受到了不同程度的忽视。教师职后发展领域长期被视为一项单纯的事务性工作，得不到学界的重视；教师培训管理机制的专业化之路，也难以进入主流学术界的殿堂。基于此，2013 年开始，华南师范大学率先以教师培训学科化为途径，设置教师发展与管理学科点，培养专业化教师培训人才，致力于教师培训管理机制的专业化构建与创新，为教师培训的学科建设提供了可复制案例。华南师范大学的这一设置弥补了长期以来在教师教育领域学科设置上一直没有专门指向教师培训与发展的学科点的空白，从学科上解决了专门培养针对教师发展的专业人才缺失问题。学科点定位于培养教师培训领域专业化人才，也就是教师职后发展的专业研究者和实践者，"五位一体"的学科布局、强调实践取向和引入国际标准等系列创新举措开创了教师职后教育高端人才培养改革的先河，实现了教师培训从专业化到学科化的转型。

　　一　　政策背景：先于政策设置教师培训为主要研究对象的学科

　　第一，国家高度重视对教师的培育和教师的专业发展，教师培训是教师职后教育的主要方式。党和政府不仅是从国家大事的角度，也是从民生、从每个家庭和个人幸福感的角度在号召全社会重视教师队伍建设。2018年1月20日，《中共中央 国务院关于全面深化新时代教师队伍建设改革的意见》指出，以实现教师培养培训体系基本健全，职业发展通道比较畅通为主要目标，以中小学教师为例，通过全面提高质量，建设一支高素质专业化的教师队伍，开展中小学教师全员培训，转变培训方式，改进培训内容，推行培训自主选学，建立健全地方教师发展机构和专业培训者队伍，继续实施教师国培计划，鼓励教师海外研修访学，加强中小学校长队伍建设等培训与发展措施。习近平总书记在2018年教师节的全国教育大会上，明确提出"要深化教育体制改革、健全立德树人落实机制""形成更高水平的人才培养体系"，总书记站在党和国家事业发展全局的战略高度，对建设一支宏大的高素质专业化教师队伍寄予了殷切希望，对加强教师队伍建设提出了明确要求。师范教育作为教育事业的工作母机，是培养造就高素质专业化创新型教师队伍的源头活水。

第二，华南师范大学设立教师培训为主要研究对象的教师发展与管理学科点先于国家政策文件实践。学科点前瞻性强，其设立比国家相关政策文件出台提早了近两年，顺应了教师教育政策需求。2013年开始，教师发展与管理学科点在校内立项建设。2015年9月《教育部 财政部关于改革实施中小学幼儿园教师国家级培训计划的通知》指出，"鼓励支持有条件的高等学校开展教师专业发展学科建设"；《国务院办公厅关于印发乡村教师支持计划（2015—2020年）的通知》中提到，要全面提升乡村教师能力素质，对全体乡村教师校长进行360学时的培训；2017年教育部工作要点中提到，要振兴教师教育；2018年多个政策文件提出，要加强教师教育学科建设。教师发展与管理学科点设立实践先于政策文件，对上述政策文件构成了实践支撑。

二　　　现实问题：教师培训没有学科地位的尴尬

长期以来，人们一直把教师培训当作事务性工作，很少从学术视角予以关注。

教师培训最大的症结,在于人们对它的学术性认识不足,培训行业的专业化程度很低。社会上还没有认识到教师培训的学科内涵,对它的科学性与价值认识不足。

第一,教师培训依然缺乏专业化的培训者。从政府政策支持角度看,近年来政府出台了包括《中共中央 国务院关于全面深化新时代教师队伍建设改革的意见》,"教师教育振兴行动计划","中国教育现代化2035"都强调了教师队伍建设的重要性,教师培训则是教师队伍职后发展的重要手段。为全面加强教师队伍建设,培养造就一支宏大的师德高尚、业务精湛、结构合理、充满活力的高素质专业化创新型教师队伍,政府高度重视教师培训工作,希望以"国培计划"等项目带动增强教师培训实效,提升教师素质能力。但是现实的情况是,一方面,政府在中小学教师培训上投入大量人力、物力和财力,但培训成效却不容乐观。另一方面,从事中小学教师培训的部门和人员也面临困惑,谁来从事教师培训的问题始终没有得到很好的解决。究其原因,专业化的教师培训者依然缺乏。

第二,教师培训学科化转型的现实需求。当前的教育发展已经从资源依赖型转向质量约束型,也就是说,我们不是缺教师,而是缺好教师。职前的师范教育,重在职业养成,而职后的教师培训,重在职业能力提升,关注现职教师的发展,承担着培养好教师的重任。这一过程中,不能仅把教师职后培训作为社会服务,师范院校的重心应从职前向职后延伸,把支持教师职后发展作为应有职责之一。为凸显教师职后教育的重要价值,以设立学科点,完善学科体系为主要内容的教师培训学科化建设成为教师职后教育领域的迫切需求。

第三,教师培训管理机制专业化建设的内在要求。从管理机制的专业化构建与创新角度,教师发展与管理专业培养"教师的教师",培养"帮助教师走向成功的人",致力于解决缺乏专业化的培训者和教师培训者没有学科的尴尬。教师发展与管理学科培养的人才不是单纯的教师培训师,是集培训设计者、培训实施者、培训研究者、培训咨询者、教师培训者五位于一体的教师角色,"自己成功"是一种职业境界,"帮助他人成功"是一种更高的职业境界;做教师,有机会自己成功,做教师的教师,则能有机会帮助他人成功。在学科培养的过程中,学科团队发现,教师培训管理机制专业化建设过程中最大的问题是缺乏一套让培训领域和学术界认可的能够指引教师培训走向规范化、科学化的培训论著、标准和指南。

问题解决思路

2015 年,针对教师职后专业化发展和教师持续性专业发展的迫切需求,华南师范大学在全国率先自主设置的以教师职后发展和管理为主要研究对象的二级学科点正式开始招生,属于新型交叉学科,毕业后获得管理学硕士学位。为解决上述问题,华南师范大学创设教师发展与管理学科点——旨在培养专业化教师培训者,为教师培训者找到存在感和归属感,拓展教师培训专业化内涵,为教师从专业化走向学科化,从资源整合走向体系创新,从培训事务走向培训学术,从单向人才培养培训走向教师培训理论与实践双向发展提供支撑。2018 年,教师发展与管理专业第一届研究生和教师、校长专业发展引领者(如教育部校长国培计划领航校长培养工程华南师范大学基地项目为代表的一大批华南师范大学教师培训高端项目学员)共同毕业、共同提升,做到了教师专业发展实践者和教师培训专业者双轮驱动。

一　创设教师发展与管理学科点培养专业化教师培训者

第一,以教师培训学科点设立转变社会对教师培训者的观念。从事教师培训的人,要找到专业存在感、专业自信感和专业自豪感。通过教师培训专业化,增加从事这项工作的人的职业幸福感。就学科建设而言,我们不希望一枝独秀,而是盼望百花齐放、百家争鸣,唯有这样才能形成教师培训学科建设阵营。

第二，以教师培训学科点建设提升教师培训者专业化能力。学科点以专业教师培训者的核心胜任素质倒推培养目标和毕业要求定位，以对应课程设置和实践导向评价体系为支撑。专业培养目标定位于为教师进修学校（教育发展中心、教师发展中心）、中小学校、师范院校、教育行政单位、教师教育科研院所、企业培训机构和教育传媒机构等相关部门提供从事教师与教育干部培训、教师专业发展与教师管理实践及研究工作的高级专门性人才。毕业要求定位于系统掌握教师学习与成长、教师胜任特征、教师培训基本范式、教师培训课程开发、教师培训管理等有关教师发展与管理的相关理论和专门知识；具有从事本学科科学研究能力，以及具有从事教师培训、教师人力资源发展与管理方面的实践能力。

　　教师发展与管理专业是全国第一个以教师职后专业发展为主要研究对象而单独设立的二级学科（专业），具备了独特性优势。专业突出管理学的实践导向，突出培养学生基于实践问题的研究能力和问题解决能力，强化实践学习环节，为学生提供丰富的实践研究资源和学习机会，着重培养学生获得独特教师发展与管理领域专业者胜任特征的综合素质。这一学科的核心目标就是培养专业化教师培训者，具备专业教师培训者的核心胜任素质。

| 二 | 教师培训学科化转型助教师培训者找到存在感和归属感 |

　　首先，教师培训从经验走向科学，从事务走向学术。"国培计划"的实施是教师培训形态彻底发生变化的分水岭。该计划不仅把教师培训的规模、广度、频度推到了高峰，更重要的是推动了高等学校广泛参与教师培训。也正源于此，教师培训的研究深度和水平得以大大提升。教师培训的方案设计不再是经验式的课程拼盘，而是形成了建立在教师成长规律之上的、基于教师培训课程标准、有内在逻辑规律的课程设计；组织实施不再是简单的事务管理，而是基于学习效能规律教学组织；效果评价也不再是基于经验的主观判断，而是建立在循证理论基础上

的科学评价。这些变化说明,教师培训已经从经验走向了科学,从事务走向了学术。无论是从"4 年与 40 年""潜在与现实"的关系,还是从教师培训自身蕴含的丰富学术内涵,抑或从教师培训的规模和范围之广、投入之大去考虑,教师培训都应该有更多高水平的学者做更深入的研究。为此,教师培训必须走向学科化的建设之路。

其次,教师培训研究从资源整合走向体系创新,形成其独特的知识体系和思想体系。教师培训是事关教师 40 年职业发展的学术研究,教师培训研究的是具有丰富个体经验的教师成长规律以及基于其上教育教学规律。教师培训研究和师范教育虽然同属于教师教育的大系,然而其内在规律却大有不同。师范教育是职业养成教育,培养的是没有个体经验的未来从业者,是应知应会的职业准备教育;教师培训是职业发展教育,培养的是具有丰富个体经验的现职从业者,是工作实践导向的胜任力提升,属于人力资源发展范畴。这两者之间,无论是知识内在逻辑体系、还是从实践和理论的基本范式看都有很大的不同。

再次,教师培训管理体制机制创新依托于教师培训从专业化走向学科化的支持。由于新的教育发展形态下教师培训的重要性越来越凸显,教师培训对教育实践的影响越来越深远,教师培训的形态也发生了根本的变化。相应的教师培训管理体制机制创新成为教师培训领域的迫切需求,聚集一批专业化的教师培训研究机构和团体,以人才培养和科学研究为主线,提升教师培训的重要程度和影响程度,解决教师培训的研究边缘化的现实问题,使得教师培训管理体制机制持续改进和走向健全。

三　教师培训学科化拓展了教师培训专业化内涵

第一,教师培训学科化转型得到了近期政府政策的支持。2018 年以来有关教师教育的文件密集出台,建国以来首次以党中央名义发布《中共中央 国务院关于全面深化新时代教师队伍建设改革的意见》，从新时代教师队伍建设角度，指出要培养和造就党和人民满意的高素质专业化创新型教师队伍，落实立德树人根本任务，培养德智体美全面发展的社会主义建设者和接班人。2018 年 4 月出台的《教师教育振兴行动计划 2018—2022 年》指出，建立健全教师教育本专科和研究生培养的学科专业体系，鼓励支持有条件的高校自主设置"教师教育学"二级学科，加强教师教育的学术研究和人才培养。2018 年 9 月出台的《教育部关于实施卓越教师培养计划 2.0 的意见》强调，建强优化教师教育师资队伍，加强教师教育学科建设，指导高校建立符合教师教育特点的教师考核评价机制，引导和推动教师教育师资特别是学科课程与教学论教师开展基础教育、职业教育研究。

第二，以教师发展与管理学科为基础，构建"五位一体"的学科建设格局，打造面向未来的专业教师培训者的"黄埔军校"。作为全国首创的专业，其学科建设没有现成模式，对于我校打造成教师职后专业发展专业者的"黄埔军校"，拓展我校服务地方教育的业务阵地以及发挥我校社会服务影响力等方面均具有重大意义。在不到三年的时间内，华南师范大学牵头设立了广东省中小学教师发展与管理学会，创办了会刊（内刊）《教师发展研究》，重点建设实践平台——省级中小学教师发展中心，理论创新平台——校级中小学教师发展与管理研究中心，形成了较为完整的学科点—学会—学刊—实践平台—理论平台"五位一体"的学科建设格局，教师发展学科格局顶层设计雏形基本形成。

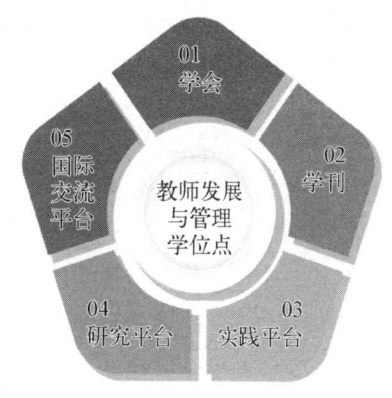

图 3-1 五位一体的学科建设格局

第三，强调实践取向的多维赋能的人才培养模式，锻造一支解决实践问题并有理论功底的教师培训生力军。学科点突出管理学的实践导向，突出培养学生基于实践问题的研究能力和问题解决能力,为学生提供丰富的中小学实践研究资源,配置了一批来自广东省和其他部分省市知名中小学的具有正高级职称的教育家型实践导师。根据独特的教师发展与管理领域专业者的胜任特征产出导向,倒推专业课程,培养其职业核心能力素质。通过对接国家和广东省全面推进教育现代化重大战略需求,解决教师教育改革创新过程中面临的"标准与测评—模式与机制—技术与资源—试验与示范—实践与推广"等关键环节的理论研究、技术创新和实践探索重大问题。

教师发展与管理专业点培养的是专业的教师培训者,要求学生掌握四维的立体性知识(能力)结构:一是公共管理基础知识;二是教师发展与管理的基础理论和系统的专门知识;三是从事本学科的研究能力;四是教师培训、教师人力资源发展与管理方面的实践性知识。

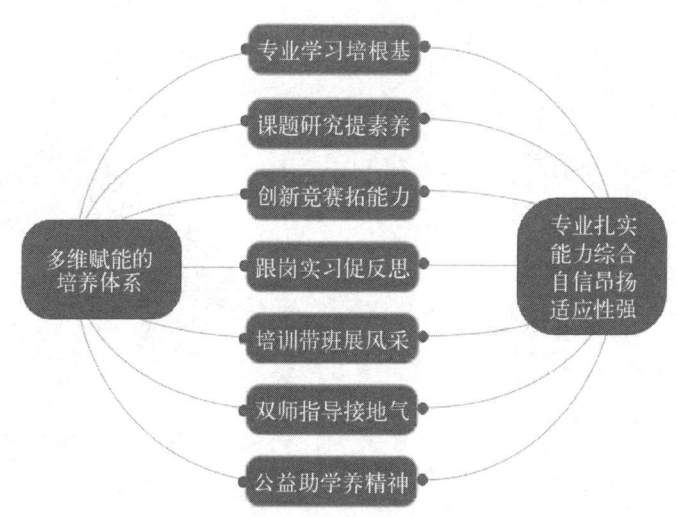

图 3-2 教师培训人才多维赋能培养体系

引入了国际标准的人才培养规格,力求培养一批能够通晓教育国际准则的后备军。依托全国唯一的连续 11 年不间断实施的与全美教育学排名第一的美国范德堡大学（Vanderbilt University）联合设立的中美教育领导力双向交流学习"ELLE"项目资源，为教师发展与管理专业研究生提供丰富的交际交流与实践的资源。在这一过程中，项目立足于双向培养和提升中美中小学校长和教育专家的教育领导力，教师发展与管理专业研究生则以项目志愿者的方式与参与培训的中美中小学校长和教育专家共同研学。此外，专业导师组还与美国田纳西州（State of Tennessee）教育厅合作研发广东省教育领导力标准，与美国教育者准备认证委员会（CAEP）认证合作等国际性项目合作，使得本专业研究生在家门口实现了国际交流学习，也为其通晓教育国际准则打下了基础。

经验与创新

一　形成了实践取向的跨学科协同创新教师发展专业人才培养平台

以教师发展与管理专业学科点建设促进教师培训领域的体制机制创新是一种创举。教师教育综合改革创新是一个任何单一学科都无法单独完成的综合性重大理论与实践命题，需要多学科整合交叉、协同推进、共同完成。华南师范大学依托教师发展与管理学科点，建立了专门面向基础教育的培训与研究院（现教师教育学部）实体，统筹校内校外协同的工作机制，有效促进了校内学科间相互协作、高校与区域教育发展中心和中小学实践基地三方协作，将培训实践学习与理论研究探索进行了协同整合。学校与广东省、广州市、佛山顺德区等地方教育行政部门和学校建立了互利共赢的友好合作关系，为创建国家级教师教育创新实验区创造了条件；在与珠三角乃至全国中小学实践基地协同育人的过程中，通过合作促进了对方教师专业成长和教学科研发展。实践取向的跨学科协同育人为教师职后发展专业性人才培养探出了一条新路。

二 培养了质量可靠、就业预期好的实用性教师培训专业人才，促进了教师专业发展领域实践引领者的专业提升

2018年，第一届7位研究生均在导师的指导下先后在《中小学德育》、《教育导刊》、《中国教育报》等国内核心刊物上发表学术论文平均超过2篇；学生本人主持课题3项。更为重要的是，通过聘请教育部校长国培计划领航校长培养工程华南师范大学基地项目和广东省及广州市新一轮百千万人才培养工程校长及教师为代表的一大批华南师范大学教师培训高端项目学员担任实践导师，形成了理论导师和实践导师双导师指导制度。三级研究生中，有2名研究生入选联合培养计划，赴美国密苏里大学学习1年；2名学生入选双创训练营，参加"时代地产杯"研究生创新创业大赛获全校二等奖，并获奖金5 000元。从就业方向来看，社会上对教师发展专业人才需求旺盛，大部分毕业生在教师进修学校（教育发展中心）、中小学、教育行政单位、教师教育科研院所等相关部门从事教师与教育干部培训、教师专业发展与教师管理等的实践与研究工作。

三 取得了辐射效果并推动了教师培训管理体制机制改革领域的人才培养创新

在学科培养的同时，学科团队为政府和学界研制了一系列教师培训的学术论著、培训标准、培训方案和实施指南。2017年5月31日，《中国教师报》以"找到教师培训的专业存在感"为主题全面解读了我校教师发展与管理专业，并指出"教师培训变革迎来变革时代"。2017年6月15日，专业创始人王红和吴颖民在《光明日报》上发表《实现专业化，教师培训的发展路径》。随着学科点的影响扩大，河南师范大学、华东师范大学等高校也开始申请自主设置教师发展与管理二级学科或

方向。中小学实践基地和区县教师（教育）发展中心与学科点师生协同成长，在顺德创造了微团队校本教师专业发展模式、在广州形成了异质化的名校长专业成长模式。教育部教师工作司时任司长王定华同志强调，教师是发展教育的第一资源。培养高素质教师队伍和深化教师管理综合改革均是本学科的研究指向，进一步呼应了当前教师教育政策的需求。

思考与展望

一　教师培训作为学科或专业的体制机制尚未健全

随着教育改革实践的历史演进，当下中国教育发展形态已经改变，已经从资源短缺型变为资源相对充足型，教育质量提升也已经从对资源的数量依赖发展到对资源的质量依赖。教师培训的个性化、定制化、网络化成为一种必然趋势，但是教师培训作为学科或专业的体制机制尚未健全。

二　教师培训在教师教育体系中的位置需更明晰

教育部在"国培计划"的相关文件中提出，"鼓励支持有条件的高等学校开展教师专业发展学科建设"。尽管目前按照学科建设思路推动教师培训事业发展的高校还不多，但是教师培训的学科建设已经发轫。用学科建设的高度去对待教师培训的研究与学术发展，既是对在职教师成长规律的充分敬畏，也是教师培训事业发展的必然要求。目前存在的问题是教师教育体系对教师培训支持力度亟待进一步加大。

三　教师培训作为学科或专业的属性有待清晰

目前以教师培训为主要研究对象的教师发展与管理是在教育经济与管理专

业研究方向的基础上申报成立的,属于公共管理一级学科下自设专业。但以教师职前培养为主要研究对象属于教师教育学或学科与教学论专业,属于教育学一级学科下面的二级学科。因此,教师培训的学科属性或专业属性还要进一步明确。

四　承担教师培训的组织机构的学术地位有待明确

承担教师培训体制内的组织机构主要包括师范类高校和北京大学、清华大学等部分综合性高校的培训学院(继续教育学院),传统省级教育学院转型为师范院校的相关培训机构;国家教育行政学院、北京教育学院、吉林教育学院等专业性教育学院,县级教师培训机构(教师发展中心、教师进修学校、教育研究院等);体制外的组织机构主要是培训类企业,主要面向市场需求承担教师类培训。由于普遍没有学科支撑,上述组织机构中,处于根据学科地位来分配资源的环境下高校培训机构,其地位显得非常尴尬,并且这一现象还在持续,近期的"双一流"高校考核指标中也没有把教师培训列入监测。对于高校外的其他培训组织机构,包括体制外的培训机构来说,其定位决定了这些机构不太可能有学科支撑。因此,整体来看,承担教师培训的组织机构的学术地位偏低是不争的事实,如何通过学科建设提升培训组织机构的学术地位值得每一位教师培训者深思。

五　教师培训学科的未来展望

教师培训和师范教育有着不同的知识体系和思想体系,但都指向教师的培养培育。无论教师培训作为独立的学科,还是涵盖在教师教育学科之下,走学科建设的道路都是必然的趋势。本项目团队也将继续发挥对教师培训学科化支持教师培训方案的支撑作用。

54

案例实践情况

一　应用区域/项目

1. 教育部国培计划"名校长领航工程""名教师领航工程"和"农村校长助力工程"项目
2. 广东省新一轮百千万人才培养工程"教育家""名校长"和"名教师"培养项目
3. 广州市新一轮百千万人才培养工程"教育专家""名校长"和"名教师"培养项目和卓越中小学校长培养工程项目
4. 华南师范大学自主设置二级学科教师发展与管理全日制学术型硕士项目和教育管理硕士项目

二　应用人数

每年培训应用人数 2 000 余人次,研究生培养应用 20 余人次。

三　应用成效

1. 研究生人才培养和教师培训项目学员发展双轮驱动

一方面,研究生人才培养聘请正高级实践指导老师现场和网络进行指导。学校为教师发展与管理专业的每个研究生都配备了实践导师,以教育部校长国培计划"名校长"领航班和广东省及广州市新一轮百千万人才培养工程教育家或名校长培养对象为主。对于研究生来说,能向这些优秀的教育实践者学习,是特别难

55

得的成长机会。对于高端教师培训项目学员来说，也与研究生形成了理论学习提升的共同体，在同一个学院理论专家的指引下共同提升，形成了教师培训专业化研究生人才培养和教师培训项目学员专业发展的双轮驱动机制。

另外一方面，华南师范大学教师教育学部每年培训直接应用本案例提到的学科化应用成功达 2 000 余人次，均可以利用到教师培训学科化的资源。作为华南地区教师培训"重镇"，学校承接了大量高水平的中小学校长和教师培训项目，从首批国家级中小学名校长领航班培训，到已经持续了 12 年的中美教育领导力交流项目，也因此，教育部"国培计划"海外培训项目的执行办公室设立于此。上述培训项目对应的教师职后人才发展与研究生人才培养共同作用于培训管理机制的专业化构建与创新。

2. 名教师名校长培训以被学习为主线促进培训模式转型升级

一是高端引领和实践导向的名师名校长培训项目依托于教师培训学科实现，推动教师培训项目管理的创新与升级。依据教师发展管理学科点的理论体系，我们一般先着力明确培训项目定位高、学员甄选与管理标准高、确保施训导师配备高、设置培训课程水准高、使用培训平台基础高的标准。所有培训内容和培训方式均指向学员实践能力的培养和提高，着力帮助学员反思办学经验、凝练教育思想、提高办学治校能力。一方面为教师培训高端项目提供教师专业发展的理论基础，另一方面也为名师名校长培训项目形成稳定的模式创造条件。

二是以名校长名教师被学习为主线，推进训用结合和成果提炼。加强任务驱动、明确成果要求，在培训过程中贯穿学员为培训中心所用、为当地教育所用，推动学员提升办学理念、示范办学成果、辐射教育思想。推动学员在递进的学习阶段中不断产出多样化的培训成果，以研究成果的凝练带动实践能力的提升。

三是异质化为基础的贯通培养。项目所组建的教师培训学科研究生配置实践导师，以及参与培训的教师均强调异质化基础的贯通培养。所谓异质化包括年龄、学历、学段、性别、知识背景等因素尽可能异质化。通过实施阶段性培训、建立跟踪机制，训前、训中、训后贯通一体化服务，推动名教师名校长学员专业成长与学校改进和提升、教师培训者专业化发展并协助当地完善人才使用机制与教师培训支持服务体系。

案例开发档案

案例归属单位：华南师范大学教师教育学部

案例开发时间：2018 年 10 月

案例开发团队：

姓　名	工作单位	学科背景/职称	主要贡献
王　红	华南师范大学	教育经济与管理/教授	总负责人
童汝根	华南师范大学	人力资源管理/副教授	执笔、实施
童宏保	华南师范大学	教育经济与管理/副研究员	理论、实施
吴颖民	华南师范大学	教育管理/研究员	理论指导
王建平	华南师范大学	教育管理/研究员	实践指导
雷丽珍	华南师范大学	教育管理/副教授	具体实施
黄道鸣	华南师范大学	比较教育/中级	具体实施
姚铁懿	华南师范大学	教育经济与管理/中级	具体实施
廖　文	华南师范大学	马克思主义思想政治教育/中级	具体实施
吴少平	华南师范大学	教育经济与管理/中级	具体实施

案例四

问诊：教师继续教育课程开发的新路径
——以上海市浦东新区教师继续教育课程建设为例

上海市浦东教育发展研究院

主题类别：培训资源的专业化开发

关 键 词：教师继续教育课程、问诊、课
程开发、教师专业发展

背景与问题

一　教师继续教育课程数量难以满足现实需求

近年来,随着人口的增长,教育投入的增加,浦东新区的教师数量也急剧增加,如何有效提高教师的专业素养,更好地促进在职教师的专业发展就成了有关部门工作的重点。为此,自"十一五"开始,上海市浦东新区将 2 000 名区级学科带头人、骨干教师纳入教师继续教育选修课程的申报者队伍,在对其申报的课程框架与内容作审核后,每学期推出 300—500 门课时数为 8—16 课时的微型课程,五年累计开设课程 4 000 门次,极大地丰富了区域教师继续教育的课程资源,为满足教师菜单式的选择提供了便利条件。但是,这和教师的继续教育课程需求还有较大差距,无论是在课程的数量上还是在课程的质量上,都需要进一步的提升。

二　教师继续教育课程的开发能力有待提升

为了向教师提供高质量的继续教育课程,我们逐步完善了继续教育课程的评审和质量监测制度,通过评审和监测发现,部分教师的继续教育课程开发能力较弱,主要表现为以下两个方面:

1. 部分课程内容的针对性较弱

自"十二五"开始,浦东新区将课程开发主体定位下移,由原来的特级教师、区

61

学科带头人和骨干教师,拓展为全区所有教师(共 4 万余名,其中含 3 万多名公办教师),即凡有一技之长的教师,都可以将自己的教学经验或擅长内容转变为课程并参与课程评审。这些教师都具有较为丰富的教育实践经验,但如何将教育经验上升到理论,以规律性的方法论式的知识呈现出来,从特殊教育事件总结一般性规律,多数教师都缺乏这样的能力。

他们虽然都来自教学一线,但是申报教师继续教育课程的教师大多为有经验的教师,对于新教师所需要的专业素养,他们或是了解不多,或是无法有针对性地开设相应课程。他们大多就自己所擅长的内容进行整理,是否是新教师所需要的,往往不是他们考虑的主要问题,而且部分教师对于课程内容的整合能力较弱,课程的"科学性"难以保证。为了保证课程主题的专业性,使得课程内容能够直击教育现场的核心问题,这些问题完全依靠教师自身的经验是远远不够的。

2. 授课形式较为单一,部分授课教师亲和力不足

调查发现,在目前的继续教育课程教学中,高达 75.5% 的教师采用了"培训者主讲"形式,并占据了绝对多数。除此以外,其他经常采用的方式依次为"听评课活动"、"专题讨论或论坛"、"观看视频",其比例均不足 40%。明显"没有用过"的培训方式是"外出考察学习"(64.3%),这也与一些客观的培训条件相关。具体如图 4-1 所示。

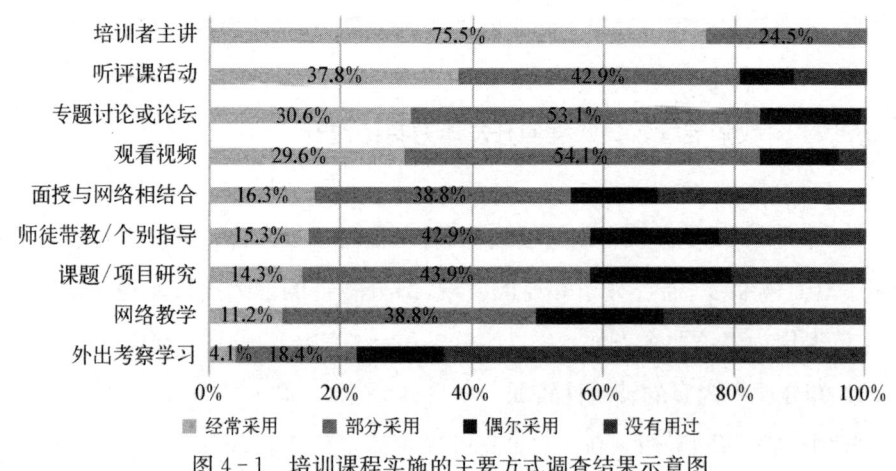

图 4-1 培训课程实施的主要方式调查结果示意图

这种单一的授课方式对教学效果和教学内容的影响,与主讲者的教学能力有着密切的联系。一旦主讲内容较为理论和抽象,主讲教师的教学缺乏感染力和亲和力,教学效果就会大打折扣。通过了解发现,出现这种现象有两个方面的原因,一是部分主讲教师对于课程教学形式多样化的了解和尝试不够,需要拓展视野,需要有针对性地指导。另一方面则是部分主讲教师对于自身专业高度自信。调查显示,有九成以上的教师对于自己的课程建设与实施能力自评较高(包括"很能胜任"和"较能胜任")。具体如图4-2所示。

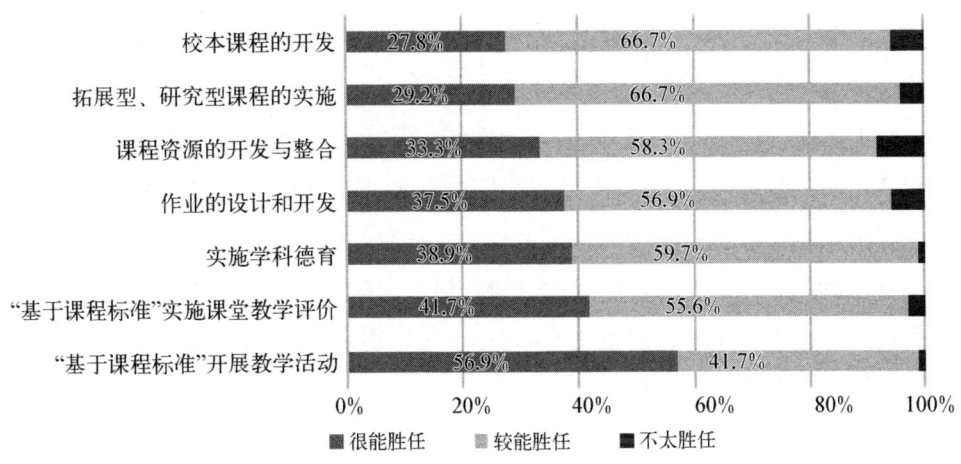

图4-2 教师课程建设和实施的能力自评调查结果示意图

因此,有必要拓展主讲教师的视野,开发多种形式的继续教育课程,同时提高教学的亲和力,从而更好地吸引广大教师的学习。而要提高教师这方面的能力,需要有外来专家的指导和点拨。

三 课程评审周期较长

为了提高课程质量,我们实施了课程评审制度,邀请各方面专家对申报的课程进行筛选。通常情况下的课程评审周期为一学年两次,即秋季课程评审和春季课程评审。申报课程的教师,如果一次评审没有通过,则要半年后才能继续申报。对于为什么没通过,自己的课程还存在哪些问题,一般在评审当天,申请者和专家评委会有个短暂的面对面交流,但是对于课程开发教师来说,这个交流的时间是不够的。尤其是课程开发能力较弱的教师,他们虽然了解了自己课程的不足,但是本次评审已经没有机会,只能修改后等半年再次提交申请。

虽说教师们在课程申报过程中,会向教师继续教育课程项目的工作者咨询,但是这些工作人员更多地将自己定位在事务性的管理者这一层面,仅会解答一些规范性和事务性问题。从某种意义上说,这也是一种资源浪费,他们自身的专业能力并没有在课程建设的过程中得到更多体现。

综上所述,为了解决以上问题,推出更多、更好的教师继续教育课程,更有效地提高教师的课程开发能力,针对以上不足,我们决定采用问诊式课程开发模式。该模式的最大特点就是在教师课程开发过程中,根据教师需求邀请专家,对教师的选题、内容、教法等方面进行问诊、把脉,提出有效建议。该模式可以为课程开发者提供与教育教学专家对话的平台,不仅可以提高课程开发的有效性,也能有效提升教师的课程开发能力。

问题解决思路

根据以上问题,浦东新区的师训团队从 2016 年开始,就问诊式教师继续教育课程开发模式进行了探索,探索历经三年,目前已较为成熟。其探索过程和解决思路主要可分为尝试期、构建期和成熟期三个阶段。

一　第一阶段:尝试期(2016.3—2016.7)

在该模式探索的最初阶段,主要针对教师在开发课程前期获得的有效支持较少,课程开发过程中所遇到的困难或瓶颈问题无法得到及时有效解决这一问题展开。为此,团队尝试设计了专家"问诊"流程,具体过程如图4-3所示。

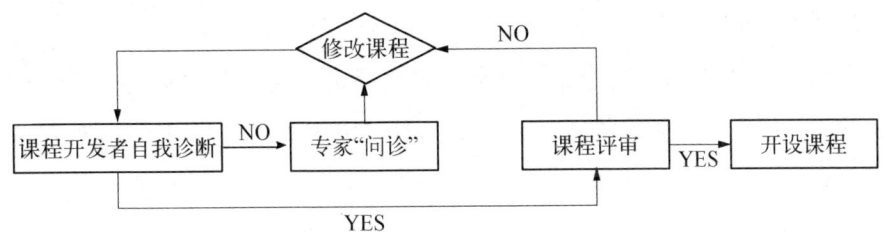

图4-3 尝试期"问诊"式课程开发流程图

1. 根据学科、问题寻找专家

在区域课程征集时,由课程开发者进行自我诊断,向项目组提出课程咨询申请,并同时将含有课程题目、课程描述、课程目标、已经形成的教学设计以及需要解决的问题的咨询材料(如图4-4所示)提供给项目组,项目组相关负责教师会凭

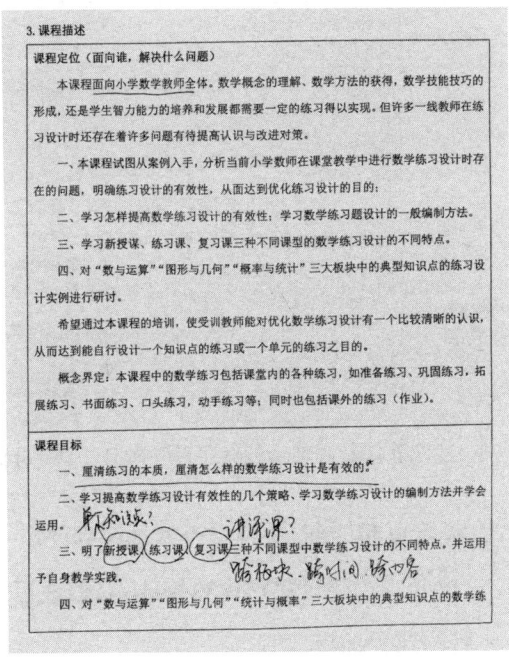

图4-4 课程咨询申请材料专家修改部分

借自身经验为其寻找并预约合适的学科专家。在预约的过程中，项目组会告知专家课程咨询的题目和问题。

2. 专家“问诊”

在约定的时间内，学科专家与课程开发者会进行面对面的交流，由课程开发者叙述与本课程相关的问题，如开发背景、目的、需要解决哪些问题等，专家倾听，并结合材料，在对本门课程有了一定深入的了解后，对其提出修改建议。

在专家进行一对一“问诊”过程中，会把“问诊”结果填入问诊记录表（如图4－5所示），项目组相应的学科教师将作为工作人员全程参与，并对交流过程进行录音以及进行后期的文字整理。

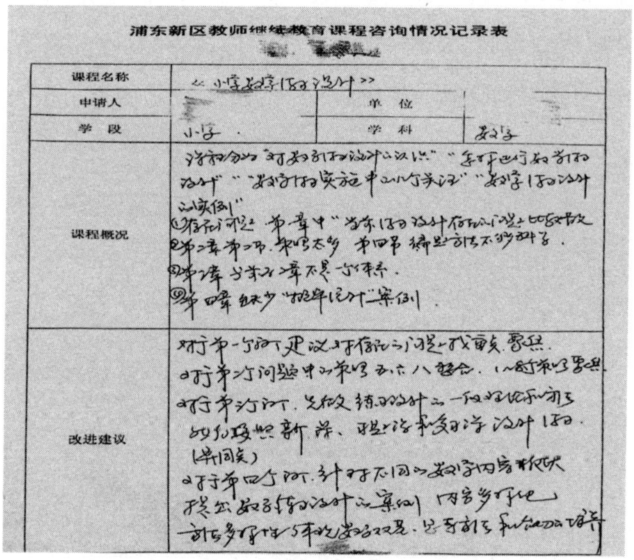
浦东新区教师继续教育课程咨询情况记录表

课程名称	《小学数学教学设计》		
申请人	[illegible]	单 位	[illegible]
学 段	小学	学 科	数学
课程概况	[illegible]		
改进建议	[illegible]		

图4－5　浦东新区教师继续教育课程咨询记录表部分截图

3. 进行课程修改，再次自我诊断，决定是否参加课程评审

开发者根据专家给出的修改建议进行内容修改，对修改后的课程进行自我判断，并决定是否参加之后的课程评审。

4. 课程评审,再次修改课程

课程评审中,专家组的任务之一是遴选出优秀的教师继续教育选修课程;任务之二是对所有参评课程,尤其是对没达到开课标准的课程提出修改意见,如:课程主题的选择不适合,需要重新选主题、课程章节内容以及课时设置、教学方法和教学活动的组织等。因此,未通过评审的课程也可以继续根据专家意见修改,参加下一轮的课程评审。

历时半年的"尝试期"所建构的课程开发模式,有效地激发了教师课程开发的热情和积极性,为课程开发者及时解决困惑打开了一条通道。但同时也暴露出一些问题,例如:在课程咨询结束后的第一次课程申报与评审中,41门接受过课程咨询的课程,有34门参与了课程评审,通过了24门,通过率为70.6%。另外7门进行过专家"问诊",但却未参加最后的课程申报与评审,在与课程开发者的交流中得知,由于教师自身的理解能力不同,有些教师在短期内很难对修改建议进行充分理解,课程的修改仍然存在一定的难度。

| 二 | 第二阶段: 构建期(2016.9—2017.7) |

针对"尝试期"所遇到的一些问题和不足,我们在原有模型的基础上进行了修订(如图4-6所示),增加了"团队问诊"环节,并且将"专家问诊"环节变为线上和线下结合的形式。

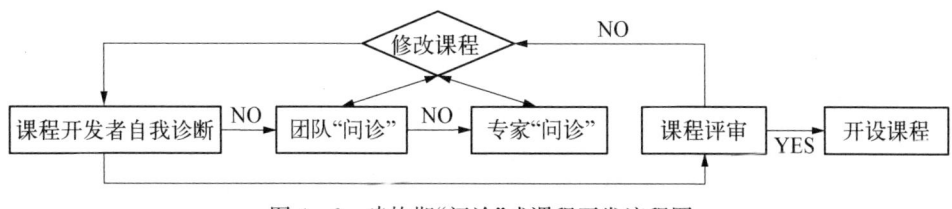

图4-6 建构期"问诊"式课程开发流程图

建构期的课程咨询流程为：首先由课程开发者进行自我诊断，如果需要"问诊"，则事先填写《课程咨询申请表》，通过邮件发送至项目组邮箱。工作组对所收到的课程进行团队"问诊"，对可以在组内解决的课程提出反馈意见，将不能组内解决的问题进行分类汇总，分配给相应学科的项目组教师（进行后续"问诊"的全程跟踪），并从专家库中检索合适的专家，将《课程咨询申请表》发送给专家，约定与课程开发者见面的时间，待专家与课程开发者一对一"面诊"后，课程开发者再根据专家的意见，修改课程。修改后的课程再由课程开发者本人进行自我诊断，选择是否参加本学期的课程评审。在课程评审环节中，评审专家会再次对参评课程进行审定，合适的（如只需进行少量修改）课程可被列入新一轮浦东新区教师继续教育选修课程列表。

1. 组师训团队"问诊"

由于项目组的师训教师在前半年的课程咨询中都全程参加，对每一门参加咨询的课程都有很详细的了解，其自身的专业水平也获得了一定的提升。同时，面对逐渐增长的课程咨询需求，我们也意识到仅靠专家的力量是很难满足教师的"问诊需求"的。因此，我们在这一阶段增加了项目团队"问诊"环节，即首先由项目组的教师形成"问诊"团队，对课程问题进行回答。对于大家都不能解决的问题，我们再继续寻求相应的学科专家，进行一对一的"问诊"式课程咨询。

2. "问诊"线上线下结合

根据"尝试期"所遇到的问题之一：为课程开发者安排一次性的面对面专家"问诊"有时并不能完全解决课程开发中的问题，为此，我们增加了线上"问诊"环节，即将学科专家分成"线上""线下""线上线下"问诊三类。教师根据自己的需要选择"问诊"途径。对于平时工作量较大的课程开发者，一般会优先选择"线上问诊"。我们会根据课程问题为其选择合适的专家，预约时间，并告知教师在某一时间段内与专家进行交流。同时，这个交流过程可以根据问诊情况、结合专家的时间安排多次进行，这在一定程度上提高了教师对于课程咨询的满意度。

例如：申请参加课程咨询的教师数量大幅度增加(2016 年上学期 17 门,下学期 42 门)。这也导致对咨询专家的数量要求迅速增加,同时课程咨询的内容与专家所擅长的模块有所出入,例如:学前教育,其专业领域划分格外详细,游戏、集体活动、艺术等,我们邀请到的学前的教育专家有时在小领域上对于课程内容并不是最擅长的,咨询中会存在指导不深入的问题。

3. 专家库

工作人员首先通过互联网收集基础教育领域的学科专家信息,形成一级检索专家库,如数学、英语、语文、学前教育、职业教育、通识教育等。其次,根据专家所侧重的研究领域再进行划分,形成二级检索专家库,如:数学学科专家可以按照学段分成小学、中学、高中;或者分成数学史、课程法、教育心理、课程标准等。幼儿教育专家可被分成音乐、艺术、活动、阅读等。最后,根据专家的工作机构建立三级检索库,如:特级教师、教育学院教授/研究员等。逐次构成了一个可进行三级检索的专家库。

4. 管理组"初审",团队工作人员"初诊"

随着咨询需求的大幅增加,项目组工作人员团队也加入到了课程咨询的"初诊"环节中。区教师继续教育课程项目组的工作人员均毕业于师范大学课程与教学论专业,具有较强的学科背景和一定的教学经验。同时,经过旁听"尝试期"专家的问诊过程,对所收集到的各学科问题进行梳理和学习,已经能够自行解决一些问题。

5. 课程咨询问题

对于每一个申请"问诊"的课程,专家都会填写一份"问题解决表",形成一份"问题表",课程开发者在申请课程咨询的同时,须填写并上交此表。由项目组工作人员按照自己对应的学科进行工作认领和阅读。如果是能力范围内可以解决的问题,则由工作人员与课程开发者进行交流。此外,每次咨询过程中,工作人员除了倾听和参与讨论,还会对专家的专业特征进行详细记录,作为后续细化专家库的依据,同时也为后期为课程开发者寻找更为合适的咨询专家打下基础。

三　第三阶段：成熟期（2017.9—2018.10）

完善流程，完善各类"问诊"工具。

经历了前期不断的探索与实践，我们对教师继续教育课程开发的"问诊"流程进行了最后的完善（如图4－7所示）。

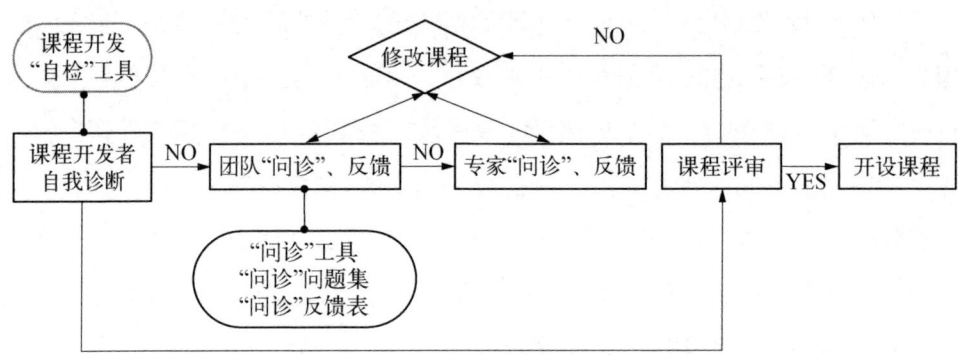

图4－7　浦东新区教师继续教育"问诊式"课程开发流程图

1. 三级检索专家库

项目组根据专家的特色以及所擅长领域，建构了一支可进行三级检索的课程咨询专家团队。其中，一级检索内容包括数学、英语、语文、学前教育、职业教育、通识教育等学科。二级检索关键词为专家所侧重的研究领域，如：数学学科专家可以按照学段分成小学、中学、高中，或者可以分成数学史、课程法、教育心理、课程标准等。幼儿教育专家可被分成音乐、艺术、活动、阅读等。三级检索关键词为专家职称等级，如：特级教师、教育学院教授/研究员等。逐次构成了一个可进行三级检索的专家库。

目前，已经形成了由上海市特级教师、华东师范大学和上海师范大学课程与教学论专业的（副）教授以及（副）研究员组成的110余名学科专家团队，团队成员在课程开发中贡献了自己的宝贵经验与智慧。

2. 课程开发者自检工具

虽然项目组已经为课程开发者提供了充足的问诊途径,但仍然希望参与课程开发的教师能够作为一个主动学习者,通过自己的努力解决一些自己的困惑,因此,我们形成了一套用于课程开发者自检的工具(表4-1)。

表4-1 教师继续教育选修课程开发自检工具

类　别	指　标	指　标　描　述	你做得怎么样?
课程要素	课程定位与目标	定位符合本学科的发展趋势和浦东教育现状	
		目标明确具体,可操作、可衡量	
	课程结构	结构完整清晰,内部要素逻辑自洽、衔接得当	
	课程内容	专业性:内容科学精准	
		针对性:体现课程定位 专业性:内容科学精准,重点突出,满足对象需求	
	教学方法与评价	符合成人学习特点,与课程内容特点相匹配	
		评价设计合理,与目标相匹配	
目前最需要解决的问题是?			

3. 课程项目团队"问诊"工具

在团队成员进行课程"问诊"的过程中,有一种现象较为普遍,即前来咨询的教师对自己的课程问题描述不清,或者没有真正意识到问题的本质是什么。为了解决这个问题,我们运用"剥洋葱"的对话方法(如图4-8所示),即通过5次"为什么"的追问,找到导致问题发生的因果关系链,从而明确问题的真因,掌握课程开

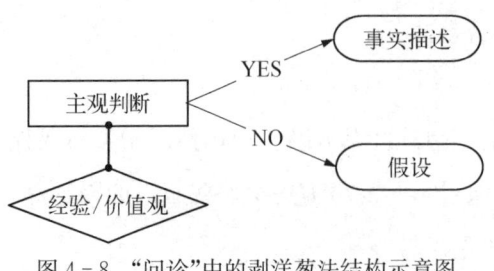

图 4-8 "问诊"中的剥洋葱法结构示意图

发者的学习需求。

例如：在"教师游学英语"这门课的咨询过程中，教师对课程的内容设定有疑惑，想突出"教师"与普通游客出国旅行的差异，但不知道该如何明确地进行章节划分。因此，我们首先为他安排了项目团队内一位同样有留学经验的教师作为课程咨询教师，这位教师在"问诊"中使用了剥洋葱法，与课程开发者一起，在一问一答中逐渐理清了思路。下面引用一段他们之间的对话：

"问诊"教师：

"这个题目的选择很有意义，能说说当初为什么选这个题目吗？"

课程开发者：

"当初选择设计这门课的原因是源于一名同事的经历，她去年被区里选拔去芬兰进行学术访问，回来跟我们说旅途经历了很多尴尬的事情，她是小学语文老师，英语基础很一般，这次出国需要在英国转机，但是看指示标和航班号都很困难；另外在当地的生活也遭遇了很多困难，比如出去吃饭点餐，还有在学校里听课，知道对方讲的主题，但是具体的一些教学用语和关键词都没有理解，听力太差，掌握的词汇也太少。……"

"问诊"教师：

"我听下来感觉出国交流的老师有几个特征：（1）都是区里最优秀的教师、特级教师或者学科带头人；（2）教师年龄偏高，没有经过正规的英语培训，词汇量有限；（3）口语表达很成问题，只能靠手机翻译帮忙。"

课程开发者：

"基本上是这样子的，后来我又跟几位出国访问的老师聊过，他们也在一定程度上出现了这些问题。所以我想要为教师开设一门英语课。最好能够覆盖解决他们的现实问题。"

"问诊"教师：

"那么你的课程大纲中的很多内容其实可以从市面上的"旅行"英语书中获得。是不是缺少了一些"教师"这个特定群体的味道，我们可以一起思考一下，教师出国有别于其他游客的不同之处，把这些内容列出来，再进行分类。"

课程开发者：

"从我自己的留学经历看，包括我自己订机票、租房子、坐公交车去学校、去超市买菜做饭，然后上课，跟同学交流讨论、写报告等。"

"问诊"教师：

"还有口语，就是发音也要尽量纯正，减少交流中给对方造成的误会。……"

"问诊"教师：

"所以，我建议将这门课分成两大模块：生活英语和学习英语。课程的题目可以命名为"教师游学英语"。……"

4. 形成分级"问诊"制度

为保证专家资源的高效合理使用，项目组建立了分级"问诊"制度，即首先由团队教师进行"初诊"，将不能解决的问题分类，之后工作人员会利用专家库，检索到合适的学科专家，约定好时间进行一对一问诊咨询，或由工作人员、学科专家同时进行"会诊"。

5. 完善了"问诊"式课程咨询的相关规章制度与反馈机制

通过多年的努力，"问诊"式课程咨询已经逐渐模式化，而保持这一模式的有序运行，离不开标准化的管理程序和规章制度。具体包括：按学科、类型明确具体的课程咨询负责人员，以及课程咨询后是否能够进入评审阶段的原则等。现将内容列举如下：

课程咨询原则：

"初诊"的课程结果包括，课程内容完全不符合要求，需要推倒重来；项目团队

"问诊"课程;专家与项目团队合作"问诊"课程;专家"问诊"课程。

……

课程一稿修改后,由课程开发者自行反馈给专家或者工作人员,由对应学科的工作人员进行复审,达到参评标准的课程将直接给出回复,而工作人员审核中内部争议较大或者内容不达标,以及课程开发者本人要求再次咨询的课程将继续安排其进行第二轮"问诊"。进行第二轮咨询的课程可以根据本人意愿,选择继续与第一轮的专家合作,或转给第二位专家。

思考与展望

为了建构科学、亲和的教师继续教育课程,新区做了大量的努力,不断地尝试新方法,"问诊"式课程咨询为教师的课程开发提供了有力支撑,并且极大增强了教师加入并进行课程开发的自信心。而在未来的课程建设中,我们也希望能在完善"问诊"体系的前提下,继续优化"问诊"流程,具体有以下几点设想。

一   利用人工智能,建立自动问答系统

在未来的课程"问诊"过程中,我们希望能够利用信息技术,建立自动问答系统,并将其应用在课程咨询的"初诊"阶段,对课程开发者所提出的一些问题进行系统在线回答,以减少低端的人力付出,提高咨询效率。具体做法可通过将大量的非结构化文本录入,通过质性评价的方法,以信息技术手段,如 NVivo 作为语义分析工具,通过收集、整理和分析访谈、焦点小组讨论、问卷调查、音频等内容文本,将所有"问诊"中问题类型和问题解决方式,在技术的支持下进行语义分类,同时根据关键词获得对话中的深刻见解,生成"问诊"问题与特色案例。

即在教师的选课以及后续的教学满意度调查等环节中，加入相应的主题问题，考察教师对培训内容等的需求，通过后续的数据分析与整理，对课程实施情况与需求进行详细分类，进而引导培训者研发满足教师需求的课程。

经验与创新

一　　　构建完善的"问诊式"教师继续教育课程开发模式

"问诊"一词源于中医采用的对话方式，向病人及其知情者询问疾病的发生、发展情况和现在症状、治疗经过等，以诊断疾病的方法。在课程咨询中，我们借用了"问诊"一词，并非将课程开发者当作"病患"，而是要突出整个课程咨询的"个性化"处理方式，即对于每一位申请咨询的课程开发者，项目组都会为其投入相同的精力，提供适当的问题解决方式。

在三年的实践中，我们以"问诊"作为最主要的课程咨询手段，通过课程开发者的自我诊断、师训团队与专家团队的合作问诊，不断改进课程内容，帮助教师最终形成了科学、亲和的教师继续教育培训课程。

二　　　编制了可迁移性较强的教师继续教育规范化文本和规章制度

在近三年的实践过程中，为确保课程开发的有序进行，我们编制了可迁移性较强的教师继续教育规范化文本和规章制度，对于"问诊"中的重要问题，都进行了详细的制度说明，真正做到了有章可循，有据可依。

| 三 | 建立了较为广泛的、联系性强的专家库 |

"问诊"式课程开发模式从雏形搭建到最后成型,离不开来自上海市各个区县、师范院校教师教育相关专业领域的专家给予的积极支持,他们贡献智慧对每一位参加咨询的教师都给予了充分的指导。

| 四 | 促进了教师和师训工作团队课程开发能力的共同成长 |

在探索有效的课程开发咨询模式的过程中,师训团队深入介入,从最初的担任辅助性管理工作,到最后可以单独指导教师进行课程开发,每一位参与师训教师的课程开发能力与学科专业能力都得到了一定的提升,课程开发者与师训团队教师获得了共同的成长。

案例实践情况

目前,浦东新区共有 361 门教师继续教育选修课程,"十二五"期间,有 52 门课程被评为市区级精品课程。自 2016 年 3 月到 2018 年 10 月,浦东新区教师继续教育课程建设项目组共接收了 140 门课程的咨询申请,其中,由项目组工作人员进行全程跟踪咨询的课程有 55 门,项目组与专家组合作实施"问诊"咨询的课程有 85 门,申报课程评审的有 99 门,获通过的有 77 门。

| 一 | 第一阶段 |

2015 学年春季课程:申报课程 30 门,通过课程 17 门,通过率 56.67%。咨询

课程 11 门,申报 9 门,通过 6 门,通过率 66.67％。

二　　第二阶段

2016 学年秋季课程:申报课程 44 门,通过课程 24 门,通过率 54.55％。咨询课程 17 门,申报 12 门,通过 8 门,通过率 66.67％。

2017 学年春季课程:申报课程 61 门,通过课程 32 门,通过率 52.46％。咨询课程 26 门,申报 26 门,通过 13 门,通过率 50％。

三　　第三阶段

2017 学年秋季课程:申报课程 81 门,通过 54 门,不通过 27 门,通过率 66.67％。前期咨询课程 42 门,咨询过的课程正式申报 34 门,通过 24 门,通过率 70.59％。

2018 学年春季课程:申报 134 门,通过 72 门,不通过 62 门,通过率 53.73％。咨询课程 55 门,申报 40 门,通过 32 门,通过率 80％。

案例开发档案

案例归属单位:上海市浦东教育发展研究院

案例开发时间:2016.3—2018.10

案例开发团队:

姓　　名	工　作　单　位	学科背景/职称	主　要　贡　献
朱一军	上海市浦东教育发展研究院	信息技术/特级教师	政策设计
孙立坤	上海市浦东教育发展研究院	数学教育博士/中级	案例研发、实施效果检验

姓　名	工 作 单 位	学科背景/职称	主 要 贡 献
李　晟	上海市浦东教育发展研究院	教育管理/中级	背景分析
童燕丽	上海市浦东教育发展研究院	教师教育学/高级	背景分析、框架撰写
胡意慧	上海市浦东教育发展研究院	学前教师教育学/中级	案例呈现
马天宇	上海市浦东教育发展研究院	教育心理/中级	案例呈现
平　芳	上海市浦东教育发展研究院	课程与教学论/初级	案例呈现
刘贯南	上海市浦东教育发展研究院	信息科技/中级	案例呈现
权南南	上海市浦东教育发展研究院	化学/中级	案例呈现
阮叶青	上海市浦东教育发展研究院	课程与教学/初级	案例呈现
张广录	上海市浦东教育发展研究院	语文/特级	案例呈现
张　浩	上海市浦东教育发展研究院	物理/中级	案例呈现
金秋玥	上海市浦东教育发展研究院	数学/初级	文字审阅
郭雅洁	上海市浦东教育发展研究院	物理/初级	案例呈现
顾俊超	上海市浦东教育发展研究院	英语/初级	案例呈现
蔡凡弘	上海市浦东教育发展研究院	英语/初级	案例呈现

案例五

以中西部县（区）域特色优质校打造
带动区域基础教育均衡发展的实践研究

北京师范大学继续教育与教师培训学院

主题类别：培训项目的专业化规划

关 键 词：区域基础教育、特色优质校、
　　　　　系统设计

背景与问题

　　"十一五"规划中提出要加快高校教育科研成果的转化进程,这要求高校充分发挥自身作用,切实有效地提升区域基础教育质量。北京师范大学校积极推动与区域政府合作事宜,我单位自 2015 年开始至今,在山西省垣曲县、江西省临川区、广昌县,河南省濮阳县,贵州省遵义市等多个省市地区开展培训,共有 100 多所学校,1 200 名校长和教师参与项目实践。通过对区域基础教育的深度调研和科学诊断,我们形成了对中西部地区成长期学校的画像,并依此设计开发了以县(区)域特色优质校打造带动区域基础教育均衡发展的新模式。

　　在长期深度跟踪观察与实践中,我们发现县(区)域基础教育发展存在以下问题。

一　　中西部地区县(区)域内教育发展不均衡

　　在当今教育改革的潮流下,区域内许多学校在各个方面采取了改革的措施,其中一些在丰富的资源支持下,获得了令人瞩目的成就,迅速进入了品牌推广的成熟期,成为地区独占鳌头的品牌大校。而这样的成就往往仅局限于区域内某一两所学校,这使得优质生源和大量的教育资源向少数成熟期的品牌学校流动,导致一批成长期的学校资源匮乏,发展缓慢甚至停滞不前,久而久之,造成了区域内中小学学校发展结构性断层,阻碍了区域基础教育的持续、均衡发展。

因此,探索在有限的资源下,如何大规模地推动区域内学校的教育改革,提升每一所学校的教学质量,高效、扎实地提升成长期学校,成为区域教育水平提升所面临的主要挑战。

二　学校教育观念和办学理念较为陈旧

在实践中我们发现,大多数学校在初创阶段都积累了一些阶段性的办学经验,通过规范化办学、提高教学质量取得了成绩上的提升。然而,当学校进入成长期后,照搬照用之前的办学经验用于指导和助力学校在新阶段的发展,就会出现诸多问题。其中最突出的问题是学校教育观念和办学理念陈旧,片面地追求考试分数,不重视学生必备品格和关键能力的培养,这种唯分数论导致了学校苦压、学生苦学、教师苦教的现象。这种"三苦"的学习状态下,学生分数无法超越地区名牌质优校,也很难全面发展,社会声誉受到影响,学校便加大力度给学生增负,陷入不良循环,制约了学校的发展。

三　学校对于未来的发展方向不清晰

项目学校在教学、教研、文化建设、课程、管理等方面有一定基础,但是对于如何进一步提升和发展,学校没有清晰的想法。学校缺乏系统思维,在系统化设计和规划学校发展路径方面较为薄弱,常常是疲于应对多方任务。学校的发展和变革是系统工程,但学校经常焦灼于教学或管理中的某一具体问题,容易陷入"头痛医头脚痛医脚"的误区,而不能整体性、系统性地规划学校发展的方向。从名校照搬照抄来的特效药看似对症下药,但由于学校不理解对方学校的学情和理论依据,经常水土不服最终导致饮鸩止渴,更无法使校长、教师以及学生认同和笃信学校的办学理念和育人目标,也就无法从根本上帮助学校和区域真正地发展。

| 四 | 学校缺乏变革的具体方法和路径 |

一些学校在发展过程中逐步认识到,教育教学中的一些观念和做法不利于学生的终身发展,以及学校的可持续发展,但又不知道应该如何改变现状,没有清晰具体的方法和路径将教改深入课堂、实现教育观念更新等。解决这一问题需要通过以学校为单位的、系统的培训和可操作性强的指导,帮助学校解决各方因素互相掣肘、互为阻碍的问题。

问题解决思路

针对中西部县(区)域基础教育面临的诸多问题,我们设计开发了以中西部县(区)域特色优质校打造带动区域基础教育均衡发展的模式,并在多个省市区域进行了实践研究。以下将从顶层设计、培养思路和具体实施三个部分进行介绍。

| 一 | 顶层设计 |

本研究面向我国中西部县(区)域内的由初创阶段向成长阶段过渡以及初步进入成长阶段的中小学学校,以全面建设特色优质校为切入点,实现区域基础教育的可持续性发展。

学校和其他社会组织一样,都有其发展阶段并遵循各阶段的发展

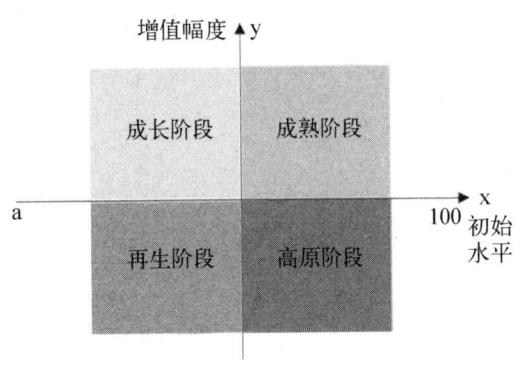

图 5-1 学校发展阶段评价解释模型网络

规律。总体来看,学校发展分为四个阶段,即初创阶段(或再生阶段)、成长阶段、成熟阶段和高原阶段(或衰落阶段)。

初创阶段(或再生阶段)的学校的总体发展特点是从无序到有序,从不稳定到稳定。当初创期学校进入持续的、较为稳定有序的状态时,便进入到成长阶段。这一阶段的中小学总体的特点是从稳定到有特色。学校发展到生命周期的第二个阶段,呈现出结构功能化、管理常态化、组织复杂化的特点。在特色全面建设并持续发展后,进入第三阶段成熟阶段。

成长阶段的中西部县(区)域内学校普遍在初创阶段完成了规范化和标准化办学的要求,普遍有较为扎实的办校基础、经验以及较为良好的社会声誉;但在满足进一步的发展需求方面,仍存在着诸多问题。

1. 从学校自身来看,学校在进一步发展中面临多方因素制约,简单的小修小补、碎片化解决具体问题显然不能真正帮助学校实现质的飞跃;

2. 从区域基础教育整体情况上看,中西部地区成长阶段的中小学同质化现象严重:千校一面,办学特色不显著。学生培养形式单一传统,在地区间优质教育的竞争中竞争力下降、后劲不足,导致区域基础教育品牌化建设后备力量不足。

因而中心设计开发了以打造特色优质校为抓手的一系列中西部县(区)域成长阶段学校发展模式,开展了以中西部县(区)域特色优质校打造带动区域基础教育均衡发展的实践研究,从根本上帮助学校实现从"温饱"进阶到"特色"。这一解决方案能够作为抓手盘活学校多方资源,带动学校的整体发展,促进区域基础教育的持续性发展。

二　　　培养思路

区域基础教育的健康发展和品牌建设,需要区域内的学校不仅能规范化办学,更要建设成为有地区特色的优质学校。

特色优质学校的打造是一个复杂的系统工程，单独打造某一方面的特色并不能形成可持续、有代表性的特色，因此我们从能力系统与动力系统两个层面识别出了学校组织变革中重要的八个要素，以"学校八要素变革法"为培养思路，因校制宜全面提升特色，系统盘活学校管理、制度、课程、教研、教学、德育、师训和家校等各方面的工作。

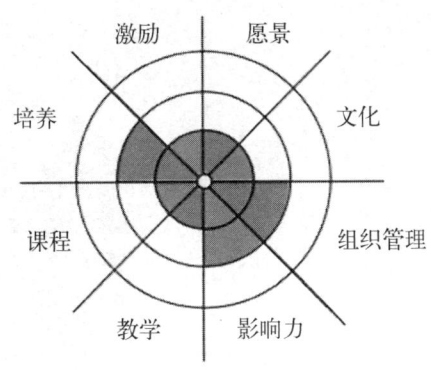

图 5-2　学校变革八要素

一所杰出的特色优质学校是学生个性化学习、教师专业化教学与学校系统性支持的综合体，校长和教师是特色优质学校建设中最重要的系统性支持角色，是八要素变革法实施中重要的实施载体。我们将区域教育质量的关键人群——"校长"和"教师"与关键阵地——"基地校的系统变革"相结合，形成学校变革共同体，通过不断地为校长赋能、为教师赋能，以共同体的力量带动学校的全面实践，从而促进学生的个性化学习，形成特色优质学校。

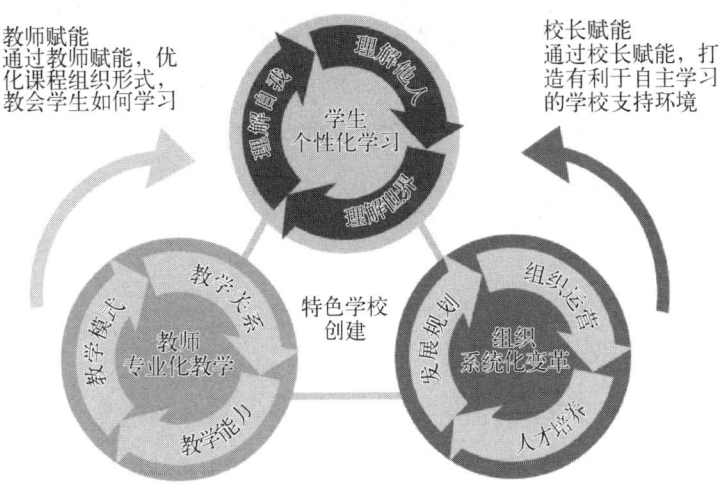

图 5-3　特色学校建设赋能图

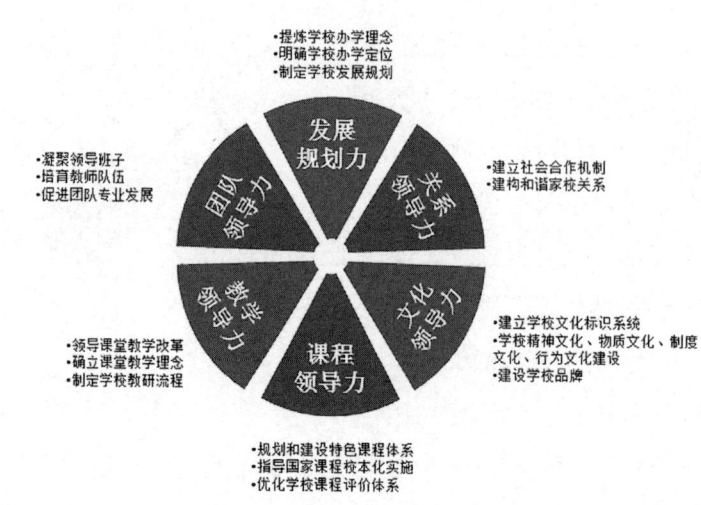

图 5-4 校长领导力素养模型

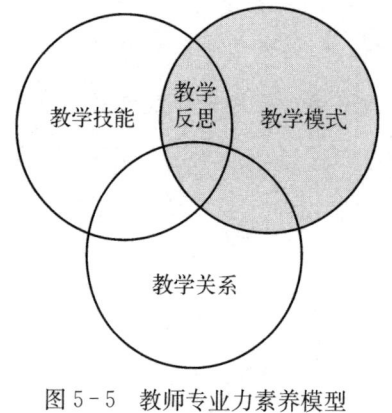

图 5-5 教师专业力素养模型

校长的内驱力、专业素养和领导力水平直接影响地区义务教育事业发展方向、水平与质量;教师的教育信念、专业能力和学科发展领导能力,是一流教育发展的关键因素。我们结合校长领导力素养模型和教师专业力素养模型,为校长和教师不断赋能,培养校长和教师的领导力素养和专业力素养,整体性提升学校团队力量和核心竞争力。

三　项目实施

项目组基于区域基础教育质量提升的需求,基于科学理论及长期实践经验,制定了学校"探索规划——特色建设——拓展延伸"的三步走战略,并据此设计三个学习阶段的核心主题,开发理论、实践、体验和工作坊等课程。通过三年的时间,科学系统地提升校长和教师的动力系统和能力系统。项目组秉持小步子、低压力、高效率的原则,依据螺旋式课程结构组织,引导学员循序渐进,逐步学思践悟,获得提升。

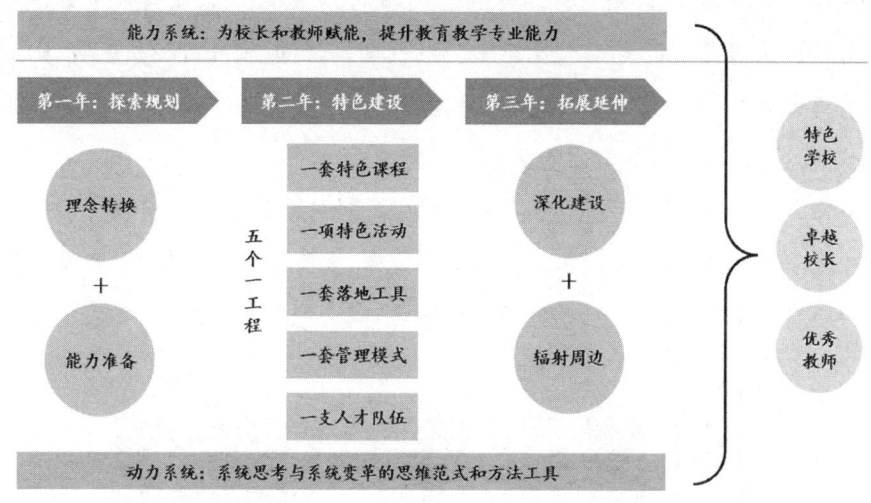

图 5-6 项目三年培养计划

1. 第一年培训主题:特色定位与规划

这一主题旨在帮助校长带领学校团队跳出具体工作的困囿,从特色建设的角度重新审视教育教学,自上而下地思考学校的未来发展;打开视野,看到成熟期学

图 5-7 学校特色走进课堂工作坊学员分享

校在教学、教研、管理等方面的特点,找到新时期学校发展的目标,准确定位本校特色,作出新的规划。

在这一阶段,我们首先通过多样的培训形式,帮助校长以及教师全方位地体验和分析优质的成长期学校,包括教学、教研、学校管理、制度、课程、德育、师训和家校等方面,通过理论讲座、一线校长和教师的分享、实地体验观摩,使项目学校对成长期这一阶段有较为全面的认识和理解。

其次,我们通过学校特色定位系列共创课程,引导学校校长和教师在体验中共同思考学校的现状与自身特点,形成共同愿景,完善学校文化体系,在系列工具的引导下合力定位学校特色,挖掘特色内涵,形成特色发展规划。

图 5-8 学校特色定位工作坊学员分享

2. 第二年培训主题:学校特色课程体系的全面建设

课程是教育实施的重要载体,也是学生成长所需养分的重要来源。丰富的学校课程能够提供给学生广阔的发展平台和多元的发展机会。因此,课程体系是学校的核心竞争力,也是学校特色落地的最有力的着力点。同时,伴随着课程体系的建设与实施,学校的德育、师训、制度等诸多方面工作都被调动起来,在达成目标的同时也实现了学校各部门、各方面的协同升级。

　　学校课程体系是学校整体建设中一个非常复杂的课题,为了帮助学校和教师小步子、低压力地成长与理解,我们在设计课程与实施项目时,将这一课题分解为"整体架构——特色活动——特色课堂"三个阶段,在各阶段搭建脚手架,助力学校成长。

图5-9　学校课程体系搭建工作坊中,校长汇报课程体系框架

　　（1）聚焦课程观和整体架构

　　在第一阶段,首先帮助学校建立较为完善和科学的课程观,这是教育理念和学校育人观落实于教学行为的重要载体;其次,帮助学校整体上理解课程的要素,引领校长和教师共同为学校整体搭建课程体系的框架,在学校已有课程的基础上,建立健全分层分类课程,形成学校课程体系结构和纲要。

　　（2）聚焦学校特色活动课程

　　在第二阶段,项目将扎实地落实学校课程观和课程体系。从学校的活动课程化入手,健全学校特色课程观,帮助学校系统化梳理已有活动课程,丰富和补充缺失课程,帮助学校搭建实现育人目标的平台,使学校特色和特色课程观深入学校活动,深入教师、学生和家长的内心,使学生在丰富的课程平台上得到全面发展。

图 5-10　学校特色活动课程指导

图 5-11　学校特色落实课堂的展示课：学生小组合作体验游戏化教学

（3）聚焦学校特色课堂教学

这一阶段我们帮助学校将学校特色落实到课堂教学这一主阵地，通过课堂教学贯彻学校的特色。我们通过帮助教师深入探索学校特色的内涵，挖掘教材和学科的核心素养和大概念，使教师们看到办学特色、育人目标与学科核心素养的一致性与密切联系，通过系列逆向教学设计工作坊、教学目标定位工作坊、学科核心素养工作坊等指导，使教师们从"教教材"转变为"用教材教"，从"满堂灌"转变为"满堂彩"。

在这一阶段，项目持续帮助学有余力的教师自主开发校本课程，大大丰富和充实了教材内容。例如指导学校和教师开发基于真实问题解决的跨学科课程和 PBL 课程，使教学真正成为培养学生核心素养的主阵地。

90

图 5-12　学校课程体系手册

图 5-13　学校校本课程手册

培训方式：这一阶段采用主题讲座与工作坊相结合以及双导师制主题跟岗为主的培养方式。

（1）主题讲座与系列专项共创工作坊相结合

依据"整体架构——特色活动——特色课堂"三阶段的课程设计，我们设计开发了一系列工具和工作坊课程，帮助学校将课程这一抽象概念还原到真实的教育教学环境中，帮助校长和全体教师明确课程的重

图 5-14　学员在校本课程开发专项工作坊

要性，明确课程体系建设的步骤和方法，基于学校特色构建符合学校育人目标、办学理念的特色课程体系。教师不仅要深度参与学校课程体系的构建，我们还通过一系列课程开发的课程引导教师自主开发课程，完善学校课程体系。

（2）双导师制主题跟岗

传统跟岗学习中容易出现学员进入学校无目的地走马观花、学习不深入、无法有效借鉴等现象。

因此我们设计了双导师制主题跟岗，学员进入适配学校，理论导师和实践导师持续为学员分析跟岗学校课程体系建立的成因、与学校特色的关系、学校特色落实课程中的问题和成因以及如何处理、如何借鉴等。这样基于学校真实办学现象的全方位解读和高站位分析，可以帮助学员带着问题、有目的、有深度地跟岗学习。

图 5-15　双导师制主题跟岗：导师解读评价体系对于课程落实的重要性

3. 第三年培训主题：研究性思维与成果推广

研究性思维：项目第三年旨在帮助学校以研究的思维分析和解决学校的具体问题。行动研究的思维模式和方法对于学校和教师都有着非常重要的作用，我们在三年中不断渗透和培养学校行动研究的意识和习惯。项目第三年通过"基于行动研究的学校课程体系建设工作坊"、教师课堂观察行动研究、教师课堂主题行动研究等讲座和工作坊课程，帮助学校了解、理解和掌握行动研究的要素和过程步骤，帮助学校在日常教育教学工作中自主发现问题——分析问题——解决问题，真正做到授人以渔。

成果梳理与推广：在第三年的工作中，项目引导学校将三年来特色建设和发展之路，以及学校的实践探索经验总结沉淀，形成可复制、可传播的经验，帮助学校在项目结束后依然葆有生命力，持续发展；同时也要将经验传递给区域内其他学校,通过区域论坛、校长办学经验研讨会、区域内拉手校、结盟校等方式和平台,以"一带多"的形式带动区域学校的整体发展,实现区域从输血到造血的转变,促进区域基础教育质量的整体提升。

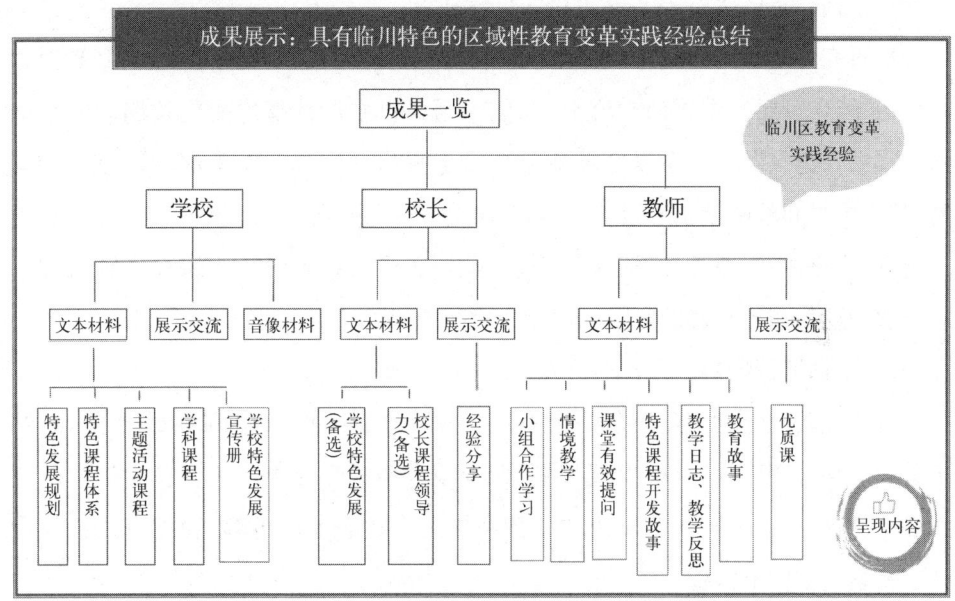

图 5-16　项目成果一览表

图 5-17　某区域项目成果论坛

经验与创新

1. 形成"特色优质校工程"的培训课程体系

本研究是以全面建设特色优质校为切入点,旨在帮助中西部区域基础教育均衡化、系统化发展。在培训内容上,我们采用了自主设计搭建的成长期学校培训课程体系。这一课程体系以区域变革三步走战略和变革八要素法为课程结构模型,基于校长和教师的核心素养的培养,分为三层(基础、提升、精进)五个模块(学校愿景、文化体系、课程体系、制度建设、师资建设),统筹设计。课程内容搭配合理,相得益彰,在各学校的实践中取得了良好效果。

2. 培训课程的自主设计与开发

特色优质校建设与发展是一个系统工程,我们经过多年的研究和实践,总结出了三个核心变革内容,即发展规划、课程建设和教学改革。三者在学校变革与发展的过程中相互助力,共同影响。围绕这三个核心变革内容,我们自主开发设计了一系列工作坊课程。

这一系列课程的开发是基于广泛的办学与教学应用的真实案例,可以丰富学校变革的视角和空间,使学校直面教育教学实践需求;可以帮助学校在特色定位、特色化发展规划、课程体系建设设计,以及课堂变革方面,通过体验式、参与式的学习,深入理解学校变革的步骤与方法。工作坊体验课程基于最近发展区理论,结合国内外学校发展的相关文献,提炼方法论,为校长、教师设计可操作的工具,包括特色定位三阶段图、课程纲要图、逆向教学设计三段图等,为学员搭建理论和实践的桥梁。

同时针对教育教学实际问题,以及对高效培训的需求,我们针对性地开发了"导航式培训手册""高效课堂观察表""八要素诊断雷达图""小组合作核查单""教师课堂评价表""课程建设/课程开发评价表"等诸多一线教育教学中能够切实使用的、提高教学质量与效率的工具。

- 学校发展特色定位工作坊
- 学校特色化发展规划工作坊
- 学校课程体系建设工作坊
- 学习课程纲要工作坊
- 基于行动研究的学校课程体系建设工作坊
- 学科核心素养工作坊
- 三段式逆向教学设计工作坊
- 课程体系方案实施主题工作坊
- 学校特色主题活动课程专题工作坊

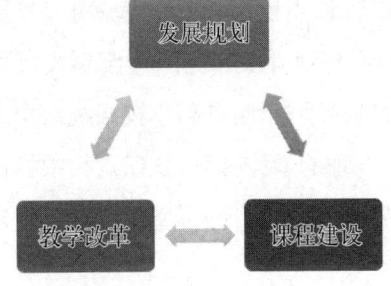

图 5 - 18　项目各阶段自主开发课程部分概览

3. 项目管理方式：采用学校变革共同体的方式推进项目开展

从培训的管理模式上看，我们创新性地引入"系统思考"的概念，统筹考虑学校发展过程中所有利益相关者，从组织建设的角度帮助学校进行变革。在学校形成由校长、中层和骨干教师共同组成的"学校变革共同体"，使学校在发展中汇聚校长和教师的共同力量，通过一系列参与式、体验式的学习，使校长和教师能够在学校长期发展目标和愿景上达成一致；同时，培训课程的设计充分考虑到校长和教师工作推进的节奏，二者的培训内容相辅相成，互为协助。

这一管理模式有效避免了学校变革中容易出现的诸多弊端，如传统培训中单独培训校长，校长将学习后的新思想、新动向教师传播，但教师的理解情况较差，不能有效推进；或者单独培训教师，教师学习到的先进课堂教学模式得不到校长的支持，无法很好地推进。这一管理模式也帮助学校形成了良好的管理制度和发展机制。有效避免了如校长一言堂，教师没有参与相关决策的讨论环节，继而不愿意或不能够较好地理解和执行，出现计划与实践两张皮的现象；再如学校教师出现职业倦怠，主动进行教学变革的意愿较弱，校长没有有效的方法和策略激励教师，使全校形成共同愿景，导致团队凝聚力不强，工作推进困难等现象。

4. 形成"以一带多"的区域基础教育发展模式，实现区域中小学结构化发展

在区域实践中，我们总结出了一套一带多的区域基础教育发展模式，即在培养区域一批成长期的试点校过程中，通过名师名家大讲堂、课堂教学大赛、优质公

开课推广、试点校校长办学经验分享等形式,将试点校的学习成果最大化传播,普遍性影响初创阶段和刚刚过渡到成长阶段的学校;同时选取新成长期学校,打造一对多的拉手校,帮助新学校系统地探索发展路径;此外,这一发展模式还为区域培养了合理的学校梯队,从试点校中择优选拔,进入下一阶段成熟期培养计划,构建区域中小学发展梯队,避免区域学校发展过程中出现断层。

思考与展望

1. 在区域教育变革工程中,高校的科研力量和成果对区域基础教育的发展有着重要的指导意义,但是地区和学校很难将科研成果进行有效转化,运用到实际工作中。我们高校培训者需要担负起这一职责,帮助地区和学校深度思考,将理论与实践相结合,更好地助力学校和地区的教育质量提升。

2. 在区域教育变革工程中,地方政府、教师进修学校、教研力量都担任着学习者和传播者的多重角色,培训者应与地方政府、进修学校、教研员更好地合作与配合。

3. 在长期的区域变革工程中,培训者对学员的精细化管理对于项目质量非常重要。我们采取持续性、混合式研修形式,保障高频率、日常化的"每天有资讯、每周有任务、每月有面授、月月有指导、周周有沟通、问题有回应"。我们在下一步工作中将重点思考如何使精细化管理更高效,利用技术评估更好地帮助学员反思和改进。

案例实践情况

本系列培养方案是依据《国家中长期教育改革和发展规划纲要》中对中小学提出的发展要求,结合多年来对我国中西部地区成长期阶段学校的实际需求分析设计开发的系列方案。

方案主要适用于中西部地区由初创阶段进入成长阶段的中小学学校,以全面建设特色学校为抓手,引入彼得·圣吉"系统思考"的概念,打造校长和骨干教师群体为主的"学校变革共同体",引导一批试点学校通过精细化地管理与教学改革,建成帮助学生全面、均衡、个性化发展的"特色学校";同时通过"互通互助""一带多"等手段,实现区域内学校教育质量的经济、高效、全面的提升。

　　自2015年开始至今,在江西临川、广昌县,河南濮阳,山西垣曲,贵州遵义等区域,共有约100所学校、1 200名校长和教师参与项目实践。在立足区域特色学校建设方面开展主题培训、关注校长与教师能力提升、引导区域常态化研修机制建立等方面进行了有效探索和有益实践,积累了丰富的工作经验,提炼了先进做法和创新模式。

　　三年多的实践研究中,通过跟踪式指导和统计所得到的成果情况如下。

　　1. 学校培训第一年的成果转化率达70%,第三年高达100%。70%的项目学校在第一年能够准确定位学校特色发展点,并形成系统规划;100%的学校在经过三年的指导培训后,能够基于学校特色建设学校的文化体系,较为完整地构建学校课程体系,能够将学校育人目标和办学理念根植于学校日常教学和管理中,并体现学校特色。

　　2. 区域校长参与培训的成果转化率达73%,除去岗位调动、职位变更、退居二线等造成的人事调动外,校长组培训转化率高达100%。通过进校观察和教师访谈,我们看到校长切实将所学、所观、所想应用于学校工作中,如校长能够将团队领导力运用在学校班子建设、教研团队建设、组织高效的学校决策会、研讨会等,将课程领导力运用在学校课程体系建设中,将规划领导力运用在学校特色建设与规划中,将教育教学观更新体现在对学校教师评价维度调整中等。

　　3. 区域骨干教师参与培训的成果转化率:教师课堂教学学生主体意识转化率为100%,能够主动思考并设计学生主体的课堂环节和活动;教师教学方法多样化的转化率为100%,所有教师都能够主动采用多种教学方法进行教学;教师教研能力提升的转化率为62%,担任教研组长或等同职位的教师能够组织高效的教研活动。

4. 对区域参培校长、教师、教体局、教育局等相关部门和人员的满意度调查显示,上述人员及单位对培训组织满意度为 100%,对持续性指导和管理满意度为 100%,对课程设计的针对性、实用性、可操作性的满意度为 100%,对培训课程和指导专家匹配度的满意度为 100%。

您对 ▒▒▒▒ 老师的讲座"家校社一体化建设"的满意程度如何? …[单选题]

选　项	比　例
非常不满意	0%
不满意	0%
满意	52.63%
非常满意	47.37%

图 5 - 19　项目培训课程满意度

您认为上述论坛在多大程度上促进了您对今年 6 月份项目成果的初步展示?
[单选题]

选　项	比　例
一点儿也没有促进	0%
有一些促进	0%
有比较多促进	42.11%
有很大促进	36.84%
有很大促进,并能够帮助我应用在工作中	21.05%

图 5 - 20　项目培训活动满意度

案例开发档案

案例归属单位:北京师范大学继续教育与教师培训学院

案例开发时间：2015 年 9 月至今

案例开发团队：

姓　名	工 作 单 位	学科背景/职称	主 要 贡 献
白　晓	北京师范大学继续教育与教师培训学院	思想政治教育/副院长	项目把关
杨明全	北京师范大学教育学部	教育学/教授	项目指导
秦晓虹	北京师范大学继续教育与教师培训学院	数学/执行副主任	项目把关与项目设计
邢忠梅	北京师范大学继续教育与教师培训学院	汉语言文学/副主任	项目参与
张西红	北京师范大学继续教育与教师培训学院	教育管理/副主任	项目参与
高子涵	北京师范大学继续教育与教师培训学院	教育学/项目高级主管	项目设计与实施
牛晓静	北京师范大学继续教育与教师培训学院	哲学/项目主管	项目参与
于　浩	北京师范大学继续教育与教师培训学院	教育学/项目主管	项目参与

案例六

基于 CIPP 评估模型的教师远程培训质量评估：上海市共享课程实施案例

华东师范大学开放教育学院

主题类别：培训评价的专业化设计

关　键　词：CIPP、教师远程培训、质量
评估

背景与问题

　　加强教师培训质量评价管理，开展指向过程改进的过程评价，为教师学习提供高质量的服务，是教师培训专业化的内在追求，也是对教师培训工作的基本要求。教育部在《教育部关于深化中小学教师培训模式改革，全面提升培训质量的指导意见》中明确将提升教师培训质量置于重要的地位，并提出"增强培训针对性，确保按需施训；强化培训自主性，激发教师参训动力；营造网络学习环境，推动教师终身学习；规范培训管理，为教师获得高质量培训提供有力保障"等具体措施，并提出"省级教育行政部门要探索建立教师自主选学机制，建设'菜单式、自主性、开放式'的选学服务平台，为教师创造自主选择学习机会，满足教师个性化需求"等具体化的指导建议。上海市教委为满足教师学习的个性化需求与专业化发展的多样化需求，自 2011 年开始实施"上海市教师专业发展市级共享课程项目"，该项目是上海市教委"十二五"和"十三五"期间推进教师专业发展的重要平台，旨在凝聚全市、乃至全国优质教育资源，搭建统一平台，以"学分银行"为抓手，整合优质资源，建立共享课程体系，为教师专业发展提供支撑，该项目赋予了教师学习和专业发展充分的自主权和自主空间。这一以"学分银行"形式构建全市统一师训平台，区域化推进教师专业成长的实践创新在全国尚属领先之举，随着上海市共享课程教师培训实践的深入开展，教师培训质量与成效成为值得研究的课题。

　　教师培训是一项系统性工程，是提升教师培训质量的关键与重要保障，应加强过程性质量管理与评估，促进各环节有效衔接，为教师学习提供高质量与专业

化的支持服务。而当前的教师培训评价常常限于对教师学习培训后的评估,这种评估是面向结果的评估,对过程的改进起到的作用相对较小;评估主体也缺乏广泛性,评估主体基本局限于参训教师,通过对参训教师主观满意度测评反应培训质量。而真正的教师培训评估是指"运用科学的理论、方法和程序对教师培训主体及相关人员和教师培训过程及其实际效果进行系统考察,是对教师培训对象及相关参与人员进行科学而系统的综合检测和考评"。从质量管理的视角看,质量评估应融入过程,质量评估的目的在于过程中的持续改进与提高。评估即支持,评估不仅起着重要的导向作用,评估过程也是优化改进,为达成目标协同多方力量更好地优化管理与服务,精准把握教师学习与发展需求,提供个性化、针对性与专业化服务的过程。美国学者斯塔弗尔比姆(Stufflebeam,D. L.)认为:评估的目地不仅限于目标达成,而在于改进,通过对项目、方案、服务系统化地调查、分析与评估,增强对对象的理解,指导如何决策,并提高效能。

在上海市共享课程实施的过程中,质量评估的目的在于对开展施训情况及教师学习情况进行全面考察,对于方案设计、培训方式方法、学习安排的科学性进行全面评估,对于师生互动参与生成,助学导师的学术支持及学习支持服务情况进行适时评估,对于培训过程质量管理及监控中发现的问题进行全面考察诊断与分析,以进一步全面促进问题的不断改进,确保培训质量的持续提升。如何从多元互动视角开展质量评估,以评促提高,让质量评估成为促进教师远程培训质量监控与管理的有效途径与方法成为值得研究的重要问题。

问题解决思路

一　研究依据: 基于 CIPP 评估模型的评估框架分析

教师培训评估要做到科学,需依赖好的评估模型,一个好的评估模型能提供系统化思考的框架并有效地指导解决评估中的关键问题。美国学者斯塔弗尔比姆在 1967 年提出的 CIPP 评估模型,是一种超越目标,整合诊断性评估、形成性评估和终结性评估,突出评估的发展性功能的评估模型。CIPP 评估模型对中小学教师培训评估有着很好的参考和指导作用。我们针对"上海市十二五教师培训共享课程"项目,运用 CIPP 评估模型为评估框架,运用案例研究的方法,关注"评什么"、"如何评"两个关键问题,结合在教师培训质量评估方面的实践做法,聚焦评估主体的多方参与、多样化评估工具支持,评估过程的优化与关联一致性设计,探求促进教师远程培训质量提升的有效方法与策略,以期对教师远程培训质量管理起到借鉴作用。

CIPP 评估模型包括由四项评估活动:(1) 背景评估(Context Evaluation),(2) 输入评估(Input Evaluation),(3) 过程评估(Process Evaluation),(4) 成果评估(Product Evaluation)。CIPP 评估模型特别适应于长期开展并希望获得可持续性改进的项目,为华东师范大学开放教育学院在实施上海市共享课程教师培训项目中的质量评估及持续改进提供了指导依据。

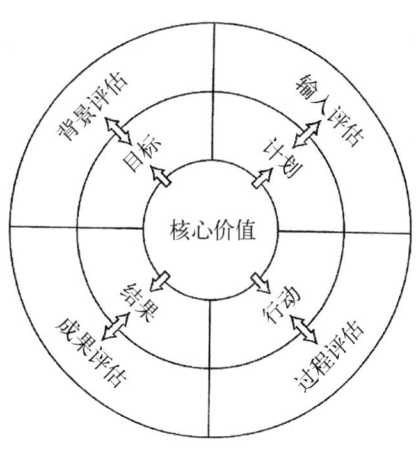

图 6-1 CIPP 评估模型框架图

(1) 背景评估指向目标及需求,本质上属于诊断性评估,是在特定的环境下评定对象的需要、问题、资源和机会,取向是确认方案目标与需求之间的差距。其目的在于:描述所需服务的背景情况;界定预期的对象并评定其需要;厘清满足需要所存在的问题和障碍;界定服务资源和时机;评定方案、服务目标的清晰度和适切性。

(2) 输入评估是在背景评估的基础上,对达到目标所需的条件、资源以及方案的可行性与效用性进行判断。具体解决采用何种程序实现目标,对方案的合理性进行评估,评估对各种人员的利用以及对外界资源的需要。

(3) 过程评估在本质上属于形成性评估,通过对方案实施过程中作连续不断地监督、检查和反馈,为方案制定者、管理人员、执行人员提供反馈信息,为真正付诸实施方案提供详尽的记录,过程评估的目的在于调整和改进实施过程,优化实施程序、资源和服务。

(4) 结果评估属于终结性评估,即对目标达成度所做的评估,包括:测量、判断、解释方案的成就,确认需要满足或目标达成的程度,观察得到了何种结果等。

表 6 - 1　CIPP 评估模型的目标与方法

	背景评估	输入评估	过程评估	结果评估
目标	界定服务背景;确认对象及其需求;确认满足需求的可能方式;诊断需求所显示的困难;判断目标能否充分满足已知需求	确认和评估系统的各种能力;确认和评估选择方案的策略;确认和评估实施策略的程序及进度	确认或预测程序设计或实施中的缺点;为计划好的决策提供信息;记录和判断依次发生的各种事件及活动	搜集对结果的描述及判断;将其与目标以及背景、输入及过程的信息的联系;解释结果的价值及意义
方法	使用系统分析法、调查法、文献法、访谈法、诊断法、德尔菲法	调查和分析可用的资源,解决问题的策略以及评估程序设计相应的可行性;利用文献法、访谈法、试验法等方法分析方案的可行性	控制活动中的潜在障碍,描述真实的过程;协同合作,加强沟通多方交流,并获得各方的活动信息	制定可操作性的、可测量的评价结果标准;搜集与方案有关的各种人员对结果的评判,并从质与量上加以分析

二　研究设计

1. 案例选取

本研究基于 CIPP 评估模型,采用案例研究的方法,选取华东师范大学开放教育学院 2015 年下半年承担的上海市共享课程教师培训项目中 5 060 名教师的案例,以项目的评估设计与实施为案例,在评估设计中对多方参与主体进行评估,通过对过程中评估对象的选取,评估内容的分析,评估实施过程与方法、评估实施成效进行探讨研究。通过对如何让评估融入全过程的具体做法分析,旨在呈现促进教师远程培训质量提升的策略与方法。

2. 评价原则

(1) 过程评估与成果评估相结合

质量评估融入课程实施前、中、后整个过程,在课程实施前开展背景评估、输入评估,采用评估任务表、资源检查表对培训前的资源准备、平台准备、参训教师数据准备、参训教师的学习需求、助学导师的助学与专业指导能力、管理团队的准备等进行全面自评与检查;在培训过程中,通过参训教师学情数据分析、助学导师助学参与记录、情境测试及标准化测试题,对课程实施期间的情况进行全面了解与监控;在培训结束后,采用评估表单、问卷调查、情境测试、总结报告等不同的评估方式,对参训教师学习成效、助学导师的助学成效与满意度进行评估,通过评估促进培训过程管理与培训质量管理合二为一。

(2) 质性与量性评估相结合

评估采用多元多主体的方法。所谓多元是指既包括以问卷调查为主的量性评估,也涵盖个案调查、案例分析、内容分析为主的质性评估;所谓多主体是指项目相关者皆为调研数据的采集来源,包括助学导师、参训教师、支持服务团队及管理人员。

(3) 点与面相结合

从评估的科学性与可行性两个方面综合考虑,量性数据分别在培训前、培训后、跟踪项目实施中通过全面调查获得;案例、作业、测验等数据,通过合理制定抽样方案,对样本进行内容分析、深度分析获得;至于个案研究的分析,则要跟踪一定的"点",分析参训教师学习的连续性、学习体验与学习成效。

3. 评价设计

质量评估主体采用多元主体参与方式,参训教师、助学导师、培训团队管理人员都被纳入其中,采用自评与互评相结合的方法,针对培训前、中、后不同阶段的评价对象及评价目标,采用的评价方式的不同,评价标准与评价内容也各有侧重。具体如表 6-2 所示。

表 6-2　针对不同评价对象的评价设计

评价对象	评价内容要点	评 价 方 式
对参训教师的评估	对参训教师的评价重在参训教师参与市级共享课程的学习需求、学习态度、学习参与度、学习体验、学习收获	问卷调查、学习大数据分析、情境测试题、访谈、作品分析
对助学导师的评估	对助学导师的评价重在助学导师为学员提供的学术性支持引领、助学过程中的参与度深度、对主题讨论的回复、点评与引导、对作业的批阅及点评情况,对助学导师学术性支持服务情况,分析助学导师助学工作的有效性及其影响	问卷调查、能力诊断分析、助学数据记录分析、助学作业点评分析
对管理团队的评估	对管理团队的评价旨在重点考察对学员学习支持服务、在非学术性支持方面所做的工作,以及这些非学术性支持对参训教师学习成效与学习体验	问卷调查、管理规范流程、指南等文档分析、访谈

对于不同评价对象的评价点设计:

(1) 对参训教师的评估

对参训教师的评估重在参训教师参与市级共享课程学习的学习需求、学习态度、学习参与度、学习体验、学习收获以及学以致用情况。

(2) 对助学导师的评估

对助学导师的评估重在助学导师为学员提供的学术性支持引领、助学过程中的参与度深度、对主题讨论的回复、点评与引导、对作业的批阅及点评情况,以及助学导师助学支持服务的情况,助学导师助学工作的有效性及其影响。

(3) 对管理团队的评估

对管理团队的评估旨在重点考察对参训教师学习支持服务,在非学术性支持方面所做的工作,以及这些非学术性支持对参训教师学习成效与学习体验。

基于 CIPP 评估模型,在培训准备、过程评估、结果评估三个阶段,将不同评估对象的评估内容及使用的评估工具进一步具体化设计如表 6-3 所示。

表 6-3　不同评估阶段的评价内容及工具设计

评估阶段		评 估 内 容	工具/数据来源	参训教师评估	助学导师评估	培训管理团队	
						技术支持	管理者
培训准备	背景评估	实施准备(资源准备、平台准备)	准备检查表		√		√
	输入评估	人员准备(助学导师团队、管理团队)	问卷调查、情境测试题				√
过程评估		培训实施(学生学习与助学深度)	平台数据记录、学习数据分析、学情统计	√	√		√
		资源及服务支持	问卷调查	√	√	√	
结果评估		培训满意度	问卷调查	√	√		
		评价技能	测试题、作业		√	√	
		学习成果与收获		√	√		

4. 评估实施过程

本研究案例来自 2015 年上海市共享课程,选课人数共有 5 060 人,在培训前、培训中、培训后,基于 CIPP 评估模型分别实施了融入过程的评估,具体评估项目指标以及评估项分别依据前期的评估设计,通过过程性、生成性大数据及相关工具进行。

为了让评估融入过程,研究采用了实施前的准备评估,包括环境评估与输入评估、实施中的质量监控与评估、实施后的评估,运用质量管理的理念与方法,通过评估工具提供,评估记录分析,将课程资源自查与优化,平台测试与改进,助学导师队伍专业化能力评测与建设,管理团队能力建设等方法,以评促管,以评促学,通过评估促进实施前的准备;在实施中为助学导师、参训教师提供过程性引导与支持服务；在实施后评估收获与反思，提高培训的成效，为后续发展改进提供针对性依据。具体如下。

(1) 实施前的准备评估：开展背景评估与输入评估

通过培训前的问卷调查、访谈等对参训教师学习需求进行诊断，对不同参训教师的背景以及学习需求情况进行评估，评估的目的是为了进行分班分层，为教学设计提供依据。同时，通过准备检查表对平台、资源的相关准备情况做出评估。

根据选课对象，对课程资源的适切性进行评估

在正式开课前，进行学习需求调研，根据选课对象合理分班，对既有的课程资源开展适切性评估，通过平台的二次课程开发功能，进一步优化、拓展资源，添加案例素材、补充资料或拓展性学习资源，增加讨论、作业、测试等学习活动等，在课程内容与学习活动的融合中，优化教学设计，关注参训教师学习过程的自我导航与管理，坚持学习过程中的学测评一体化，同时关注学习的社会性，尤其是学习活动中的研讨交流活动设计。

根据实施需要，对平台系统功能进行测评

为了更好地支持市级共享课程实施，在平台功能方面不断优化完善，在实施前，对平台系统功能进行全面测评。根据具体实施模式及参训教师及助学导师反馈的平台使用情况，有针对性地对平台功能进行改进，如：为了便于过程性跟踪与管理，增加了可视化学情统计和教学统计分析功能；为了支持多人适时参与研讨，在系统安全性、稳定性、运行速度等方面进行了前期压力测试。

对助学导师的专业能力进行测评，有针对性地提高辅导教师的助学能力

为提高市级共享课程的学术引领与远程助学质量，华东师范大学开放教育学院建立了由高校教师、一线教研员与特级教师组成的助学导师团队，并通过开展培训、集体备课、助学经验共享交流等形式不断提升助学导师的远程助学专业化能力。每期在开课前，通过远程教学专业能力测试与测评，了解助学导师的前期情况与助学水平,通过开展有针对性的培训与集体备课,有针对性地提高辅导教师的助学能力。帮助初次担任远程助学的教师与担任多期的远程助学教师形成学习共同体,通过面对面或交流平台,在经验共享互动中,提升助学导师的整体专业化水平。

（2）培训中的质量监控与评估：强化过程评估

培训过程中通过平台全面监控参训教师学习活动及助学导师的参与情况。通过参训教师学习记录、助学导师的教学记录、BBS 专题论坛等及时了解各个班级整体的教与学情况,并通过定期的公告提醒、短信通知、学情通报等方式,促进师生把握远程学习节奏,共享师生互动与学习研修成果。

通过精心设计教学安排,明晰远程学习进程

明确的学习计划与安排是远程学习有序进行的关键,在每期开课伊始,通过《致学员的一封信》让学员明确本次课程目标、任务要求、学习进程、评估方式等,充分运用远程培训"大同步、小异步"的教学策略,兼顾参训教师自主学习的灵活性与教学进度的统一性的结合,通过远程学习计划,将学习活动安排、主题讨论、作业与评估等内嵌其中,让参训教师明确本次课程学习的进程与整体安排,提早结合自身的时间做好计划安排,为参训教师学习的有序性进行奠定基础,促进师生明晰远程学习进程,把握教与学的节奏。

通过平台可视化分析对参训教师的学习跟踪记录,监控学员的远程学习情况

华东师范大学开放教育学院的远程研修平台具备对参训教师参与学习的跟踪记录与统计功能,包括学习时间、登录次数、发贴量、参与讨论情况等。参训教师参与学习的全部数据记录,为提供过程性引导与管理提供了依据。助学导师通过及时查看参训教师的学习参与情况,及时引导,点评、鼓励、激发参训教师学习参与的深度,学习支持服务管理人员与项目管理人员,通过平台跟踪参训教师学习情况,对课程实施情况进行跟踪,通过邮件、公告通知,手机短信友好提醒等方式,促进参训教师远程学习进程的过程性。

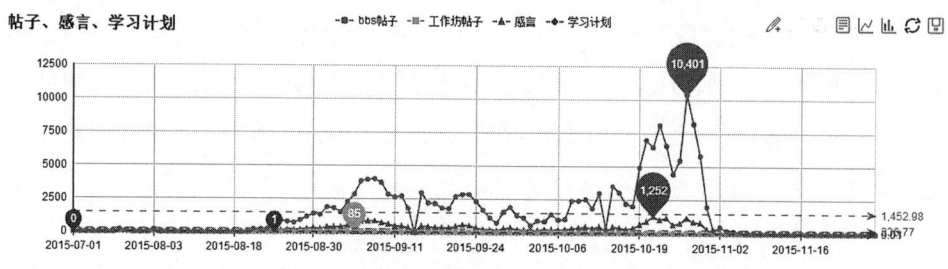

图 6-2　基于大数据分析的学员学习过程跟踪评估可视化分析图

通过平台的教学记录统计功能,了解助学导师的教学参与情况

华东师范大学开放教育学院的远程研修平台具备对助学导师参与助学情况的记录与统计功能,包括在线辅导时间、发贴量、作业批阅情况、总结及简报发表情况等,为了解助学导师的教学参与情况,对助学导师的工作进行评测提供了依据。同时,通过助学导师论坛,常见问题解答等途径促进助学导师之间的经验共享、相互学习与互帮互助。

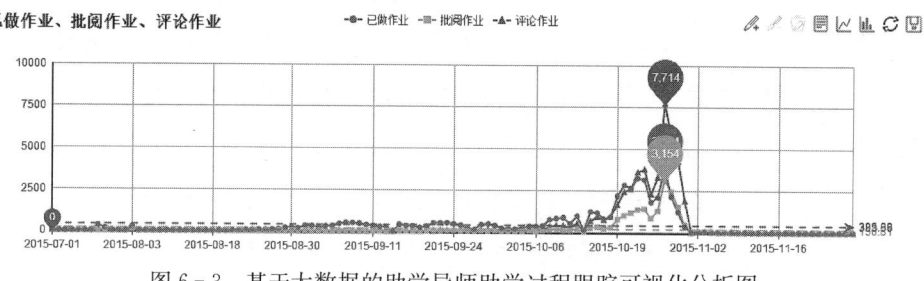

图 6-3　基于大数据的助学导师助学过程跟踪可视化分析图

让服务有据可依,对管理者的评估

利用全面质量管理的理念与方法,促进管理工作的规范化与有序化,通过手册、指南、工具、模板、支架等,形成工作向导与工作指南,提升管理者工作的规范化与有序性,让服务有据可依,促进培训管理者之间工作的有效衔接与管理质量的不断提升。

(3)培训后的质量评估与总结:面向结果的评估

培训后质量评估主要通过问卷调查、参训教师作品与作业、参训教师感言、师生对话与参训教师学习过程数据分析、学以致用情况等方式，直接反馈对参训教师学习成效的评估；同时，通过对辅导助学导师开展问卷调查、培训总结、作业总结等反馈师生互动及学员学习情况。

　　每位参训教师在培训结束前需要填写问卷调查，通过问卷调查，对参训教师参与远程学习的收获与成效进行全面评估，通过学习感言对参加远程研修学习的感悟与收获进行总结。每位助学导师培训结束后，需要撰写作业情况总结、培训总结、填写助学导师调查问卷，将精华帖、典型的作业点评与互评内容进行总结梳理，分享至少三点助学经验，通过外化经验，提炼研修成果，为培训质量的持续提升奠定基础。

图 6-4　培训前集体备课

图 6-5　辅导教师经验分享

图 6-6　线上集中讨论答疑

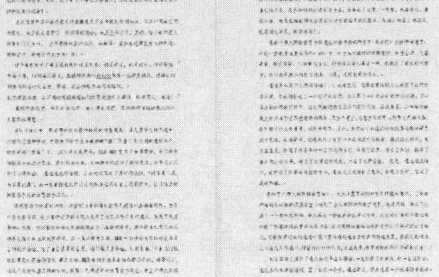

图 6-7　培训后调查问卷统计

经验与创新

　　教师培训项目的评估是基于多元主体的系统评估,基于 CIPP 的评估模型将输入评估、过程评估、成果评估融为一体,为优化设计,提升教师培训项目实施质量提供了指导依据,基于 CIPP 评估模型将教师培训活动作为一个整体来进行评估,促进了多方协同合作与相互支持,为促进培训系统化推进及质量提升起到了积极的作用。华东师范大学开放教育学院在项目实施中基于 CIPP 评估模型框架,通过评估促进了多方参与主体的有效互动,让评估成为促进教师培训质量管理以及整体质量提升的过程。通过以下具体的实践操作,有效地保证和促进了上海市共享课程项目的整体培训质量。

　　1. 建立清晰的评估流程与具体化的评估方法,通过评估结果的反馈优化过程管理;实施前的输入评估阶段,采用问卷、能力测评、情境测试等方法;实施过程中,采用数据驱动的评估方法,利用平台数据记录、学习数据分析、学情教情统计等,充分利用过程中生成的数据,适时动态监测教与学的过程;成果评估阶段,采用作业作品分析、满意度调查等方法。同时,需要做好彼此之间相互联系与关照,通过对评估结果的反馈优化过程管理与质量管理。

　　2. 促进"多元主体参与",使评估过程成为促进对多元主体对话与协作的过程;培训前进行背景评估,对参训教师需求进行诊断测评,以进行分层分班,提供针对性的资源与活动设计,让助学教师了解学习者情况。对助学导师的专业能力进行测评,有针对性地提高辅导教师的助学能力。

　　3. "标准先行,有据可依",建立动态测评度模型,构建具有操作性的评估指标体系;在构建指标体系时应把握四个关键问题:"评估对象是谁?""如何评?""评什么?""评估结果如何用?"。基于以上四个问题,建立科学的评估标准,标准先行,让评估有据可依,构建具有操作性的评估工具与评估指标体系。如:针对教师学习需求诊断的学情诊断工具,促进师生深度讨论的主题讨论评估工具,助学导师助学指导能力测评工具、活动设计评估工具等。让评估有据可依,需要开发系统化的评价量规与评价工具,基于不同的需求与目标,开发评价工具与评价量规,如:为了让助学导师引导深度讨论,开发讨论评价量规,为了提升作业评价质量,开发作业评价量规,让自评与互评建立在有据可依的基础上,让评估融入过程。

4. 利用数据驱动的评估,基于大数据的可视化数据分析,让质量评估过程看得见。通过基于大数据的教师学习可视化分析,让多方参与主体了解学情及教情,评价教师在线学习深度及互动质量,精确反映与诊断课程实施过程中存在的问题。

实践证明,将 CIPP 评估模型用于上海市共享课程教师培训项目设计与实施评估取得了显著的成效,将教师培训过程转变为促进多元主体的会话与协作互动过程,不仅促进了多方达成共识与有效参与,而且促进了多元主体的协作与发展,提高了培训的整体成效。

思考与展望

中小学教师培训项目作为系统性的工程,培训评估应该是整个培训系统的重要组成部分,不仅是检查和评定培训效果的一个重要过程,也是促进多方达成共识与形成合力,不断诊断教师需求,优化与改进过程管理的过程,更是为教师学习过程提供针对性与专业化的服务过程。

当前,面对大规模的中小学教师远程教师培训,更应关注系统化评估设计,强化内部的过程性评估。CIPP 评估模型提供了系统化评估参考框架,将输入评估、过程评估、成果评估融为一体,以此框架为依据,选择设计应用具体化的评估方法与评估工具,对于完善我国中小学教师培训系统和提高远程培训质量具有重要意义,值得在实践中进一步探索与研究。

案例实践情况

表6-4　课程实践情况

应用区域	项 目 名 称	时 间
上海市	上海市共享课程"十三五"规划项目——2016年秋季上海市级共享课程	2016.10.20—2016.11.25
上海市	上海市共享课程"十三五"规划项目——2017年春季上海市级共享课程	2017.04.28—2017.05.30
上海市	上海市共享课程"十三五"规划项目——2017年秋季上海市级共享课程	2017.12.20—2018.1.25
上海市	上海市共享课程"十三五"规划项目——2018年春季上海市级共享课程	2018.5.15—2018.07.02

表6-5　课程应用人数

项 目 名 称	应用人数
上海市共享课程"十三五"规划项目——2016年秋季上海市级共享课程	28 363
上海市共享课程"十三五"规划项目——2017年春季上海市级共享课程	27 436
上海市共享课程"十三五"规划项目——2017年秋季上海市级共享课程	25 707
上海市共享课程"十三五"规划项目——2018年春季上海市级共享课程	13 884

在后续的每次项目中,我们都沿用并进一步发展和完善"基于CIPP评估模型的教师远程培训质量评估:一项案例研究"的研究成果,取得了不同程度的优秀培训结果。

一方面,参训教师通过参加项目的学习,切实学到了自身需要的教育教学知识与相关技能。通过对每期学习结束后对学员开展的训后培训调查数据的分析,我们能够感受到学员学习收获的喜悦,对于网络学习模式的接受与认可、对于培训助学辅导以及组织管理工作的好评等。

培训课程内容层面：多数学员都觉得此次的培训课程较为实在，内容与日常的实际工作联系紧密，配套的案例资料能很好应用于实践操作。

培训形式与组织管理：网络远程的培训形式没有面对面集中培训的现场感，需要学员自我督促，学员的积极参与是培训成败的关键。本次培训中很多学员都是第一次接触远程学习，对于网络学习的特点与要求都不是很熟悉，但从学员们的感言以及问卷数据中可看出这一新型的学习方式已被学员们所接受，充分体现了远程培训的优势，对于工学矛盾突出的一线在职教师是最适宜的方式，并且取得了较好的培训效果。尤其是对于每次培训的组织管理，学员给予了高度的评价。调查问卷数据反映了学员对于培训组织管理以及远程学习平台的易用性与稳定性的满意程度，尤其是培训中安排的两次集中在线讨论，受到学员们的高度评价。可见，互不见面的远程学习方式正逐渐被学员们所接受认可，新颖的培训学习方式更是学员们所欢迎和需要的。

另一方面，通过对历次辅导教师的有效管理和督导，项目组也逐步建立了学院自身关于教师培训质量保障措施的经验。具体如下：

健全组织管理，建立专业化的项目工作团队：华东师范大学开放教育学院建立了专门的工作小组，由闫寒冰副院长总体负责，由培训研发部、资源部、技术部三个部门的专业团队共同组成强大的项目工作组，并建立了一系列质量保障措施，确保各项工作的有序开展，与多方力量协同工作。如：在培训前开展需求调研与准备，优化与部署课程资源，组织助学导师集体备课；在培训过程中，强化规范管理与支持服务，为助学导师、学员提供专业化的支持服务，同时安排专人负责对实施情况进行适时监控，及时发布学情通报；在培训结束后，开展总结与经验交流以及问题研讨，梳理总结培训中的问题。正是专业化的工作团队，在共同专业研究与实践中，使培训质量持续提升。

运用全面质量管理的理念与方法，建立全面的质量管理规范体系：根据上海市市级共享项目的实施要求，对整个项目的具体实施过程做出详细的规划设计，以既有的成熟的教师远程培训管理规范与质量管理体系为依据，制定具体的项目实施要求与工作安排流程，包括助学教师工作指南、助学辅导教师职责要求、研修平台使用指南、学员手册等，为项目组织实施管理提供支撑。

建立具体的质量保障措施，对培训实施过程进行监控管理：通过培训简报，建立学情数据统计制度等，利用平台的学习跟踪、助学管理跟踪与记录功能，及时了解学员的登录情况、在线时间、讨论参与情况、作业提交情况等，同时通过教师的教学记录，如登录情况、在线时间、讨论情况、作业批改情况、优秀作业评语与推荐情况等客观反应教师的教学状态。建立学情通报制度，通过定期进行学情通报，及时总结学员、辅导教师、等各角色各维度的参与情况，有效监控、及时解决培训实施过程中出现的问题。

强化支持服务支撑，构建多种形式的支持服务渠道：加强支持服务管理，秉持主动服务与及时服务的服务理念，将支持服务工作做细、做精，拓宽支持服务渠道，通过 BBS、电话、手机短信、QQ、邮件、飞信群、微信群等常见问题解答的多种支持服务方式，在整个培训期间，将学员学习的学术性与非学术性支持落实到人，确保学员有问必答，在最短的时间内得到满意的回答，同时，对学员的问题进行归纳梳理，更新到常见问题库中。

建立应对危机及意外事故的预案措施，出现问题及时响应：建立多系统数据自动更新与同步备份机制，对于培训中产生的意外，如：黑客、病毒攻击、停电、设备故障及其他突发情况，建立健全应急保障机制，并确保培训的顺利实施。

案例开发档案

案例归属单位：华东师范大学开放教育学院
案例开发时间：2018 年
案例开发团队：

姓 名	工 作 单 位	学科背景/职称	主 要 贡 献
闫寒冰	华东师范大学开放教育学院	信息技术/教授	方案设计
李宝敏	华东师范大学开放教育学院	课程与教学/副研究员	方案设计
陈倩倩	华东师范大学开放教育学院	信息技术/教师	方案撰写
吴德芳	华东师范大学开放教育学院	课程与教学/教师	方案撰写
张 燕	华东师范大学开放教育学院	信息技术/教师	项目实施

案例七

优化培训流程，提高培训实效
——基于"国培计划（2017）"
——河南省中小学幼儿园乡村教师网络研修项目的实践

华中师范大学职业与继续教育学院

主题类别：培训项目管理

关 键 词：培训管理、流程再构

背景与问题

教育部办公厅 2016 年 1 月 31 日印发的《乡村教师网络研修与校本研修整合培训指南》强调：大力推行网络研修与校本研修整合培训，有效利用教师网络研修社区，为乡村学校持续提供专家指导和优质课程，建立校本研修常态化运行机制，推进乡村教师边学习、边实践，不断提升教育教学能力。教师网络研修与校本研修整合可以有效利用教师教育资源、利用网络教育和现代教育技术对广大教师开展大规模、高效率培训，是实现城乡教育均衡发展的有效途径。但是，在实践中，

图 7-1 淮阳县第二次全员集中活动合影留念

由于培训方案设计得不科学、组织工作不严密,培训效果难以满足学员的需求。如何提高网络研修与校本研修整合项目的实效性,就成了摆在我们面前亟待研究和解决的问题。

图 7-2　中小学组坊主分组研讨实施方案　　　图 7-3　幼儿园组坊主在研讨方案

　　华中师范大学是教育部直属的综合性重点师范大学,教师教育是学校的特长与优势,为基础教育教师发展服务是学校的重要职责之一,因此,学校把做好基础教育教师培训工作作为学校发展的重要战略定位。近五年来,完成各级各类教师培训累积超过 23 万人次,年均培训达 4.5 万人次。根据教育部教师工作司《关于通报 2016 年"国培计划"——示范性培训项目绩效评估结果的通知》,我校获得教师工作坊高端研修项目各院校(机构)排名第一名的成绩。我们不满足于已取得的成绩,仍在不断探索提高教师培训绩效的有效路径。

　　通过明确目标,分工协作;线上线下结合,分层次分阶段实施;示范引领,辐射带动等举措,充分整合各方面的资源,调动参训各方的积极性,使培训取得了实实在在的效果。

方法与策略

一　明确目标，分工协作

思想是行动的指南，目标是努力的方向，只有统一思想，明确目标，广大学员才会心往一处想，劲往一处使。网络研修项目的总目标是：探索构建网络支持下的骨干引领全员的校本研修常态化研修模式；通过示范典型创建，充分辐射带动乡村教师开展网络支持下的校本研修；切实提升校长的校本研修领导力，工作坊主持人的主持能力，参训教师教育教学能力，持续促进教师专业发展，培养具有创新精神和实践能力的高素质专业化教师队伍。

在明确总目标的前提下，我们还分别制定了项目校校长、工作坊主持人、工作坊坊员、示范校建设的具体目标。使不同角色的参训学员都明确通过培训所要达到的目标，以及为实现目标应该怎么做。

项目的实施涉及教育行政部门、项目实施单位、专家团队、项目校、坊主、坊员等多个主体，要使整个项目团队形成强大的合力，除了要明确各自的目标外，还必须明确各主体的职责，因此，在项目开始前我们就制定了详细的职责分工，并通过与市、县教育行政部门开展项目对接会，明确分工，通力合作。

二　线上线下结合

分角色、分阶段、分层次推进实施。在项目实施中我们采取集中培训、工作坊研修、校本现场实践相结合的混合式培训方式。具体实施中，一是进行分角色培训，将培训学员根据项目中的角色定位，分别进行校长培训、坊主培训和坊员培训。二是分阶段培训，分别为第一次集中培训—网络研修阶段Ⅰ—第二次集中培训—网络研修阶段Ⅱ—第三次集中培训。三是分层次培训,依据项目校和参训教师的专业发展水平,将课程内容和主题研修活动设置为选修和必修,要求示范校和示范坊在完成必修任务的基础上,再完成选修任务。

第一次集中培训。分别对校长、坊主和坊员进行培训。校长培训的主要内容是:国家有关教师培训的政策、解读培训方案,让校长们明确网络研修与校本研修的目的、意义以及主要任务,以提高校长们推动网络研修与校本研修的主动性,帮助校长们明确具体的任务。坊主培训的主要内容是:解读方案,明确项目的目的、意义和任务,了解和熟悉网络平台,提高坊主主持工作坊的能力。坊员培训的主要内容是:建立学习共同体,解读方案,明确项目的目的、意义和任务,了解和熟悉网络平台,掌握学习的流程和技能,提高坊员参与的积极性和主动性。

网络研修阶段Ⅰ。分为两个模块,一是网络课程学习、主题研修和常规研修的开展。二是校本实践培训,由项目校或片区组织,以教研组或学科组为单位,围绕研修主题开展线下校本研修活动。

第二次集中培训。分别开展坊主和坊员培训。坊主培训的内容是:交流经验,梳理问题,根据发现的问题,探讨解决的途径,组织到示范坊观摩学习,提高坊主的工作能力,进一步完善培训方案。坊员培训的主要内容是:阶段性成果展示与诊断,同课异构与示范,进一步推动校本研修。

网络研修阶段Ⅱ。一是继续开展网络课程学习,二是根据每一阶段网络研修发现的问题,优化校本研修方案,开展校本主题研修活动。

第三次集中培训。仍然是进行坊主和坊员培训,培训的内容主要是成果汇集,发掘典型,模式梳理,总结提升,宣传推广。

三　　　示范引领,带动幅射

每个项目县至少建设 3 所校本研修示范校,以校为中心,教研组为基础,推进混合式培训,借助工作坊研修,构建以区域研修为依托的校本常态化研修模式,形成良好的校本研修环境,推动区域教学提升。网络研修与校本研修的项目学校多,学员广,如果每个学校都一样用力,平行推进,往往是事倍功半。我们采取重

图 7-4　滑县第二次全员集中活动,滑县教师进修学校
　　　　申治国主任讲话

图 7-5　滑县第二次全员集中活动,坊主滑县王庄镇第二
　　　　初级中学韩翠红作研修活动"复盘"

点建设,以点带面的方式,加强对部分示范校的建设与指导,由示范校产生的成果,引领其他校同步前进,取得了事半功倍的效果。

图7-6　滑县第二次全员集中活动,项目特邀专家
王启明教授做点评指导

成效与评估

自 2017 年 10 月至 2018 年 6 月,"国培计划(2017)"—河南省中小学幼儿园乡村教师网络研修项目先后在河南省滑县,安阳市内黄县,周口市淮阳县、扶沟县和太康县等地展开,参与培训的教师共有 9 000 人。项目实施以来,得到项目县、项目校和学员的高度认可,如扶沟县新村小学,在项目实施过程中成立了教师发展中心,并下发了新村小学 1804 号文件,全面支持本次项目顺利开展。与此同时,新村小学教师发展中心全体成员起草了新村小学教研活动与网络校本结合的活动实施方案和细则,通过依托学校的 3 个名师工作室,根据"三备两上一反思"的课例研修具体流程,结合学校实际,制定出具体的校本研修方案,方案内容具体到

每周,全校一盘棋,整校推进,取得了显著成效。其中,参与本次项目的6位老师,在华中师范大学学科专家及坊主的引领下,通过学科教研组集体研课、磨课的方式,均取得了明显的进步,2人获得市级优质课一等奖,4人获得县级优质课一等奖。另外,滑县的英民中学和淮阳县第二实验小学,都将本次项目的主题研修活动与学校的常规教研活动融合起来,提高了常规校本研修的质量,初步建立了校本研修常态化运行模式,国培虽然结束了,但国培效应和国培模式依然在发挥着作用。

图7-7 "国培计划"网络研修与校本研修示范校
扶沟县扶亭路小学授牌仪式

经验与展望

1. 本项目中校长班集中时间较长,而校长们工作都很繁忙,抽出一周时间培训,对学校工作可能造成影响。今后我们将校长集中培训时间压缩至2天,利用周末开展集中培训,可以缓解学习与工作之间的矛盾。

2. 第二次集中培训中,坊员只有 1 天的培训时间,成果展示和诊断、同课异构和示范都不够充分。今后我们将第二次集中培训中的坊员培训延长到 2 天,利用周末开展,既可以让更多的学员有展示的机会,也可以发现更多的问题,以便进一步解决,同时也可以克服工学矛盾。

3. 本项目 2019 年度将继续在河南省相关项目县开展。在前期工作的基础上,必将得到更好的完善和发展。

案例实践情况

应用区域:河南省滑县、安阳市内黄县、周口市淮阳县、扶沟县和太康县

应用项目:中小学幼儿园乡村教师网络研修与校本研修整合项目

应用人数:9 000 人

"国培计划(2017)"——河南省中小学幼儿园乡村教师网络研修与校本研修整合项目实施方案

一、目标定位

1. 总目标

根据《河南省教育厅关于组织实施"国培计划(2017)"——河南省中小学幼儿园教师培训项目的通知》、《河南省教育厅 财政厅关于遴选 2017 年国培计划项目承担单位的通告》等文件精神和河南省教育厅的相关部署要求,探索构建网络支持下的骨干引领全员的校本研修常态化研修模式;通过示范典型创建,充分辐射带动乡村教师开展网络支持下的校本研修;切实提升校长的校本研修领导力、坊主的工作坊主持能力、参训教师教育教学能力,持续促进教师专业发展,培养具有创新精神和实践能力的高素质专业化教师队伍。

2. 具体目标

（1）项目校校长培训目标

提高校本研修教师培训意识：通过专家引领、名校观摩、交流互动,促进校长进一步理解校本研修对提升教师教育教学能力、促进教师专业成长、提升学校教育教学质量和竞争力的意义和重要性。

提升校本研修领导力：借助专题研修和案例分析,提升校长校本研修领导力和组织实施能力,包括校本研修规划的制定、校本研修制度建设、校本研修活动的设计与组织实施等,为网络支持下的校本研修活动的顺利开展提供组织保障。

构建网络支持下校本研修新模式：总结校本研修活动成果,提炼校本研修活动优秀案例,梳理校本研修活动成功经验,萃取网络支持下校本研修活动模式,创建网络研修活动示范校,发挥辐射引领及示范作用,为项目县全面推进网络支持下校本研修奠定良好基础。

（2）工作坊主持人培训目标

提升师德修养：学习习近平新时代中国特色社会主义思想,开展师德师风、心理健康教育等专题教育,强化作为"四有"教师的职业素养和使命。

提升专业引领能力：锤炼教学风格,提炼教学思想,增强科研能力,提升课堂教学诊断、评价、指导等教研能力,引领工作坊研修。

提升基础培训能力：主要包括培训需求调研分析、培训方案设计、培训课程资源开发、培训组织与实施、培训绩效评价、课堂教学诊断与指导等。

提升工作坊主持能力：主要包括主题研修方案制定,线上线下网络研修活动设计、网络研修指导、网络协同研修工具使用、生成性资源开发能力等。

提高校本研修指导力：发挥校本研修活动专家引领作用,提升校本研修活动设计、组织与实施的指导能力,引领工作坊乡村教师进行协同研修、自我反思、专业成长,推动工作坊主持人从优秀走向卓越。

（3）工作坊坊员培训目标

涵养师德，提升素养：学习习近平总书记关于教育的系列讲话精神，学习中华优秀传统文化涵养师德，典型案例厚载师德，聚焦师德教育，着力培养造就"有理想信念、有道德情操、有扎实知识、有仁爱之心"的"四有"好老师。

提升教育教学能力：通过基于工作坊的网络研修，围绕课例研修主题，在工作坊主持人引领和学校的支持下，开展教学设计—课堂教学实践—观课、议课等环节的协同研修活动，实现同伴之间的交流互动，经验互融。提升坊员的教学背景分析、教育目标设计、教学过程设计、课堂导入、课堂提问、课堂讲解和课堂调控等课堂教学能力；通过课堂观察量表的打磨与使用，提升坊员课堂观察、记录、分析等观评课能力；打造示范课例，生成校本课程资源，持续提升乡村教师的教育教学能力。

建立校本研修常态化机制：依托工作坊开展网络研修与校本研修整合培训，借助网络资源和研修平台，充分发挥工作坊主持人的专业引领作用，提升同伴间的互助意识，增强同伴间的合作能力，构建团结、协作的校本研修环境，建立完善的校本研修制度，推动网络支持下的校本研修常态化，持续促进乡村教师专业成长。

（4）示范校建设目标

总目标：每个项目县至少建设 3 所校本研修示范校，以校为中心，教研组为基础，推进混合式培训，借助工作坊研修，构建以区域研培为依托的校本常态化研修模式，形成良好的校本研修环境，推动区域教学提升。具体目标如下：

培养校本研修示范校种子团队：以项目校校长培训和工作坊主持人培训为契机，为各项目县培养种子团队（包括"县—乡镇—校"三级管理者和"乡镇—校"两级培训者），提升培训者组织实施网络支持下的校本研修能力，使其成为有效推进区域性校本研修的推动力。

打造本土化资源库：生成并建设一套持续提升教师教育水平、促进其专业发展的网络、校本培训资源,打造富有特色的本地化研修资源库,生成一批解决教育教学问题的分类资源包。

形成校本研修常态化研修机制:通过培训,帮助校本研修示范校教师掌握网络研修与校本研修整合的模式,打造新形势下的学习研究共同体,促进教师专业发展;通过示范校引领,有计划、有步骤地开展基于网络的校本培训,重点提升网络支持下的校本研修设计、组织实施能力,推进网络支持下的校本研修良性运行机制的建立,探索从学校到县区的分层混合研修机制,从而为推进区域与校本研修常态化运行机制奠定基础。

二、总体安排

1. 网络研修学时:120 学时

2. 项目校校长集中培训:3 天

3. 工作坊坊主集中培训:12 天(分 3 次,7 天+3 天+2 天)

4. 全员集中:3 天(分 3 次,1 天+1 天+1 天)

5. 主题研修活动预设主题:三备两上一反思课例研修活动,包含协同备课、观课议课和课例研修。

6. 建坊原则:以学科(小学科相似合并)为单位,就近建坊

7. 项目推进原则:必修选修,分层分类,减负增效

三、各角色遴选

学员遴选:区域连片、整校(园)推进、有一定校本研修氛围、具备网络研修条件;

坊主遴选:培训师培育对象;骨干教师或名师;教研员,优先遴选示范校骨干;

校长遴选:示范校校长或业务校长;片区中心校业务校长或师训专干;县级管理员;

专家推荐条件:能组织线下集中研修活动,引领和指导校本研修活动的开展,在当地具有一定影响力的业务骨干(教研员或名师)。

四、实施思路

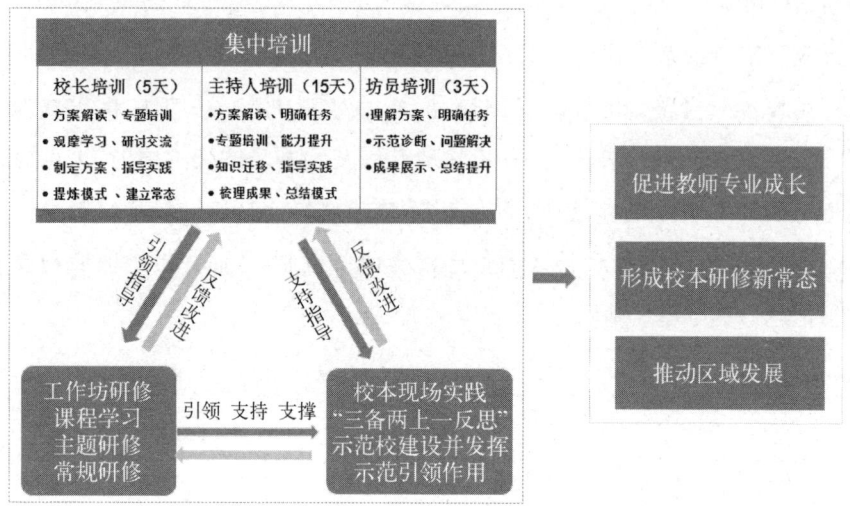

图 7-8　项目实施思路

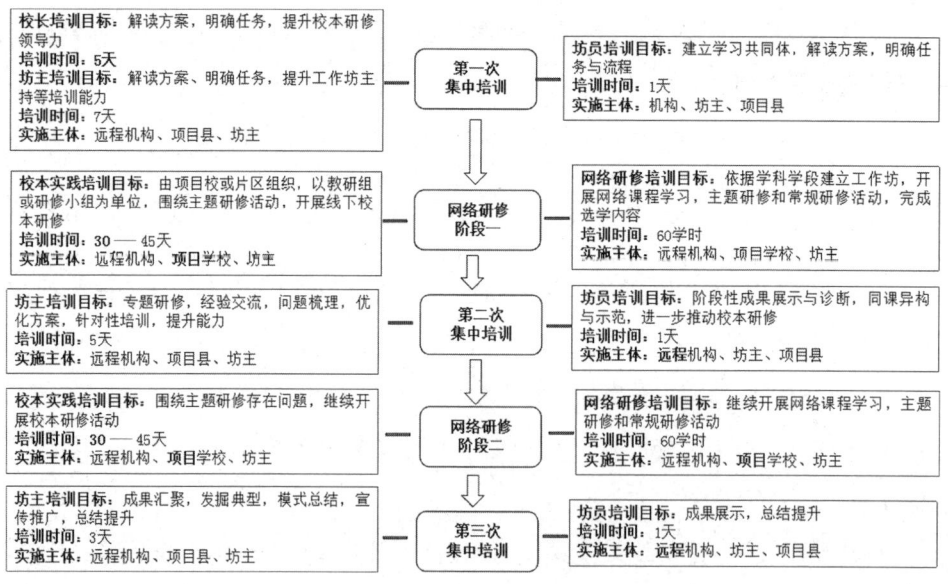

图 7-9　项目实施流程

五、职责分工

1. 县级教育行政部门

遴选学员（整校推进）、坊主（县级以上骨干或名师）、项目校校长（校长、业务副校长或乡镇师训专干）、县级管理员（1—2 人），推荐县级专家（2 人）、示范校（每学段 1—2 所）；

为优秀坊主、坊员和示范校提供激励性政策支持；

协助培训机构开展项目的组织与实施，包括集中培训的组织管理、全员集中场地设施的提供、网络研修的督学和校本研修的督导等；

争创示范县，需出台激励性政策，打造 1—3 所示范校、10％优秀坊。

2. 华中师范大学

制定项目实施方案并组织实施；

负责组建省级项目专家指导团队；

为学校开展校本研修提供线上与线下的专业支持与服务，指导示范校和示范坊开展网络校本研修活动；

负责校长、坊主和坊员的集中培训活动；

负责项目结项、研修成果汇集。

3. 专家团队

制定项目研修活动方案；

全程参与项目，对坊主和县域专家工作进行指导；

负责专家答疑；

审核示范校工作坊生成性成果。

4. 项目校

建立网络研修与校本研修整合的组织架构，校长是第一责任人，业务副校长为具体负责人，教研组长为研修组长；

学校统一安排网络校本研修的时间，将培训纳入学校校本研修规划，制定网

络研修与校本研修的规章制度,为项目实施提供政策支持和制度保障,为参训学员提供集中研修交通费用支持;

争创示范校,为集中研修积极提供优秀案例和场地设施,示范校要打造不少于30%优秀坊,建立网络支持下的课例研修校本模式,发挥示范引领作用。

5. 坊主

负责确定研修主题、制定本坊研修计划;

负责集中研修活动组织、方案解读、平台讲解、坊内答疑、校本研修指导、作业批改、坊内推优、班级简报等培训的组织与实施工作;

争创优秀坊,坊内学员在完成主题研修活动必修任务基础上,有10%坊员完成选修任务,生成性成果有1—2个被推为优秀案例。

6. 坊员

制定个人研修计划;

认真学习网络研修课程,积极参加研修活动,完成各项研修任务;

争当优秀学员,优秀学员的研修成绩需达到满分,并且在完成主题研修活动必修任务基础上,也完成选修任务,生成性成果被推为坊内优秀案例。

案例开发档案

案例归属单位:华中师范大学职业与继续教育学院

案例开发时间:2018年9月

案例开发团队:

姓　名	工　作　单　位	学科背景/职称	主　要　贡　献
卢子洲	华中师范大学	教育学/研究员	项目负责
汪昌海	华中师范大学	教育学/副院长、教育学博士	项目执行负责

姓 名	工 作 单 位	学科背景/职称	主 要 贡 献
王启明	商丘师范学院	教育学/教授	项目总体设计
杜 芳	华中师范大学	英语/培训部主任	项目设计
王 静	华中师范大学	教育学/培训部副主任	项目实施
裴民行	河南广播电视大学	政治学/副教授	项目实施

案例八

"三线合一"教师学习设计
——"上海市区域教师培训课程建设指导者研修工作坊"实践案例

上海市师资培训中心

主题类别：教师学习

关 键 词：教师培训课程建设、师训管理
者、研修工作坊、

背景与问题

这是一个迎接教师专业化的时代。从党的十九大报告到《中共中央 国务院关于全面深化新时代教师队伍建设改革的意见》，再到全国教育大会，都十分关注教师队伍的建设，在此背景下，教师教育专业化就成为一个摆在政策制定者、教育研究者与教师教育实践者面前的十分紧迫的问题。教师教育专业化的影响因素多种多样，其中教师教育者的专业化是非常关键的一个因素，教师教育者专业化的一个重要体现就是教师培训课程开发与指导的专业化。"上海市区域教师培训课程建设指导者研修工作坊"建立的一个重要目标就是，在教师培训课程开发与指导的团队研修中，提升区域教师培训课程建设者的课程开发能力与课程指导能力，从而带动全体教师成长。从对参与工作坊研修的学员的调研来看，目前存在的主要问题如下。

| 一 | 有教师培训课程开发与指导的经历，但缺乏系统、扎实的理论 |

25 位来自上海 16 个区的区域教师培训课程建设指导者大多是区域师训工作管理者。近年来，随着上海教师教育工作的发展，教师培训课程建设越来越受到重视。各级各类骨干教师通过将自己的经验与智慧课程化，一方面促进了自己的专业发展，另一方面课程化的经验与智慧又惠及了其他广大教师，促进了其他教师的专业提升。然而，对于教师培训课程开发，大家普遍缺乏经验。在这一背景

下,区域师训管理者不得不承担起新形态教师培训课程的解读、教师培训课程开发指导、校本研修课程指导等专业指导职能。但是,对于部分师训管理者来说,自己尚未开发过一门完整的师训课程,何谈指导别人开发师训课程。为了提升区域师训管理者的教师培训课程开发能力以及指导教师培训课程开发的能力,课程指导者研修工作坊应运而生。

二 全市层面缺乏高质量的见习教师规范化培训通识课程

2012年,上海市正式启动与实施了面向全市中小学(幼儿园)全学段全学科的首次任教人员中小学见习教师规范化培训制度。该制度要求所有中小学、幼儿园首次任教人员在职业生涯的第一年必须在规定地点、规定时间接受规定内容的培训。为规范、指导各实施主体与新教师有效落实各项内容与要求,上海市研制了与各项内容与要求相对应的系列表单,制作成中小学、幼儿园《新教师规范化培训手册》,为培训提供具体的操作规范与操作指南,并逐步开发形成市、区、校三级规范化培训课程与教材。目前已开发了13门见习规培市级通识课程。然而,这还远远不能满足全市见习教师规范化培训的需要。因此,开发高质量的见习教师规范化培训通识课程是一个急迫且重要的任务。

三 多数培训所学难以真正迁移到实际工作中

在一些培训场景非真实工作情境的培训活动中,学员习得的知识、技能缺乏基于个人真实工作情境的模拟练习或实际应用的机会,所以造成了迁移的障碍,培训所学转化成实际工作效果方面大打折扣。课程指导者研修工作坊希望在学习、基于个人真实工作情境的模拟演练、在真实工作情境中实战应用等方面探索有效的模式与机制,促进培训所学转化为实际的工作效益。

| 四 | 培训教学难以激发学员的参与与知识创生 |

在一些培训教学中,还存在着以单向灌输为主的被动式学习模式。即使在一些注重参与、互动与建构的参与式培训中,学员之间也难以创生出新的知识。如何既激发学员的深度参与、又通过同伴间的有效协作、专业引领等让不同的学员在原有的知识上都有新知识的产生,这也是课程指导者研修工作坊旨在探索解决的问题。

| 五 | 培训活动与教师团队发展缺乏有机整合 |

一些外部开展的培训活动,多以学员的个人学习为主,虽也有开展一些小组学习活动,但远没有把学员作为一个教师团队加以建设。教师的学习与发展不仅需要教师个体的投入,更需要团队的协作与对话。作为教师研修活动,应该给学员示范与展示教师团队发展的模式与机制。

问题解决思路

针上述问题,课程指导者研修工作坊确立了"五个坚持"的指导思想、"三线并进"的学习设计与团队发展的学习机制。

| 一 | "五个坚持" |

即坚持以学员为中心,以结果为导向,以任务为驱动,注重学习、操练与实践应用的统一,注重协同研修与教师团队发展的统一的问题解决思路。

以学员为中心,就是把课程建设指导者的实际需要作为培训的出发点,把学

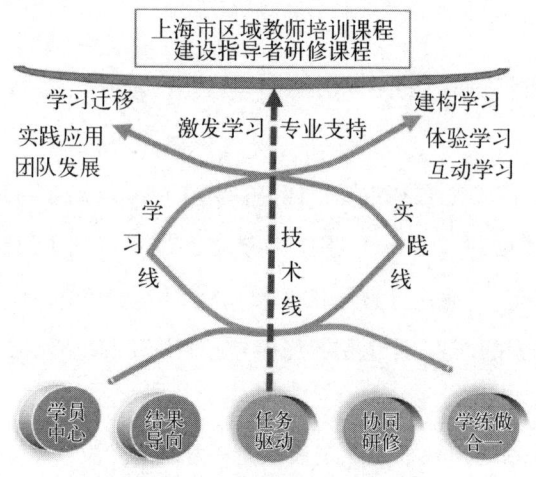

"三线合一"实践操练研修工作坊模型

图 8-1 "三线合一"实践操练研修工作坊模型

员作为学习的主体,培训者充当引导师的角色,依据学员学习的心理规律设计培训活动,不断抛出任务、提出质疑、提供学习引导单及必要的资源支持,让学员在充分的动脑、动口与动手中澄清困惑、建构知识。

以结果为导向,就是坚持学习的目的是为了应用,是为了解决实践问题,以研发实践迫切需要的高质量见习教师规范化培训课程、掌握教师培训课程开发的理论与技术为结果来设计培训活动。

以任务为驱动,就是以自己开发一门教师研修课程指导课程为任务一,以指导其他教师开发见习教师规范化培训课程为任务二,一边学习理论,一边应用理论指导实际课程开发,实现边学边用,把知识转化成技能,把学习与工作质效的提高紧密结合起来。学员在完成任务一与任务二的过程均是以团队学习的方式进行的。

二 "三线并进"

围绕教师培训课程开发的核心步骤,把培训技术线、学习线与实践线有机整

144

合起来。

第一条线是培训技术线。培训依据学员学习心理,以首要学习原理为理论依据,融合国际上最先进的培训引导技术,设计培训学习活动。每次学习活动基本由 9 个步骤构成,具体如图 8 - 3。

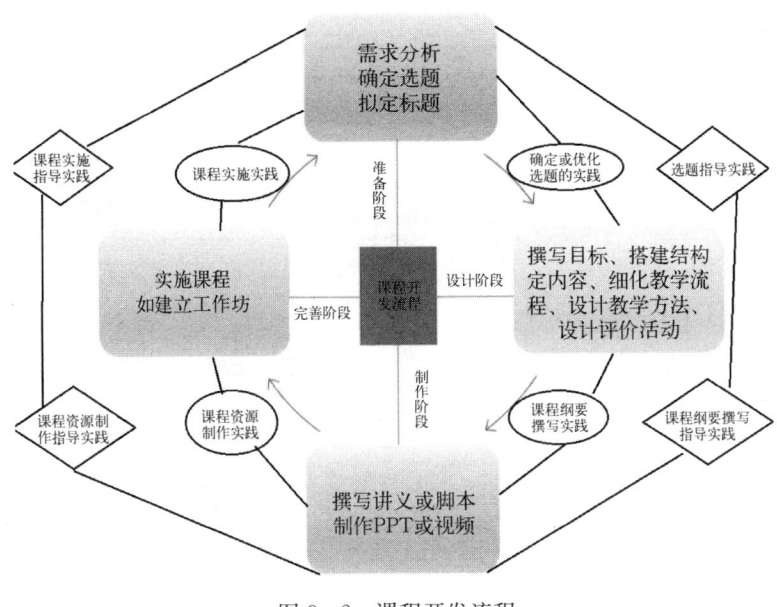

图 8 - 2　课程开发流程

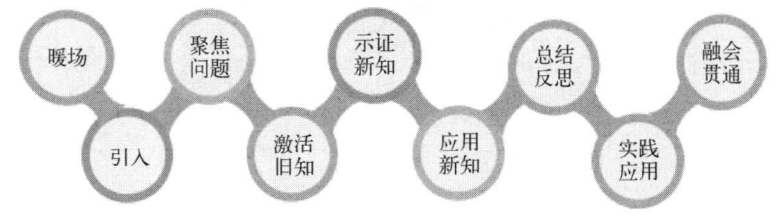

图 8 - 3　学习活动流程

第二条线是"学习线",即学员学习掌握教师研修课程开发的理论与技术,学员在培训技术线的引导下学习系统的理论、参与同伴研讨、完成研修课程主题的拟定、提纲的撰写、素材的收集、讲义的撰写、课程的制作等实践操练。

第三条线是"实践线",即学员把学到的知识用在实际指导教师开发见习教师规范化培训课程中。

研修工作坊将25位学员构建成4个团队,每个团队由6位左右学员构成,要

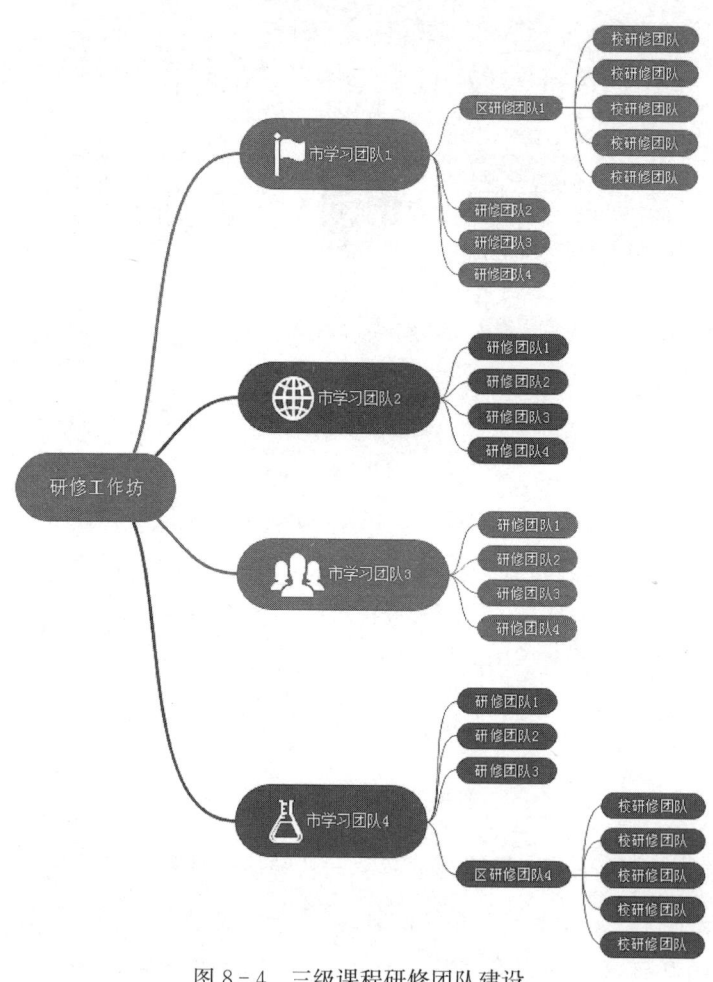

图 8-4 三级课程研修团队建设

求每个学员作为课程建设指导者,把本区遴选出的见习教师培训课程开发者组成团队并为其提供指导,本区的每个见习教师培训课程开发指导者也要作为领衔人,组建团队。这样一来就形成了三级课程研修团队,每一级都有同伴互助与指导者的帮助,最大程度地促进众多教师的专业发展。

经验与创新

第一,找到协作研修与高水平专业引领的结合点。

第二,找到交流研讨与基于真实情境的实践操作的结合点。

第三,找到外在经验的学习与教师内在潜能的激发的结合点。

第四,寻求到即时性团队发展与持续性团队发展的统一。

思考与展望

研修工作坊由计划招生 16 人到实际招生 25 人,得到了学员的高度认可。学员对工作坊的最大感受是:"学用结合""实用、有趣""参与度高、互动性强""氛围轻松、形式新颖、思维碰撞、集思广益"。

后续,团队将进一步通过研讨与反馈,加强培训师技术的灵活运用,对案例进行更加深入的总结与提炼,从 85 门见习教师规范化培训课程中打磨精品,通过课程展示与实施,惠及广大见习教师。

案例实践情况

研修工作坊建构了 4 个一级团队,16 个二级团队,85 个三级团队。涉及团队成员约 400 人。这些团队犹如一个个能量源,把教师专业发展的最新理念传递给更多的教师,不仅改变着教师教育,也改变着教师的课堂教学方式。目前,团队开发并出版了一本市级教材——《教师培训课程开发》,产出了16门个性化的教师培训课程指导课程,85门见习教师规范化培训课程。无论是课程开发者还是课程开发指导者的教师培训课程开发技能都得到了明显的提升。

该研修工作坊的辐射与影响力日益彰显,很多区都主动寻求与我们合作,我们已经在四个区培训了将近500名教师培训课程建设者。

案例开发档案

案例归属单位:上海市师资培训中心

案例开发时间:2018年11月

案例开发团队:

姓　名	工 作 单 位	学科背景/职称	主 要 贡 献
陈　霞	上海市师资培训中心	比较教育学/研究员	成果凝练
万立荣	上海市师资培训中心	教师教育/高级教师	参与实践
杨　兰	上海市师资培训中心	教师教育/讲师	参与实践
顾思羽	上海市师资培训中心	教师教育/讲师	参与实践

案例九

"系统迭代 多措并举"的网络课程形式"变脸"

全国中小学教师继续教育网

主题类别：培训资源开发创新模式及应用

关　键　词：组织编排方式、素材呈现、视频表达、资源样态

背景与问题

<table>
<tr><td>一</td><td>背景</td></tr>
</table>

中国特色社会主义进入新时代对我国教育的发展提出了更高的要求，全国教育大会、党的十九大报告、《国家教育事业发展"十三五"规划》、《国家中长期教育改革和发展规划纲要（2010—2020 年）》等会议、报告、政策、文件都明确提出要大力发展继续教育、网络教育。基于此，我们要不断加速推进教师培训课程变革的总体部署和战略设计，不断实现网络课程形式变脸突破，建设更高品质的课程资源。

1. "互联网＋教育"及新技术的发展为网络课程形式的创新提供了契机和技术支持

2018 年教育部发布的《教育信息化 2.0 行动计划》中明确提出"到 2022 年建成'互联网＋教育'大平台"。与此同时，不断加快完善制度环境，制定在线教育课程标准，推动建立数字教育资源的准入和监管机制，形成公平有序的市场环境，探索建立"互联网＋教育"管理规范。国家层面不断完善的市场监管机制、管理规范和课程制作标准的确立等，将为教师培训行业的发展提供更加利好的行业大环境，为网络课程形式的变革提供良好的契机。

随着"互联网＋教育"的发展，人工智能、大数据、区块链、虚拟现实（VR）、增强现实（AR）、混合现实（MR）等新技术不断涌现，一系列新兴技术走进教师培训

领域,不断推动新技术与教师培训的深度融合。大数据和云计算能够及时准确地根据学习者的学习需求和学习兴趣,实现资源的个性化精准推送;虚拟现实、增强现实等新技术能够打造真实学习场景,增强学员的学习体验和互动参与,新技术的发展将为网络课程形式的变革提供技术支持。

2. 教师培训行业多家机构市场竞争推动了课程形式创新

目前市场上从事教师培训的主体大约有 100 多家,市场竞争较为激烈。要想在激烈的竞争中脱颖而出,就必须凸显优势,建设精品的课程资源。基于此,我们必须不断建设更高品质的课程,推动课程形式创新。

3. 网络课程的更新迭代要求课程形式创新

随着互联网技术的发展,网络课程也在不断地更新换代。Web1.0 网络课程主要以文本、图片、影像为主要交互媒体,以 E-mail、BBS、留言板等为主要交互方式;Web2.0 网络课程是以学习者为中心的指导理念,以博客、Tag、SNS、RSS、Wi-ki 等社会软件的应用为核心,依据六度分隔、XML、Ajax 等新理论和技术实现的新一代网络课程;Web3.0 建立在 Web2.0 的基础之上更加智能化、个性化和人性化。Web3.0 在 UGC 筛选性过滤的基础上同时引入偏好信息处理与个性化引擎技术,对课程学习者的行为特征进行分析及搜索习惯进行整理、挖掘,记录学习者的学习过程,从而实现精准推送,为精准制定最佳学习方案和优化课程形式提供抓手和依托。目前的网络课程多数处于 Web2.0 时代,正在趋向 Web3.0 阶段,随着 Web3.0 网络课程的发展,课程形式必将发生变化。

4. 新背景下教师学习新形态的变化及需求的提高要求课程形式创新

"互联网+教育"的本质是为了有效实施教学和学习活动,随着互联网和新技术的发展,人们接收和反馈信息的方式发生了巨大变革。知识的传播、获取和应用重构了学习者的学习方式,催生了新的学习样态,如泛在学习、定制学习、沉浸式学习和休闲学习等。新的学习样态尤为注重学习者个体的学习体验,强调学习的有效性。学习者学习方式的变化,必然要求网络课程形式的不断创新。

此外，根据心理学中的成人学习自我导向理论，成人能够指导自己的学习，并根据自己的需求进行学习。随着时代的发展，成人的学习需求不断地提高，调研显示老师们目前更加喜欢实践性、情境化、激趣型的课程，并对课程品质有更高的期待。基于此，为满足教师不断增长的学习需求，需要不断丰富课程形式，推动课程形式的创新。

5. 智慧教育的发展要求网络课程形式有所创新

智慧教育是教育信息化发展的新目标和未来方向，教师是教育中最为关键的因素，实现智慧教育的核心是转变教师的教育理念、教育技术和教育组织及方法。在智慧教育发展的背景下培养智慧型教师，就需要打造智慧型网络培训课程，创新课程形式。

作为"互联网＋教育"发展的必然产物，智慧教育依托于新一代信息技术打造了智能化教育信息生态系统，实现了最大规模的资源（库）开放和共享，这就使得各种教育学习资源呈现出海量化和泛在化的特点。因此，在研发网络课程过程中要充分考虑各种资源的特点以及资源之间的关系，不断优化资源的组织和编排，提高内容呈现效果，从而提高教师培训和自主学习的实效性。

二　　问题

1. 课程样态单一，多以传统网页课程为主，网络教育课程样态创新不足

现今大部分的网络课程都是网页课程，大多以静态方式展现，其组织方式是线性的，更新频率也不够快，往往几个月都维持原状，创新不足。这种单一的课程样态难以满足学员多元化的学习需求，且课程形式单一、拍摄形式呆板没有特色，难以调动学员学习的兴趣和积极性，影响教学效果。

2. 教师培训行业多家培训机构课程形式同质化，难以满足学员的多样化需求

目前从事教师培训行业的机构较多，各家培训机构均有自己的课程资源体系,每年根据国家相关培训政策和培训需求设计课程,培训资源呈现出紧扣时事、种类多样、内容丰富等特点,但也出现了资源重复、同质化建设的现象,使得教师培训资源的内容、师资、课程形式等同质化,难以满足学员的多样化需求。

3. 教师培训时的学习趣味性不足,学习体验感不高

以往培训课程多以专家讲授为主,单个视频较长,容易出现长篇大论的情况,把课堂的知识灌输变成了网络平台上的知识灌输,难以对学习者产生吸引力,造成学习者失去对网络课程学习的热情和兴趣。这样的课程忽视学员互动参与,学员很难体验到参与课程带来的乐趣,在一定程度上影响了学习实效。为进一步提高教师参与培训的趣味性,提高教师培训学习的体验感,需要不断推动教师培训课程形式变革。

4. 培训课程中不恰当的内容呈现和视频表达方式,增加了学员的认知负荷

我们在课程形式变脸时通过多种途径调研,精准获悉教师的需求和问题反馈。据调研结果显示,教师们更加喜欢实践性、情境化、激趣型的课程,希望课程中适当增加可视化元素,将长篇文字论述的内容以可视化的形式、生动形象地呈现出来。基于此,要想真正提高教师的学习效率,有效达成学习者获取知识的目的,就需要在培训课程中充分考虑视觉媒体的瞬时性特点,适当增加可视化元素,调整内容呈现和视频表达方式,优化课程美化包装,不断减轻网络学习中出现的不必要的认知负荷,从而提高学习实效。

问题解决思路

一　　问题解决的策略

1. 基于国家标准的适度超前策略

我们在课程制作的过程中,注重以国家相关政策标准为参照,依据《现代远程教育资源建设技术规范》《中小学幼儿园教师培训课程指导标准》,以及正在研制中的《信息技术学习教育和培训在线课程标准》等相关国家政策、文件、标准的规定进行创新尝试,并在此基础上通过深化研究和经验总结逐步实现超越标准,推动课程形式不断创新。

2. 智慧众筹多方联动共建策略

为助推课程形式变脸突破,我们组建了专门的"课程形式变脸创新团队",团队中汇聚"专家领衔人员、课程设计人员、摄像编导人员、剪辑包装人员、网页合成人员、课程质检人员"等多方人员,形成了多方联动共建机制,精细化分工管理。课程研发人员负责课程内容设计、拍摄脚本细化;视频拍摄与剪辑包装人员负责设计想法的技术落地;课程质检人员负责评判课程的教育价值与审美价值并提出修改与完善建议,进而团队协力完善优化设计。团队成员全过程、多视角凸显特色发挥优势,凝聚集体智慧,助力课程形式变脸。

3. 透析"变脸"关键维度的系列化策略

为实现课程形式变脸,创新团队人员研究分析了影响课程形式的关键要素,从课程组织编排方式、素材呈现、视频表达、资源样态等方面入手,设计系列化解决方案,实现"四大维度"变脸。

4. "敏捷实践"迭代更新升级策略

"敏捷实践"是指结合了精益方法的一种敏捷尝试,为实现课程形式迭代更新,我们应用信息技术领域的"敏捷实践"方法,在课程制作时以学员的需求为核心,不断根据学员的反馈进行调整优化,采用迭代、循序渐进的方法进行课程制作。遵循"问题诊断——研究设计——实施落实——实践运用——总结反思——优化改进——实践辐射"等环节循环往复,通过不断研究试炼和总结提升促进课程形式的迭代更新。

5. 注重成果和经验积累的双赢策略

经过一系列的创新尝试,我们在课程形式创新方面取得了丰富的成果,建设了一批各具特色的精品课程资源。在创新尝试的过程中,我们形成了课程形式"四大维度"变脸模式,积累了丰富的课程制作创新经验,锤炼了团队,促进了团队成员的成长。

6. 面向学员需求的点面结合的策略

自成立以来,我们一直以"服务教师终身发展"为宗旨,将学员的学习实践需求作为我们课程开发的原动力,同时兼顾个性化和共性需求,不断根据学员反馈的实际需求和期待创新设计课程,设计新颖的课程形式,广泛普及,助推课程形式创新。

二　问题解决的过程

我们在课程形式创新的过程中,遵循"问题诊断——研究设计——实施落实——实践运用——总结反思——优化改进——实践辐射"七个环节循环往复,迭代更新。通过多种途径调研精确定位学员的需求和课程形式中存在的问题,依据学员需求和问题反馈进行项日规划实施,通过"规划——实践——再规划——再实践"不断总结实践经验,优化改进方案,推动迭代更新和模式推广。

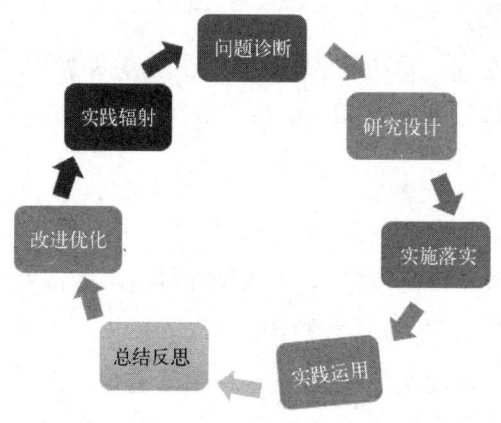

图 9-1　"课程形式创新"过程环节流程图

三　问题解决的具体实施

依据需求调研得出的网络课程存在的关键问题,参照国家网络课程标准,

156

教育技术以及教师教育、传播学等领域相关理论,结合多年在资源建设方面的成熟经验,特制定此"课程形式创新系列化规划方案"。具体内容如表 9-1 所示。

表 9-1　课程形式创新规划方案

主 要 任 务	主 要 方 法	主 要 成 果
课程组织编排方式变脸	a. 研究并分析当下普遍受学员欢迎的网络课程形式; b. 梳理并分析网络培训课程的基本结构构成; c. 凝练典型课程组织方式,进行比较研究实现课程编排组织方式变脸。	五大课程组织编排方式: 案例研究式 做中学研式 任务驱动式 参与体验式 问题解决式
课程素材呈现方式变脸	a. 深入研究微课设计"四化"模型及其典型案例; b. 总结并研讨微课设计"四化"模型可借鉴点; c. 依据微课设计"四化"模型可借鉴点设计样本课。	"四化"课程精品案例: 知识可视化 语义情境化 思维结构化 认知情感化
视频表达变脸	a. 搜集整理当前经典电视栏目设计、编排风格、影视艺术元素; b. 分析当前经典电视栏目设计等可借鉴点,并形成课程变脸基本方案; c. 依据方案设计课程,将视频呈现变脸设想在课程制作中落实。	八类视频表达形式: 曲艺表演式师德传颂类 新闻播报式校园管理类 操作示范式实验课程 现场演练式艺术类 手绘动画式案例讲解 场外连线式互动访谈 现场解说式学习体验 直面课堂式教研活动
资源样态变脸	a. 收集当前流行的网络课程资源样态; b. 总结课程资源原有样态; c. 比较分析各资源样态设计的关键要素,并在课程研发中心借鉴尝试。	五类课程资源样态: 网页类课程 MOOC 类课程 信息图文类课程 动画类课程 移动 APP 式类课程

1. 凝练典型的课程组织方式,优化课程资源的组织编排和学员的学习路径,实现课程组织编排方式"变脸"

我们秉承着"以学习者为中心、以行动学习理论为指导、以构建学习共同体为载体、以问题化学习为主线"的课程设计理念,在以往课程组织编排方式的基础上,**总结凝练了"案例研究式""任务驱动式""做中学研式""参与体验式""问题解决式"等典型课程组织方式**。这样的课程组织编排方式,真正做到了以学习者为中心,通过不同学习路径的创设,提升了学员的学习参与和学习体验,优化了教学资源的组织编排方式,切实提高了培训的实效。以下是五种典型课程组织编排方式的具体说明。

"案例研究式"即以案例为载体、以"观摩—比较—分析—研讨—反思"为行动线,通过"同课异构案例观摩、比较研究问诊案例、自主分析提出见解、合作研讨统一方案、自我反思理论升华"五个环节实现对典型案例的深入研究。

"任务驱动式"是以学员的学习任务为线,围绕"课程导读、任务发布、课例观摩、自我剖析、理论提升"五个环节驱动学员深入学习,从任务发布到完成任务,一步一步将学习引向纵深,学员任务层层递进、环环相扣,任务的完结即是课程的结束。

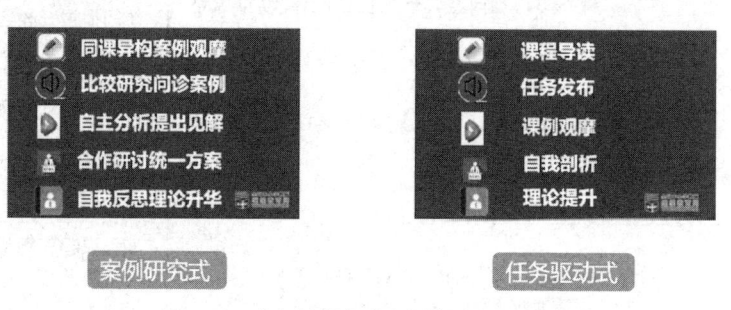

图 9-2 "案例研究式"和"任务驱动式"

"做中学研式"注重学员的学习参与和学习体验,通过"做前导读明确任务、自我诊断确定主题、自主研究提出方案、合作研讨修订方案、成果分享深度反思、线下研讨优化方案、执行方案反思问题"等七个环节十四个过程帮助学员在学习中实现"知行合一""做中学研"。

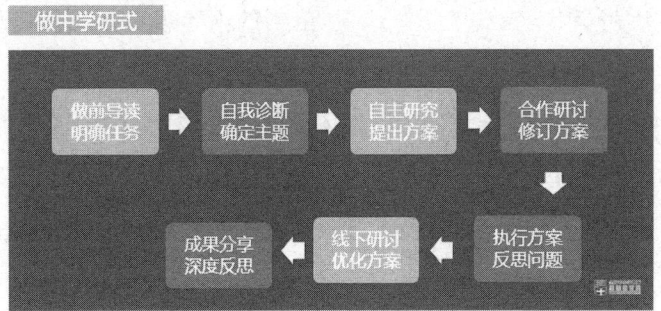

图 9-3　"做中学研式"

"参与体验式"以"选定主题寻找故事、互动研讨分析亮点、线下体验尝试行动、分享成果行动反思"四个环节,旨在使学员通过自身的参与、同伴的互助学习提高参与度和学习体验。

"问题解决式"聚焦学员学习和教学过程中的真实问题,以问题的"提出—分析—解决"为线,通过"情景创设聚焦问题、互动研讨分析问题、策略探究解决问题、实践反思能力提升"四个环节,在课程学习中实现真实问题的解决。

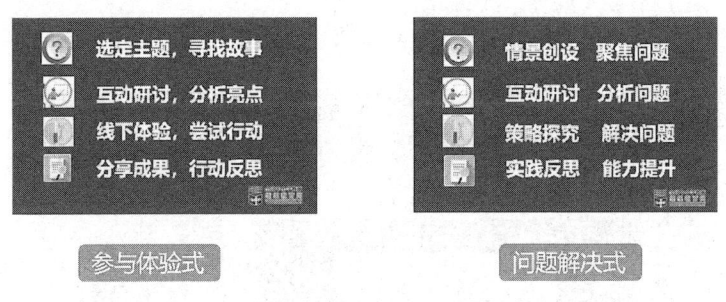

图 9-4　"参与体验式"和"问题解决式"

2. 采用微课"四化"设计,优化课程素材呈现方式,减轻学员认知负荷,实现课程素材呈现方式"变脸"

根据认知负荷理论的说法,即"外在的认知负荷是由信息的组织方式和呈现方式带来的,不恰当的组织方式和呈现方式会增加学习者大脑的负荷。"也就是

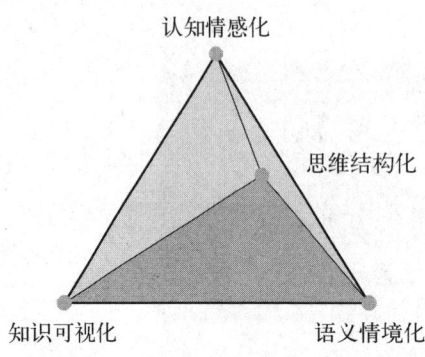

图 9-5 微课"四化"课程设计模型

说,恰当的内容组织方式和呈现方式,可以有效提高课程表达。因此,我们在设计与制作课程时,采用微课"四化"模型的设计要求,注重在知识可视化、语义情境化、思维结构化、认知情感化等方面的深度挖掘、精耕细作,以此优化课程素材的呈现方式,实现课程素材呈现方式"变脸"。下面将结合具体课程展开详细说明。

知识可视化:心理学揭示了这样一个规律,在人脑感知到的所有信息中,视觉通道获取的信息量最大,达到83%左右,是最优势的感觉通道,相比之下,排第二位的听觉通道所获得的信息量仅占11%左右。正是由于视觉信息更容易吸引人的注意,传递的信息量也更大、更容易记忆,因此我们将其用于知识表达,以此提高信息传递效果。下面是一门具体课程的例子。

在小学数学"巧用 IPAD 辅助学生学习"一课中,老师问学生"一吨有多重呢?"为了让学生们感知一吨究竟有多重,老师做了这样的设计:老师将与孩子们体重

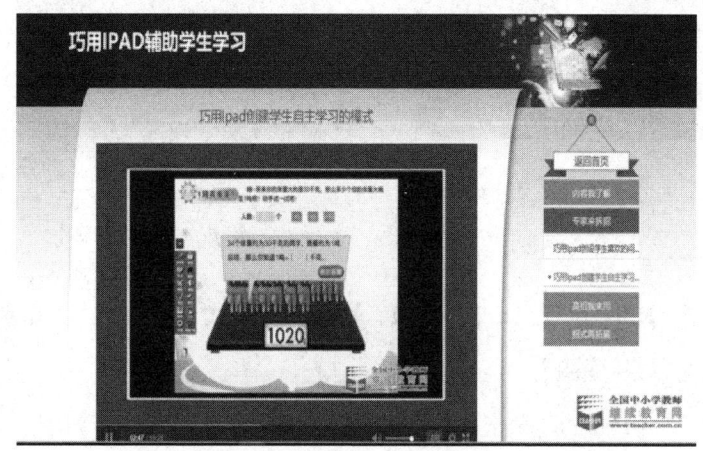

图 9-6 "巧用 IPAD 辅助学生学习"课程学习页面

相差无几的虚拟人物放在称上称，随着小人数量的增加，称的重量也在增加，加到一定数量的小人，重量就达到了一吨。这样的设计就能够让学习者直观感受到一吨究竟有多重，也使抽象的知识具象化，提高了知识传递效果。

语义情境化：认知心理学中的"双重编码理论"指出，"人脑中存在两种功能独立却又相互联系的加工系统：一个是以语言为基础的加工系统，另一个是以意象为基础的加工系统（视觉）。大脑要形成长时记忆，必须在这两个系统中同时进行编码"。根据"双重编码理论"，若向大脑同时出示"语义信息"和相关联的"表象信息"，促进学习者的感知和想象，就能够帮助大脑很好地理解。由此不难看出，课程的情境化水平是影响知识传递效果（双重编码）的关键因素。因此我们的课程注重在"语义情境"上精耕细作，通过创设情境为学员营造身临其境的感觉，以此帮助学员们理解课程传达的内容要点，从而在一定程度上提高学习效果。

如下以英语学科"'声'动思想，活'话'课堂——探索英语交际策略在课堂教学中的有效实施"一课为例，本课中老师通过营造多个场景为学员营造英语沟通交流的情境，以此帮助学员更好地提高英语交际策略。

图9-7 "'声'动思想，活'话'课堂——探索英语交际策略
在课堂教学中的有效实施"课程学习页面

思维结构化：认知负荷理论认为大脑要想真正"理解"信息，就需要将碎片化的信息与大脑中的原有信息共同"打包"形成一个知识结构（称为"图式"），如此才能将这些信息保存到长时记忆中。因此，我们在设计课程和讲授时，非常重视知识的"结构化呈现"，将一切知识放在整体知识结构下开展，并不断强化新知识与原有知识结构的关联，以此提高知识传递效果，优化课程素材呈现方式。

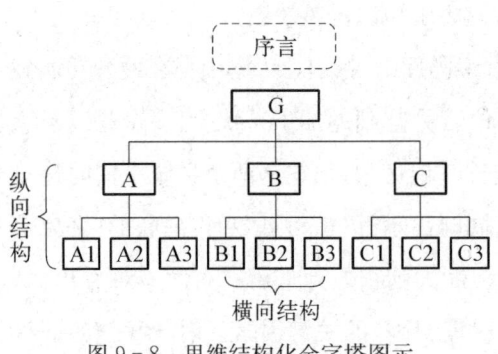

图 9-8　思维结构化金字塔图示

左图是一个金字塔式思维结构化的图示，这张图从纵向结构上，每一组的观点都必须是下一个层次观点的概括；横向结构上，每组各个观点互不重叠且有一定的逻辑顺序。通过这样的思维结构化设计，可以让学员迅速抓住课程要表达的主旨，帮助学员理解知识间的内在逻辑，提高学习效果。下面以小学道德与法治这门学科为例，详细说明课程中的"思维结构化"设计。

图 9-9　"让学生更有获得感——小学道德与法治作业设计攻略"课程学习页面

本课中主讲教师从"主题实践型作业""深度研究型作业""激发潜能个性化作业"三类作业入手,每类作业从作品展示、作业设计、作业特点、适用范围、注意事项等方面着重阐释小学道德与法治学科作业设计攻略,这样的结构化设计可以使学员快速掌握该学科作业设计的内在逻辑,高效学习。本课具体的"思维化结构"如图 9-10 所示。

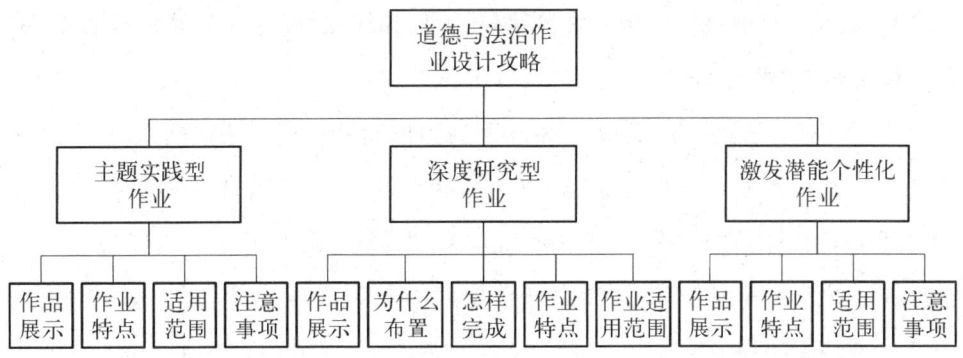

图 9-10 "让学生更有获得感——小学道德与法治作业设计攻略"课程思维化结构图

认知情感化:情绪对于学习的作用,很早就受到心理学家和教育研究者的关注。情感和动机在学习过程中具有重要作用,理论上情感动机和内容认知是同等

图 9-11 "用魔术开启物理课堂之门"课程学习页面

重要的。因此,我们在制作课程时非常关注学习者学习时的心理状态,并通过"游戏互动""魔术猜想""互动设问"等多种方法积极调动学习者的情绪和学习积极性,以此促进学员的认知情感化,提高学习实效。下面以初中物理"用魔术开启物理课堂之门"一课为例,本课伊始,老师通过"如何隔空吸饮料"的魔术猜想来调动学员的学习兴趣,激发学员的学习动机。

3. 采用多样的视频表达方式,增强艺术性和趣味性,提升学员学习体验,实现视频表达"变脸"

为提升学员的课程学习体验,增强学习的趣味性,我们在课程视频表达上"深入研究",制作课程时在借鉴经典电视节目栏目设计、编排风格、影视艺术元素运用等经验基础上,创新设计了"曲艺表演""新闻播报""操作示范""现场演练""手绘动画""场外连线""现场解说"和"直面课堂"等八类视频表达方式。每一类表达方式均是基于课程内容特点,设计新潮的拍摄方式,以全新的拍摄方法实现视频表达方式的"变脸"。

课程在视频拍摄手法上,将多镜头运用于拍摄中,以展现画面的灵动,将不同的艺术元素巧妙组合,凸显视觉上的变化和设计,重视内容情境的创设和学习要

图 9-12 多样的视频呈现形式

点的即时呈现,通过采用连环画、画外配音、实拍讲解内容加手绘风格的叠加设计、弹幕信息、花样录播等多样设计丰富视频的表达形式,实现视频表达的"与众不同"。

4. 尝试多元的资源样态,促进课程美化包装升级,满足学员个性化学习需求,实现课程资源样态"变脸"

以往培训课程多是网页课程,为突破这种单一的课程样态,满足学员的个性化学习需求,我们基于学员学习的实际情况、结合以往课程研发经验,使用当下领先的信息技术、结合视频拍摄、剪辑、包装新技术新手段,创新设计了 MOOC 类、信息图文类、动画类、移动 APP 类等多元课程样态。这样多元的课程样态可以充分满足学员利用碎片化的时间,采用多终端设备随时随地进行学习的需求,丰富了以往教师培训的资源样态,促进了课程美化包装的升级更新,实现了资源样态的"变脸"突破。

图 9-13　多元的课程资源样态

与此同时,为满足学员的学习需求,我们采用多种途径尽可能地拓展学员的学习资源空间,特地为学员搭建了 MOOC 学习精品课程资源库,遴选各学科备受学员好评的精品课程,免费公开供学员自由学习,以此促进学员的学习提升。

图 9 - 14　MOOC 精品课程资源库

经验与创新

1. 率先提出课程变脸"四大维度"的系统解决策略，引领了网络课程开发实践探索

针对不同目标任务，我们构建了以"组织方式""素材呈现""视频表达""资源样态"为核心的"四大维度"课程变脸策略。四个维度从不同的角度解决课程形式变脸的问题，并可以根据不同的需求，分维度组合，使课程更个性化，引领了网络课程开发实践探索。

2. 在教师培训课程特色化运用与实施了微课"四化"设计模型，丰富了教师培训课程的内容表达方式

为了设计出优质的教师培训课程，我们在课程设计开发过程中用微课"四化"

设计模型在"知识可视化""思维结构化""语义情境化""认知情感化"四个方面深入设计,实现该模型在教师培训课程中的特色化运用与实施,在传统的教学设计技巧上进行开拓创新,形成了一系列有特色的独特的课程设计模型,掌握了视频形态下知识表达的新规律、新方法与新技术,丰富了教师培训课程的内容表达方式。

知识可视化

语义情境化

认知情感化

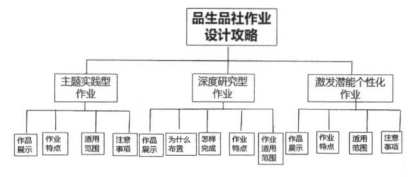

思维结构化

图 9-15 借鉴微课"四化"模型设计的精品课程截图

3. 引入 3D 影视拍摄技术、360/720 全景 VR 拍摄技术、虚拟抠像技术等视频拍摄制作的新技术新手段,提高学习者的参与度与学习效果

在课程制作过程中,除了关注课程本身应该具备的内容品质以外,同时紧跟技术发展步伐,加持目前大热的新技术课程进行深度包装,加强课程视觉体验效果。如 3D 影视拍摄技术通过写实级的三维立体模型制作,对难以用语言描述或用平面方式表达的知识进行全方位立体呈现;利用 360/720 全景 VR 拍摄技术营造虚拟场景使学习者沉浸到真实环境,利用虚拟抠像技术根据课程内容的表达需要替换相应场景,满足学员不断提高的欣赏要求;利用动画包装技术对课程进行三维动画、二维动画、扁平化 MG 动画的包装,使得课程表达更生动活泼;以及利用后期视频配乐、配音、剪辑、特效合成等非线性编辑技术使得课程制作效果更好,艺术创作更能得到多样化的展现。

图 9-16　课程制作创新使用新技术和新手段

4. 借鉴经典电视栏目设计、编排风格、影视艺术元素等进行创意转化,实现课程视觉体验升级

为了使课程上线后有较理想的吸引力,我们对于学习者的心理和视觉需求等问题进行了深入研究。在内容的编排以及选材上,尽量做到吸引学习者,除了自我创新之外,也积极借鉴了经典的电视栏目设计、编排风格、影视艺术元素等进行创意转化,设计出了一系列如曲艺表演式、新闻联播式、百家讲坛式等生动有趣的课程,实现了课程视觉体验升级。

5. 建立"课程形式变革创新团队多方合作联动"机制,实现 1+1>2 的聚合效应

为更好地应对学员需求的不断发展,给学员提供更好的课程服务和体验,我

图 9 - 17 借鉴经典电视栏目设计课程截图

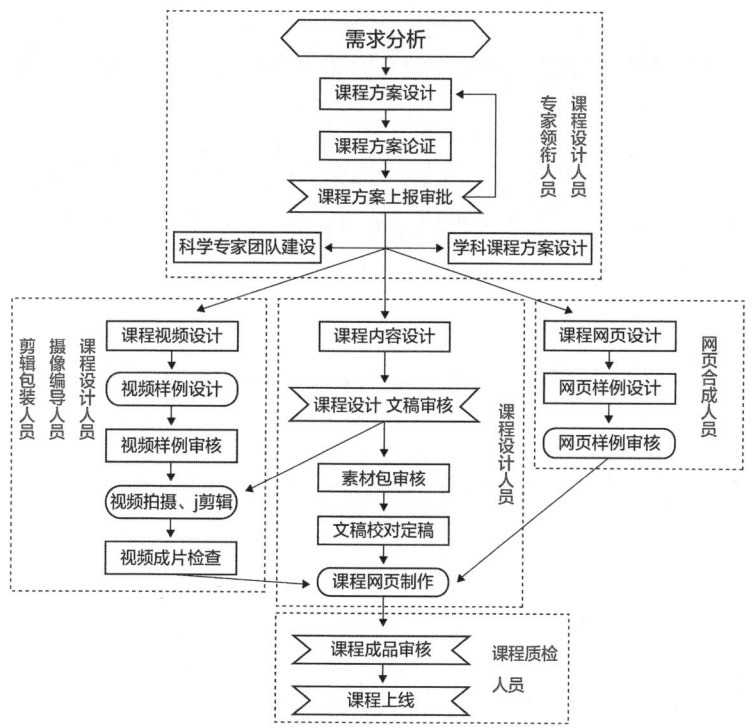

图 9 - 18 课程形式变革创新团队合作流程图

们经过多年实践积累与动态发展,在课程形式变脸的实践探索过程中,不仅探索出一个集"专家领衔人员、课程设计人员、摄像编导人员、剪辑包装人员、网页课程合成人员、课程质检人员"一体的跨部门跨角色的精品课程研制项目小组,在联动目标、联动程序、联动行动基础上形成以专家和课程设计人员为主导,其余小组成员通力配合,发挥各方优势并以项目管理方式运行的多方合作联动机制,实现了高效能的运行模式的创新,实现了 $1+1>2$ 的聚集效应。

思考与展望

一 思考

1. 深度实践国家教师培训课程相关标准是教师培训网络课程形式变脸的基本准则

课程的变脸离不开国家大政策背景,更要依托网络机构的优势充分推动并丰盈国家的各项政策标准。本次课程研发重点以《中小学幼儿园教师培训课程指导标准》《现代远程教育资源建设技术规范》《信息技术学习教育和培训在线课程标准》等标准为准则,实现课程的变脸。

2. 成人学习规律的深度关注是教师培训网络课程形式变脸的重要依据

成人的学习心理与行为过程是一个"知、情、意、行"共同作用的复杂系统,不仅是内容的学习,更是一种富媒体与超文本的多元化学习。我们在课程变脸过程中,重点关注了认知负荷理论及学习金字塔理论,采用不同的学习方式,充分利用看、听、读等多种感官激发学员的学习兴趣,使学习者产生强烈愉快的学习体验,进而产生积极情绪,提升学习效果。学员日益增长的实践需求与体验关注是实现教师培训网络课程形式变脸的根本归宿。

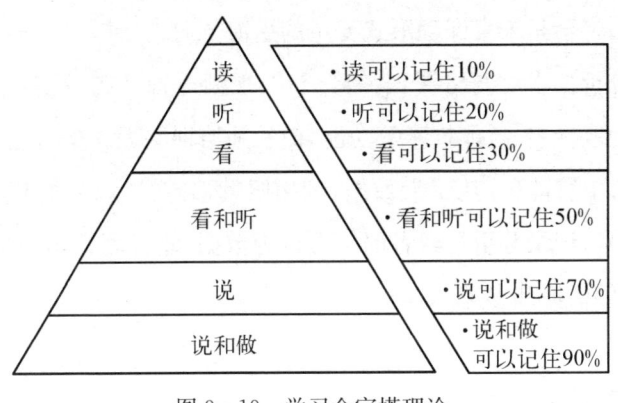

图 9-19　学习金字塔理论

3. 教育新技术的动态引进是教师培训网络课程形式变脸的动力源泉

在信息技术时代下,及时捕捉新技术,并尝试运用于网络课程变脸。新技术的持续动态引进是有效助力课程变脸的动力。

4. 课程研发螺旋式联动机制建立是教师培训网络课程形式变脸的实施保障

在课程研发过程中,我们建立了一套螺旋式联动机制,并打造了一支高效合作团队,为课程变脸形提供有力保障。

5. 四维度课程"变脸"的不断成熟与深化助力教师网络培训行业走向纵深

我们在课程形式变脸的道路上不断探索创新,课程形式由"简单改良"变脸为"新型样态",总结出优秀的课程形式变脸经验并逐步完善实践路径,推动课程变脸走向纵深。对课程形式变脸进行系统化总结与实践,不仅可以发挥成果的辐射作用,而且能够带动行业的发展。

二　未来发展展望

1. 形式必须为内容服务,网络课程形式将会紧紧围绕课程内容的变革及学习体验升级的需求而快速变化,借助人工智能新技术,探索情境化研修与学习资源的深度交互,将会是未来课程形式变革的主流方向。

2. 智能分析技术对网络课程弹幕交互、视频语音及图像信息等进行数据追踪分析,自动抽取标签、智能检索等功能,使教师培训课程互动功能走向深入。

3. 依托人工智能+,基于大数据,利用眼动追踪技术、人脸识别的学情分析等相关智能技术,记录分析学习者的学习行为数据,监督测评学习成效,将会为课程形式变脸提供依据和参考。

案例实践情况

一　应用区域及项目

我们在课程形式变脸课题上经历了三年的探索,成立了专门研究网络课程形式变革的研究团队,不断精进,在课程"变脸"方面取得了很大的突破,探索出了一套成熟的课程研发模式。课题研究在不断更新迭代的同时,被广泛运用于全国 31个省市自治区的国培、省培、部分市县的教师培训项目中。近三年在全国各省市累计应用于 984 个项目,累计服务 246+万教师,学员普遍反响较好,同时深受地方教育行政部门、校长的欢迎和认可。

表 9-2　近三年重要项目统计表

项　目　名　称	完成项目总数	应用区域	应用人数
网络研修与校本研修整合项目	45 个	覆盖 23 个省	11.25+万
教师工作坊研修项目	38 个	覆盖 29 个省	9.5+万
中小学教师信息技术应用能力提升培训	118 个	覆盖 31 个省	29.5+万
区域教师全员培训	49 个	覆盖 27 个省	12.25+万
教师专业发展全员培训	32 个	覆盖 13 个省	8+万

项　目　名　称	完成项目总数	应用区域	应用人数
骨干校长智慧校园建设高端研修项目	19 个	覆盖 15 个省	4.75＋万
名师成长密码与风格凝练高端研修项目	28 个	覆盖 20 个省	7＋万
班主任教师职业素养与育人能力提升项目	18 个	覆盖 8 个省	4.5＋万
培训者培训能力提升项目	10 个	覆盖 7 个省	2.5＋万
校园长信息化领导力提升培训项目	20 个	覆盖 18 个省	5＋万
教研员专业素养与引领能力提升培训项目	17 个	覆盖 15 个省	4.25＋万
新教师"三把火""三板斧"培训项目	35 个	覆盖 29 个省	8.75＋万
教育督导人员专业能力与岗位提升培训项目	11 个	覆盖 10 个省	2.75＋万
做"四有""四引"好教师专题培训项目	31 个	覆盖 16 个省	7.75＋万
教师综合素养"模块式选学"系列专题培训项目	22 个	覆盖 10 个省	5.5＋万
教师幸福人生专题培训项目	18 个	覆盖 8 个省	4.5＋万
基于核心素养的课堂教学转型培训项目	32 个	覆盖 21 个省	8＋万
"有效教学"能力提升系列专题培训项目	44 个	覆盖 26 个省	11＋万
新课程理念下学科课程与内容理解系列专题培训项目	20 个	覆盖 11 个省	5＋万
中小学教师"上好课""命好题"系列专题培训项目	21 个	覆盖 9 个省	5.25＋万
学生核心素养与教师关键技能培训项目	17 个	覆盖 10 个省	4.25＋万
班主任六项核心技能研修与实践专题培训项目	31 个	覆盖 16 个省	7.75＋万
"家校共育"系列专题培训项目	23 个	覆盖 10 个省	5.75＋万
精品课例锤炼"做中学"项目	51 个	覆盖 18 个省	12.75＋万
"练中凝、变中建"的名师教学风格凝练实践指导项目	20 个	覆盖 7 个省	5＋万
基于"研究中改进，实践中发展"的特色学校建设项目	35 个	覆盖 15 个省	8.75＋万

项 目 名 称	完成项目总数	应用区域	应用人数
基于网络研修引路的校本"四轮驱动"同步实践导引项目	22 个	覆盖 31 个省	5.5＋万
名优校园长的职业素养与特色学校建设高端研修项目	55 个	覆盖 28 个省	
学校特色发展专题高级研修项目	21 个	覆盖 8 个省	5.25＋万
高考改革视域下的高中课程教学改革高级研修项目	30 个	覆盖 14 个省	7.5＋万
基于教研转型与教学方式变革实践的教研员高级研修项目	25 个	覆盖 11 个省	6.25＋万
骨干班主任的育人风格与班级管理能力提升高端研修项目	17 个	覆盖 4 个省	4.25＋万
中小学创客教育发展研究与实践高级研修项目	9 个	覆盖 2 个省	2.25＋万
总计：	984 个	覆盖 31 个省	246＋万

二　应用人数

近三年在全国各省市累计应用于 984 个项目,累计服务 246＋万教师。

三　应用方式及成效

1. 减轻了学员的认知负荷,提高了知识传递效果

我们在课程设计过程中,充分利用微课"四化"设计模型,即知识可视化、语义情境化、思维结构化、认知情感化来提高课程内容的表达,使其能以最直接的方式将深藏于内的内容以极易于识别与记忆的方式外显出来,提高了知识传递效果,减轻了学员的认知负荷。下面是学员在学习中的评价反馈,详情见图 9-20。

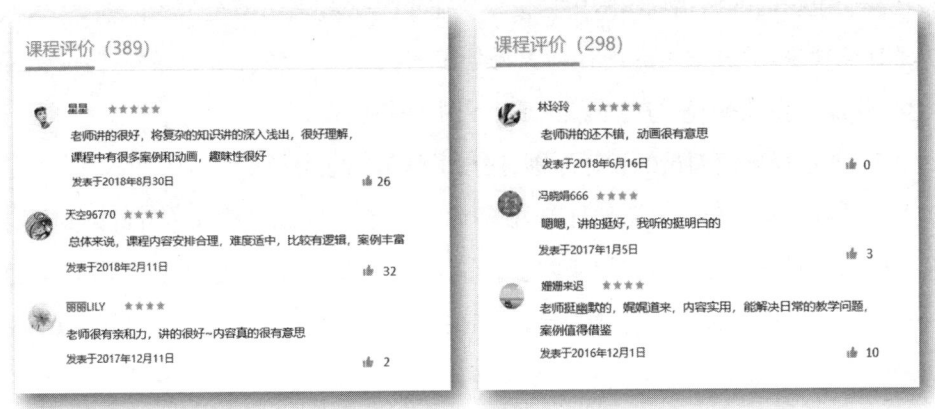

图 9-20　学员在学习时的评价反馈

2. 增强了学员学习的内在动力，提高了学习效果，提升了学习品质

"四大维度"课程变脸的创新尝试，生成了一系列实践性、情境化、激趣型的精品课程，这些课程的应用提高了学员学习的积极性、趣味性和体验感。例如云南

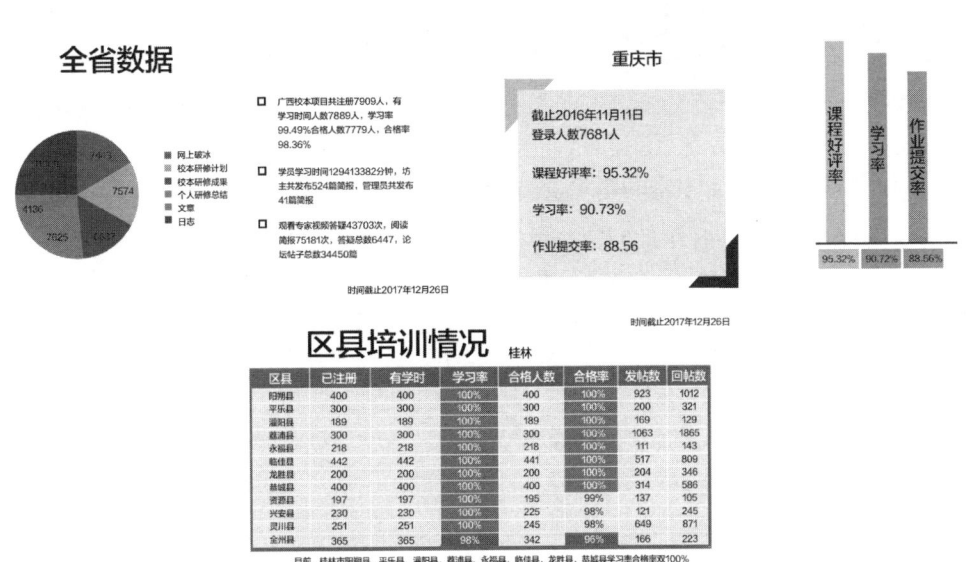

图 9-21　多省市学员课程学习统计率

省在我们组织的网络培训过程中挂机率从往年50％左右下降至20％左右,大大减少了挂机现象,学员学习的内在动力得到了大大提升。各省市的课程好评率、学习率、作业的完成率,参与度等都出现了大幅度的提升。

3. 课程视频短而精的设计原则,提高了学员的学习效率

在课程时长的设计上,每段课程视频原则上不超过20分钟,学员可以利用碎片化时间随时学习,同时,我们还创新设计了VR、AR、动漫、信息图文等课程,这种小而微的课程时长简短,主题突出,同时支持学员手机端移动式学习,可以使学员随地学习,有效提高了学员的学习效率。

图9-22　多终端支持学员学习

4. 为学员提供了丰富的学习支持,助力了学员的专业成长

我们在课程设计时注重为学员提供方法策略的引导以及典型案例的参考、提

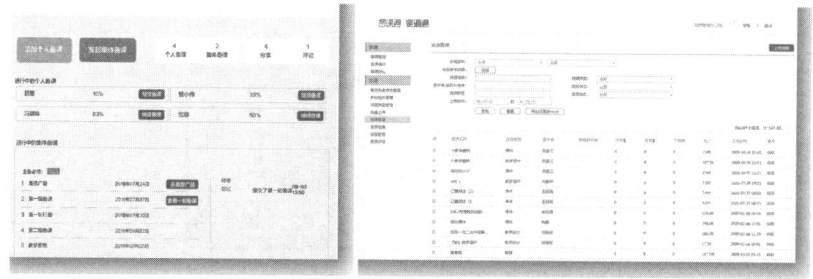

图9-23　学习平台的支持功能截图

升学员问题解决能力,并且为学员提供了丰富的学习及工作支持工具,如协同备课功能、大量的备课资源库等内容,延伸了学员的学习,为学员的专业成长助力。

案例开发档案

案例归属单位:全国中小学教师继续教育网

案例开发时间:2016 年—2018 年

案例开发团队:

姓　名	工 作 单 位	学科背景/职称	主 要 贡 献
张晓明	全国中小学教师继续教育网	教育管理/教授	项目定位、整体规划
毕田增	全国中小学教师继续教育网	语文/教授	领衔专家代表、顾问
李安民	全国中小学教师继续教育网	英语/教授	领衔专家代表、顾问
张德娟	全国中小学教师继续教育网	教育技术/讲师	统筹协调、方案设计
吴海燕	全国中小学教师继续教育网	教育学/硕士	方案设计、实施
林　珊	全国中小学教师继续教育网	教育技术/硕士	方案设计、实施
管凤梅	全国中小学教师继续教育网	思想政治教育/硕士	方案设计、实施
冯　娟	全国中小学教师继续教育网	数学/硕士	方案设计、实施

案例十

基于多方互动构建区域教研共同体的幼儿教师专业发展行动策略

山东省潍坊市奎文区学前教育研究院

主题类别：培训项目的专业化规划

关 键 词：多方互动、区域教研共同体、
幼儿教师、专业发展

背景与问题

多方互动的区域教研共同体是在一定的共同价值观和愿景引领下，由高校专家、区域教研员和幼儿园教师参与，以"互助、协作、开放、共享"的共同体文化为核心，围绕具有情境性的研究主题，共同致力于解决幼儿园保教工作中存在的实际问题，在研究过程中进行持续、递进的沟通、交流、反思、研讨，由此形成成员间相互影响、相互促进的良好人际关系，丰富成员的专业知识，提升成员的专业能力，塑造成员的专业精神，最终促进幼儿教师专业成长，进而提高幼儿园保教质量的研究型组织。

富有成效的幼儿教师培训策略一定是植根教师工作情境，基于教师实际需要，解决教师实践问题的"真探索""真实践"，达成的结果也是"真有效"的。构建多方互动的区域教研共同体就是整合促进幼儿教师专业成长的三股核心力量（幼儿园教师、区域教研员、高校专家），植根教师工作情境，基于教师实际需要，解决教师实践问题，破解制约幼儿教师专业发展的"学得会但用不了、用得了却深不下"问题的有效策略。

一　　构建多方互动的区域教研共同体的必要性

教研是运用科学的理论和方法，有目的、有意识地对教学领域中的现象进行研究，以探索和认识教学规律，提高教学质量的活动，教研是使教育发生变化并获得威力的关键。增强幼儿教师的教研能力,使教师将日常的教育教学工作与教育教学研究、个人专业成长融为一体,形成在研究状态下工作的专业生活方式,是深化当前学前教育改革的迫切要求,也是提升幼儿教师专业水平的有力抓手。

但是纵观目前幼儿园开展的教研活动,普遍存在着幼儿教师参与教研的内驱力不足、教研内容与幼儿园实际工作中的真实问题脱节、教研主持人水平有限,无法推进研究走向深入、园际间缺乏交流协作,教研人员组成同质化严重,忽略教研团队文化建设,缺乏真诚、坦率、高效率、高质量的交流沟通等突出问题。

为此,构建高校专家、区域教研员、幼儿园教师共同参与的区域教研共同体,提升幼儿教师参与教研、主动追求专业成长的内驱力,建立"互助、协作、开放、共享"的共同体文化,探索推动共同体有效运行的策略就显得尤为重要。

二　构建多方互动的区域教研共同体的重要价值

在区域教研共同体中,来自幼儿园一线的教师是教研共同体的核心和主体,具有研究者和实践者的双重身份;高校专家是教研的中坚力量,可以发挥其学术优势,引领一线教师开展针对幼儿园保教实际工作中存在的突出问题的研究工作;而区域教研员是高校专家与一线教师之间交流与协作的纽带,负责协调各方面的关系,保障教研活动正常开展并推动教研活动走向深入。

多方互动的区域教研共同体借助共同的愿景和目标,将每个参与者的力量凝聚在一起,借助持续不断、层层递进的研究,推动共同体中每一个成员获得长足的发展,尤其是在研究过程中,帮助一线教师借助专业的教研活动,找到自我成长的价值和专业发展的幸福,在提升专业发展自觉意识的同时,激发专业精神,提升专业能力,努力追求做最好的教师,从而收获职业的幸福,找到生命的意义。

幼儿园的保教质量源于高素质的幼儿教师。中共中央、国务院于 2018 年 1 月

20 日印发的《中共中央 国务院关于全面深化新时代教师队伍建设改革的意见》明确了"教师是教育发展的第一资源"的重要地位,再一次强调了"培养高素质教师队伍"的重要意义以及教师对教育质量提升的决定性作用。同样,幼儿在幼儿园期间高质量的童年生活和高质量的发展水平一定源于幸福的、专业化的幼儿教师。具有专业知识、专业能力和专业精神的幼儿教师也一定会为幼儿的健康幸福成长提供重要的发展支持。

三 "基于多方互动构建区域教研共同体的幼儿教师专业发展行动策略"实践案例解决的主要问题

1. 解决了多方互动的区域教研共同体建设与有效运行的问题;
2. 解决了以协作教研推动教师专业发展的实施路径的问题;
3. 解决了"互助、协作、开放、共享"的区域教研共同体文化建设,形成教师专业发展长效机制的问题;
4. 解决了教研成果转化利用和辐射推广,促进教师队伍专业化成长和区域保教质量提升的问题。

四 对"基于多方互动构建区域教研共同体的幼儿教师专业发展行动策略"加强探索实践的必要性

当前有关教研活动推动幼儿教师专业发展的研究多集中在两个方面,一是集中在园长教师介绍本园的教研经验方面,但缺乏异质成员参与的教研共同体建设方面的研究;二是集中在高校研究者在学理层面上探讨教研的内涵与意义方面,对教研活动的开展缺乏来自实践层面的有针对性的建议。本研究弥补了前面两类研究的不足,形成了高校专家、区域教研员、幼儿园教师参与的异质研究共同体,历经三年时间,逐步研究探索出了"以园为本、持续跟进、专家引领、同伴互助"的多方互动的互助协作策略,有效推动了幼儿教师专业发展,具有典型性、示范性、可操作性、可借鉴性,应用价值和实践推广价值较高。

问题解决思路

本研究最初起因是源于 2015 年底,山东省潍坊市奎文区国办幼儿园在发展过程中遇到了突出的问题:幼儿园建园十多年,教师队伍发展到达了瓶颈期——教师成长缺乏动力,专业发展没有引领,教研活动低质低效,保教质量在相对较低的水平重复,无法提升。鉴于此,奎文区国办幼儿园建立发展共同体,主动对接高校专家,拉开了实践研究的帷幕。针对多方互动的区域教研共同体建构问题,我们采取大量的实践调查和问卷访谈,了解幼儿教师队伍发展中存在的问题及其原因,并针对问题进行了深入的理论探讨与实践研究,在此基础上提出了比较具体的应对策略,使其既具有理论上的引领性,又具有实践上的操作性。

一　问题解决的过程

问题解决的过程经历了三个阶段。

一是查阅文献与实践调查阶段(2015.10—2016.01)。这一阶段主要是大量查阅国内外有关教研共同体建设和教师专业发展的研究成果,开拓视野,寻找理论支撑,并通过对奎文区国办幼儿园园本教研活动的现状进行调研,在对教师进行访谈和问卷调查的基础上,梳理问题,确立了研究方向、研究目标和研究内容。

二是理论指导下的实践研究阶段(2016.01—2018.09)。这一阶段主要是针对多方互动的区域教研共同体运行机制开展研究,探索共同体组织运行、专题研究、文化建设、成果辐射等问题,同时邀请山东女子学院董旭花教授参与区域教研共同体的实践探索。在此过程中灵活运用了系统管理、目标管理、计划管理；项目研究、学习型组织建设、团队建设等一系列组织策略和运行方法，实现了教研共同体有效运行、推动幼儿教师专业发展的目标。

三是实践检验和总结梳理阶段（2018.09—2018.10）。这一阶段主要是梳理研究成果并进行辐射带动，在辐射带动过程中继续调整深化研究，使其更具有针对性与实效性。研究期间，多方互动构建区域教研共同体的模式被潍坊市教科院借鉴运用于全市骨干园长和骨干教师培养，成立了专家引领下的骨干园长和骨干教师发展共同体；潍坊市域内其他县市区如临朐市、昌乐县以及寿光市文正教育集团等也借鉴此种模式开展了多方互动的教研共同体建设研究，以提升骨干园长和教师的专业素养。与此同时，潍坊市域层面还将研究内容从提升不同类别人员专业素养扩展到研究保教工作的不同范畴，成立了研究运动领域和音乐领域的区域教研共同体，使教研成果辐射面更广。

二　问题解决的思路

1. 理清四点要素，构建多方互动的区域教研共同体

经过三年的实践探索，我们建构了"以园为本、持续跟进、专家引领、同伴互助"的多方互动区域教研共同体。

下面对其中四点核心要素进行简要分析。

以园为本：园本教研的核心要义是"在本园中，基于本园，为了本园"。尽管本研究构建的是区域教研共同体，但我们坚持教研现场立足幼儿园实际，教研问题借由教师访谈寻找、借由问卷调查产生，确保研究目标是为了促进幼儿园保教质

图 10-1　多方互动的区域教研共同体四要素

量的提升,牢牢把握教研的方向和价值追求。

持续跟进: 制约幼儿园保教质量提升的问题不是一朝一夕能解决的,它需要有中长期的研究目标作为引领,需要有层层分解的短期目标和层层递进的教研内容持续不断地跟进,才能达到"水滴石穿"的教研效果。本研究针对幼儿园区域活动、集体教学活动等保教工作实际问题,以中长期目标为引领,并注重分解为短期目标,持续不断、层层递进地推动,收到了很好的效果。

专家引领: 一线的幼儿教师尽管拥有丰富的实践经验,但是理论水平相对薄弱,既不善于用理论指导实践,也很难将具体的教育教学实践问题置于专业的理论背景中进行考量。因此,专家引领就显得尤为重要。2016 年 1 月,奎文区学前教育研究院聘请山东女子学院董旭花教授担任专家,于每月参与区域教研共同体实践研究,与区域教研员和幼儿园教师共同运用"理论——实践"循环互动的研究方式,帮助教师讨论和思考教育实践中的问题与现象,寻求深层次的原因并寻找相应的解决策略,扎实有效地引领幼儿教师专业成长。

同伴互助: "有意义的同伴互动,在于构筑对话的平台,在于运用教师们共创的话语系统进行交流、沟通、分享和协商。这样做,不只是在解决教学的技术性问题,而且是在更高的水平上产生合作学习、共同建构的意义"。在多方互动的区域教研共同体中,同伴是重要的研究伙伴和研究资源,通过同伴间的同课异构,借助同伴间的相互启发、对话、碰撞、分享、互助,教研有效促进了每个成员专业水平的提高。

2. 抓牢五个建设,探索区域教研共同体推动教师专业发展的实施策略

(1) 内驱力激发:构建"幸福教师心理动力模型",提升教师专业成长内驱力

在研究初期,我们通过对教师的座谈和调研发现,相当一部分教师对教研活动并无热情,只是当成一种必须执行的任务。究其原因是幼儿园缺乏教研管理的有效机制,缺乏关注教师个体主观能动性的策略,缺乏能发挥引领作用的教研主持人等客观因素,但与教师个人缺乏自我认同、自我实现的愿望和对职业信念的持久追求等主观因素也有很大关系。为此,我们创造性地提出了"一个核心、三条根本、八项原则"的"幸福教师心理动力模型"。

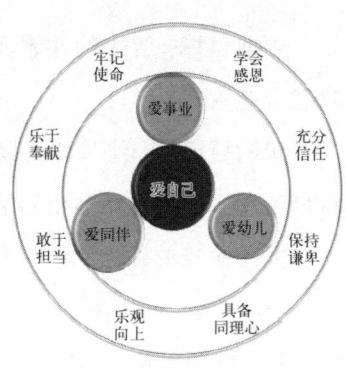

图 10-2　幸福教师心理动力模型

　　我们引导教师围绕一个核心——"爱自己",关注三条根本——"爱事业、爱幼儿、爱同伴",落实八项原则——"学会感恩、充分信任、保持谦卑、具备同理心、乐观向上、敢于担当、乐于奉献、牢记使命",从而激发教师形成不断完善自我,做"最好的教师"的内在动力,树立热爱幼儿教育事业、爱护幼儿、与同伴和谐相处的理念,形成积极乐观、主动发展、保持个性、和谐共融的精神风貌,从而达到《幼儿园教师专业标准(试行)》中强调的"理解幼儿保教工作的意义,热爱学前教育事业,具有职业理想和敬业精神"的目标。

(2) 愿景建设:建构拥有共同愿景和目标的区域教研共同体

　　共同体三要素涵盖"关系、组织、目标",共同的目标是共同体存在与发展的前提。多方互动的区域教研共同体要想凝聚专家、教研员、教师三方力量,形成共研共进的氛围,建构共同的愿景和目标就显得尤为重要。

　　• 建构共同发展愿景,凝聚三方力量

　　多方互动的区域教研共同体虽然由高校专家、区域教研员、幼儿园教师组成,但是大家都有一个共同的愿景,那就是致力于打造"温馨、和谐、高效、快乐"的教研共同体,在促进每个共同体成员专业成长的同时,提升区域内学前教育发展水平,提高幼儿教师专业素养和幼儿园保教质量。共同愿景凝聚着共同体成员的共识,鼓舞着大家的干劲,推动研究不断深化。

　　• 形成多层次发展目标,实现共同追求

　　在多方互动的区域教研共同体中,我们确立了不同层次的发展目标。

　　长期目标:实现区域内幼儿园保教质量的共同提升。

中期目标：解决幼儿园教师专业成长的路径和策略问题，提升教师职业幸福感和专业素养。

短期目标：围绕具体的保教问题开展研究，如集体教学活动提问与回应策略、区域活动中教师观察与指导策略等。

共同愿景的确立和层层分解、相互支持的目标系统，明确了共同体奋斗的方向，汇聚了大家的力量。

(3) 组织建设：形成多方互动的区域教研共同体运行机制

• 巧设组织架构。为确保区域教研共同体有序组织，高效运行，我们成立了由区域教研员任组长、各幼儿园园长任副组长的管理机构，同时还下设会务组、宣传组、文字实录组、作业评价组等不同的工作小组，各组人员分工协作，互相配合，共同完成整个区域教研共同体的组织运行工作。

• 建构园际中心教研组。我们根据教师的不同专长，设立了六个园际中心教研组，作为区域教研共同体下设的二级教研组织开展研究工作，每个组设组长 1 人，副组长 2 人，成员 6 人。所有成员均采用自愿报名，双向选择的办法产生。每一届中心教研组任期两年，两年结束后再次进入遴选程序产生新一届中心教研组成员。

• 建立各项制度。为确保区域教研共同体严密组织、有序运行、务求实效，我们逐步建立了基础类、功能类、提示类、模版类四大类 20 余条制度，有效确保了区域教研共同体正常运转，发挥作用。

表 10-1　多方互动的区域教研共同体制度建设目录

类　别	序　号	制　度　名　称
功能类	1	教研、读书学习制度
	2	教研组组内管理制度
	3	教研组评价制度
	4	区域教研共同体与幼儿园园本教研、教师层级发展对接制度

类 别	序 号	制 度 名 称
功能类	5	考勤制度
	6	作业制度
	7	中心教研组组长经验交流制度
	8	研课制度
	9	团队建设制度
	10	教研组师带徒制度
基础类	11	会务人员岗位职责
	12	教研组组长工作职责
	13	教研组骨干教师职责
提示类	14	学员须知
	15	承办园所须知
模板类	16	教案模板
	17	活动实录模板
	18	教研记录模板
	19	活动总结模板
	20	成果册模板

● 形成发展路径。围绕多方互动的区域教研共同体建设,我们梳理了共同体研究路径、共同体教研流程等,在有效实现区域教研共同体自身发展、高效运行的同时,最大化地实现研究成果的可传播、可分享、可复制、可移植。

➢ 多方互动的区域教研共同体研究路径:问题驱动——专题研讨——反思调整——提炼模型——实践检验——固化成果——区域辐射。

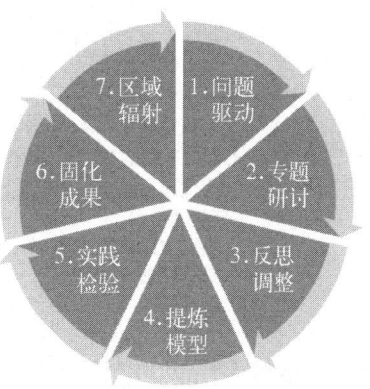

图 10 - 3 多方互动的区域教研
共同体研究路径

该路径不仅指向区域教研共同体内部的研究和发展,还将研究成果辐射到区域(共同体成员每年要向全区展示优秀课例、汇报区域活动研究成果,成员要交流研究收获,并作为奎文区全员培训授课讲师进行分享)、市域(每年提供高质量的优质课、示范课全市展示,成员在全市园长教师培训活动中作为授课讲师分享交流)乃至省域层面(研究成果"科学领域集体教学活动有效提问与回应策略的园本教研"入选2016年山东省幼儿园教师远程研修课程资源,面向全省幼儿教师推广),形成教育研究——成果孕育——成果孵化——成果辐射的路径,同时,辐射的成果进一步激发着共同体成员的研究动力,提升着成员的研究能力,形成了双向激励的良好效果。

➢ 多方互动的区域教研共同体教研流程:为确保每次专家引领的教研活动取得实效,我们设计了园本教研——园际教研——区域教研——专家引领教研的"四层次"和从一研到六研的"六阶段"教研流程,让教研实实在在解决教育实践真问题。

表 10 - 2　多方互动的区域教研共同体研课流程

时　间	活　动　内　容	负　责　人	活　动　形　式
第一周一研	由领域教研组组长发起,本组的两名副组长分别在各自园所与本园组内成员商讨确定活动方案,并进行试课、研课。	组长/副组长	合作确定内容后分头实施
第二周二研	组长组织全体组员集中在一个幼儿园进行选课、研课,通过两名组长教学活动研讨,优中选优确定最佳执教人选,并研磨调整建议。	组长	领域组内共研
第三周三研	确定为执教专家带教研究课的教师在自己园所开展教学实践,将活动优化调整后,由本园业务园长带领下的研究小组听课指导。	业务园长	种子教师所在园所领域组内共研
第四周四研	研究课调整趋于完善后,由区域教研员带领国办园业务园长对本次专家带教活动准备执教的全部活动进行集中指导。	承担展示任务的园所业务园长	集体共研

时　间	活　动　内　容	负责人	活动形式
第五周 五　研	在1—2月一次的专家带教活动中展示,接受专家指导、点评,将活动调整完善,打磨成优秀教学活动。	承担展示任务的园所业务园长	专家带教
第六周 六　研	根据专家及共同体所有成员的指导建议,调整完善活动方案并上交会务组。根据个人需要,如需将完善后的活动进行再次展示的,提前上报会务组,在下一轮的专家带教活动中进行展示。	各园业务园长	反思调整

●搭建交流平台。为强化共同体间的沟通互动,我们除了建立线下的互动教研外,还建立了QQ群、微信群、电子邮箱,设立了多种线上交流平台。同时,还借助网络云盘建构共同体成员间共享的资源库(各类文献、教案、课件、观察记录、反思随笔、读书笔记等),真正发挥实践导向的区域教研共同体共建共享的作用。

●抓牢评价激励。评价和激励是推动区域教研共同体有效运行的重要因素。我们采取自评与他评相结合的原则,根据共同体成员参与教研活动、提供研讨课例、即时反思调整、撰写读书心得、按时完成作业、承担经验分享等方面设计评价指标,推动教研组成员形成积极投身教学研究,勇于承担课例展示,善于总结梳理经验、乐意互助分享交流的良好意识,同时,借助重塑教师专业发展目标的目标激励、促进教师更新理念和知识的学习激励,推动组长带动组员的"师带徒"责任激励等方式,推动区域教研共同体成员提升个人专业素养,构建和谐共融的共同体文化。

(4) 活动建设:开展多层面的教研活动,拓宽教师专业成长空间

●开展丰富的专题研究,解决教师实践问题。我们开展的区域教研共同体活动按研究内容的不同,分为学习活动、游戏活动、运动活动类的教研;按研究类型的不同,分为集体教学活动、区域游戏活动的教研;按研究专题的不同,分研究环境创设与材料投放、研究教学策略、研究幼儿学习与发展评价等的教研,有效解决教师在实践中遇到的真问题。

• 选择多种实用的方法，力求教研活动有实效。在研究活动中，我们针对研究问题，灵活采用一课六研、同课异构、案例分析、观点辩论、优秀课例观摩评析、参与式教研、现场评析式教研等多元、丰富、有效的教研形式和方法，极大地调动了参与教师的积极性，收到了良好的教研效果。

(5) 文化建设：催生"互助、协作、开放、共享"的共同体文化

真正发挥教研共同体长远影响作用的核心要素是人的观念、意识、价值体系与文化。我们在建构以人为本的教研制度和教研文化基础上，注重给教师以归属感和安全感，为教师营造民主、和谐、宽松、愉悦的教研氛围，让教师在教研中发挥主体作用，强化团队精神文化建设。我们提出了"做最好的自己，成就最精彩的团队"的愿景；提炼了"伴爱成长，精彩绽放"的口号；倡导了"乐学、爱上、大胆说"的实践文化，推动教师形成"乐向书本学习、乐向专家同伴学习，在学习中思考，在借鉴中反思，坚持不懈，持之以恒，终将所学内化于心，外化于形""爱上课、爱研课，勇于探索、大胆创新，敢于尝试，融会贯通，形成自己的知识体系和教学风格""大胆表达自己的见解，诚恳给予他人建议，知无不言，言无不尽，智慧碰撞，成果共享，取长补短，互促共进"的精神风貌，最终形成"互助、协作、开放、共享"的教研共同体文化。

经验与创新

<table>
<tr><td>一</td><td>案例创新点</td></tr>
</table>

本实践案例的创新点主要体现在以下几个方面。

一是教研共同体建设与运行机制的创新。本研究构建了由高校专家、区域教研员、幼儿园教师参与的异质研究共同体，探索教研共同体内驱力建设、愿景建

设、组织建设、活动建设、文化建设的运行机制,推动幼儿园教研走向深入。多方互动的区域教研共同体建设与运行机制具有典型性、示范性、可操作性、可借鉴性,实践推广价值较高。

二是教研文化建设融入教研团队建设的创新。本研究成果在构建多方互动的教研共同体的同时,注重"幸福教师心理动力模型"建设和良好教研文化建设,解决教师专业发展内驱力不足的现实问题,让教师的内在自我成长与外在职业生涯同步和谐发展。

三是区域教研共同体引领教师专业发展实施路径的创新。本研究融合了多种教研实践途径和教师专业发展途径,探索了问题驱动——专题研讨——反思调整——提炼模型——实践检验——固化成果——区域辐射的研究路径,开发了园本教研——园际教研——区域教研——专家引领教研的"四层次"从一研到六研的"六阶段"教研流程,让教研实实在在推动幼儿教师专业发展,提升了全区乃至全市幼儿园保教质量,形成了共融共进的教研文化生态系统。

二　实践层面上的主要成果

伴随教研活动逐步深入,共同体内教师的专业精神、专业能力和专业知识不断提升,越来越多的教师体会到专业发展带来的职业幸福感和成就感,理论水平和实践能力也显著提升。自开展项目实施以来,共有 18 名教师执教的优质课获得国家、省、市级奖励,121 人次获评齐鲁名师、省特级教师、省教学能手等省、市级荣誉。

三　文本层面上的主要成果

在区域教研共同体的研究带动下,潍坊市奎文区教师的理论水平得到了显著提升,研究期间撰写了 86 篇论文在山东教育《幼教园地》等刊物发表,同时还有论文获奖,出版了《幼儿园户外环境创设与活动指导》《幼儿想象力培养 156 种方法》《幼儿园主题活动课程教师指导用书》《幼儿研究与支持》《幼小衔接教育活动指导》等多部著作,教师专业成长的自信心和荣誉感进一步加强。

思考与展望

构建多方互动的区域教研共同体是一项牵涉多方人员、多种资源,需要高校、地方教科研部门、各幼儿园共同参与的系统工程。回顾三年研究历程,我们发现项目仍然存在很多问题,今后我们需要改进以下工作,以便于推进实践工作持续深入开展,取得更大成效。

优化顶层设计。对本区域内幼儿教师专业发展相关机制、区域教研机制并线思考,并与幼儿园园本教研机制有效衔接,做好架构科学、层次分明的顶层设计,避免互相影响、相互矛盾的情况出现。

建立完善机制。建立完善、科学、系统的研训机制,将教研、培训和教师专业发展捆绑设计,让教研成果转化为推动区域幼儿教师专业发展的培训内容,有效衔接,互为促进。

做好辐射带动。全面、系统的优化研究成果,创造性地建立教研成果转化机制,为区域保教质量提升贡献更大的力量。

案例实践情况

多方互动的区域教研共同体建构模式不仅在奎文区发挥着良好的作用,还由潍坊市教科院推广到全市,借助该模式所建构的市级层面推动骨干园长和骨干教师专业成长的区域教研共同体也收到了良好的效果。同时,该模式还被推广应用到了潍坊市其他县市区,如临朐市、昌乐县、寿光市文正教育集团等。通过开展多方互动的区域教研共同体建构活动,提升了园长和教师的专业素养,也推动了潍坊市幼儿园保教质量的提高。

案例开发档案

案例归属单位:山东省潍坊市奎文区学前教育研究院

案例开发时间:2015.10—2018.10

案例开发团队:

姓　名	工作单位	学科背景/职称	主要贡献
张海豫	山东省潍坊市奎文区学前教育研究院	学前教育/高级教师	负责本项目的整体思路、项目目标、项目内容、项目实施过程、项目实施方法的确定,并主持整个项目实施过程
董旭花	山东女子学院	学前教育/正教授	作为高校专家,参与整个项目活动,对活动中的理论进行提升,对实践进行指导
周桂芳	山东省潍坊市奎文区樱园幼儿园	学前教育/一级教师	参与项目研究,实践应用,反思调整
张岩	山东省潍坊市奎文区育华幼儿园	学前教育/高级教师	参与项目研究,实践应用,反思调整
纪敬东	山东省潍坊市奎文区实验幼儿园	学前教育/高级教师	参与项目研究,实践应用,反思调整
王晓红	山东省潍坊市奎文区直机关幼儿园	学前教育/一级教师	参与项目研究,实践应用,反思调整
王海霞	山东省潍坊新华幼儿园	学前教育/高级教师	参与项目研究,实践应用,反思调整

案例十一

市域内"读书与写作"共同体
促进教师专业发展的培训实践案例

山东省荣成市教育教学研究培训中心

主题类别：教师培训及管理模式的创新

关 键 词：读书与写作、共同体、教师专
业发展

背景与问题

近几年,从中央到地方都非常重视教师的专业发展,2012 年颁布的《国务院关于加强教师队伍建设的意见》指出,要"建立教师学习培训制度。建设教师网络研修社区和终身学习支持服务体系,促进教师自主学习。中小学教师队伍建设要以农村教师为重点,采取倾斜政策"。

《国务院办公厅关于印发乡村教师支持计划(2015—2020 年)的通知》指出,要"全面提升乡村教师能力素质。按照乡村教师的实际需求改进培训方式,增强培训的针对性和实效性"。

2012 年《教育部 国家发展改革委 财政部关于深化教师教育改革的意见》指出,"创新教师培训模式。适应教学方式和学习方式的变化,重点采取置换研修、集中培训、校本研修、远程培训等多种有效途径,大力开展中小学(幼儿园)特别是农村教师培训,不断增强培训的针对性和实效性。促进教师自主学习"。

2018 年《中共中央 国务院关于全面深化新时代教师队伍建设改革的意见》指出,"全面提高中小学教师质量,建设一支高素质专业化的教师队伍。提高教师培养层次,提升教师培养质量。开展中小学教师全员培训,促进教师终身学习和专业发展。转变培训方式,推动信息技术与教师培训的有机融合,实行线上线下相结合的混合式研修。推行培训自主选学,实行培训学分管理,建立培训学分银行"。

近年来荣成市政府也非常重视教师的专业发展,近两年每年投入专项经费

300万,用于加强教师的培训。教育局也将教师的专业发展作为年度重点工作、创新工作、双提工作。教研培训中心根据各级的要求,进行了六大类专业培训,但在实际工作中存在这样三个问题:一是农村教师参训机会少,区域教师发展不均衡。由于受到经费及时间的限制,农村教师能够走出来学习的机会很少,部分农村教师,由于校内缺乏名师的具体指导带动,专业发展滞后。二是大部分教师只重视教学技能的训练,不重视基本素养的提高,发展的后劲不足。很多成熟的教师处于成长的瓶颈期,没有写作,不能促进反思能力的提升,长久不读书,缺乏积淀,造成区域内虽然高考成绩较好,但名特优教师少,教师发展的后劲不足。三是荣成教师的培训和发展主要依靠行政干预,自身发展的内驱力不足,部分教师培训处于应付和为了学分而学习的状态,学习的动力不足。

为了促进荣成市域内教师专业的发展,我们从 2011 年展开了《荣成县域内有效促进教师专业发展的模式研究》,在此期间,我们申报了两项威海市创新成果——《三三制教师专业化发展的管理和评价模式的研究》和《县域内名师共同体的构建和管理策略研究》,都获得了威海市年度创新成果一等奖。通过名师工程共同体的构建,促进了部分农村教师的发展,但在研究中我们也发现了问题,我们建立了名师共同体,但这些共同体的共同缺点是团体缺乏动力,活力不足。在行政力量支撑渐淡之后,团队的组织结构也就开始涣散,要么形同虚设,要么彻底消失。即使是在权力推动之下的活动,名不副实、"假大空"等问题仍严重存在,对教师的成长价值远达不到预设的效果和目标,大部分团队成员是学校领导推荐、指派团队成员,属于典型的"被成长",专业发展的自觉性不足。

为了解决以上两个问题,我们从 2017 年开始了以市域内"读书与写作"共同体促进教师专业发展的探究,转变培训思路,促进教师由被动前行向主动发展转变。

问题解决思路

一 读书与写作共同体的构建

1. 调查研究,科学规划

近几年来,城乡教师专业发展的不均衡,教师专业发展内驱力不足成为制约市域教育均衡发展的瓶颈。我市教育要持续、健康发展,就要突破这一瓶颈。从全国各地的经验看,除了外出学习外,重视本地培训者队伍建设,加强读书与写作,培养名优教师,发挥他们的辐射带动作用,是促进教师均衡发展的一条重要途径。从我市的教师结构看,名优教师少,教师不擅长读书和写作。根据不完全统计,我市教师 2017 年在省级以上各类教育刊物发表文章数为 197 篇,其中,乡镇中小学共 71 篇,有 9 所学校发表文章的数量为 0。这 9 所学校全为学区学校。以上数据可以看出我市教师的写作能力急需提高。

2017 年底,我们对全市教师的读书情况进行了调研,从调研的情况看,有半数学校读书活动开展处于应付状态,教师碎块化阅读严重,看手机微信的多,看休闲文学的多,很少会系统学习教育理论,因此教师读书的层次需要提高。

根据调研情况,我们发现荣成市教师的读书写作急需引领。与此同时,我们发现威海市二期名班主任杨雪梅老师,从 2016 年开始进行读书与写作的尝试,在短短的一年时间内,发表文章 100 多篇,在各地做专业成长报告 20 多场。我们认识到应该充分发挥名师的作用,进行指导和引领,辐射带动各学校的读书与写作骨干成员的发展,通过层级培养传递的方式,促进教师的专业发展,通过教师的专业引领,培养学生的读书习惯,引领家长和社会人员读书,打造荣成的书香型校园和学习型社会。

2. 充分发动,自主构建

2017 年 10 月,我们邀请杨雪梅老师做了中小学青年教师"读书与写作"指导培训活动,各学校青年教师 200 多人参加了培训,会议上要求各学校充分发动,每个学校申报一人参加"荣成雪梅"读书写作团队。

在充分发动大家参与的基础上,我们进行了初步的团队构建尝试,在构建中我们发现,部分学校申报的成员自我成长的动力不足,不能完成团队的成长任务。

2018 年 1 月,荣成市举行了以"读书与写作"为主题的第一期教育大讲堂活动,共 400 多人参加了活动。活动结束后,我市又进行了一轮发动,部分教师自主申请加入团队。

经过一段时间的尝试,部分不能完成自我成长任务的成员自动淘汰,共同体核心成员为 48 人,标志着荣成市读书与写作共同体的正式构建。

二　读书与写作共同体的运作策略

1. 顶层设计团队成长理念,规划成长策略

根据荣成市读书与写作共同体的发展目标,团队的成长理念为:以自身为光,影响他人成长。要求每位团队成员以自身的成长影响本校教师的成长。将共同体成员的成长策略规划为线上共读共写,线下专业研讨。

2. 分工负责,激发共同体成员的"内驱力"

为了充分调动共同体每位成员的积极性,成员根据自己的特长,自主申报在共同体内的任务,并由此成立了四个部门。**发展项目部**。整体协调团队综合事务,重点做好团队成员成长展示、专家引领时的服务工作,包括联系、海报宣传、讲座主持、活动考核等。**阅读项目部**。系统规划、组织实施团队阅读活动,协调领读专家与志愿者的服务工作,做好读书感悟等的链接及考核等工作。**写作项目部**。做好团队写作项目的整体规划、深入推进,以及教育媒体征稿信息的整理、转发等工作,做好写作活动的博文链接及考核等工作。**推广项目部**。做好"荣成雪梅读书写作成长团队"公众号的维护与推广。

在调动共同体成员的内驱力方面,除了分工赋权外,还注重团队精神的打造。团队成员相互关心,相互帮助,营造一种共同体文化,主要通过团队线上和线下活动加深感情,让每个成员认可共同体的文化。

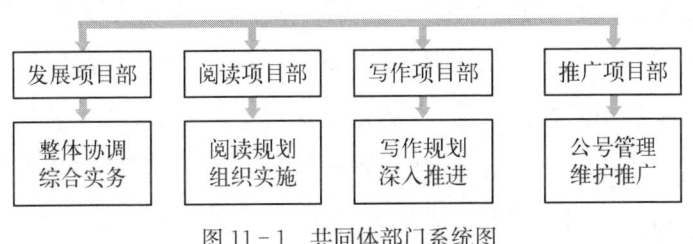

图 11-1　共同体部门系统图

线上活动,增强团队凝聚力:荣成雪梅读书写作成长团队非常注重心与心之间的交流,增强团队凝聚力。

首先,以榜样引领人。作为团队的精神核心及指导教师,杨雪梅老师边教学边读写,除了指导团队成员外,凡是要求学员做的,她自己也做到,每月和学员一样完成读写任务。

其次,及时用文字激励老师。老师们成长中有情绪或思想的波动,她随时鼓励教师。在每一次活动的发起文字中,雪梅老师都用激励性的话语鼓舞老师,例如《我们,向心而行——告团队全体成员书》一文中这样写到,"我们,愿意选择坚持,让自己的内心更加充盈而灵动;我们,愿意化笔为犁,将每份琐碎付诸笔端流出诗意;我们,愿意不问收获,只是醉心于思考和走行;我们,愿意敞开心扉,分享那瞬间触动细化成的力量。每一份义无反顾都有缘由,每一场倾心以赴都有理由。相约,让我们以'心'的名义,开启 2018 年全新的旅程!"以此定下了整个读书研讨活动的基调——开启成长,以心相约! 就如团队老师孙晓妮流着泪所说:"这里没有奖金的刺激,也没有必须参与的强制,只是一种暖暖的召唤,一种驱动人努力向前的情怀，一种战胜自我的诱惑……"

线下活动，点燃每个成员的激情：线下活动是团队精神的粘合剂。在以往的教师成长中，我们不断地对老师们进行培训，不停地采用各种手段督促检查。但是，老师们却往往得过且过，敷衍了事。这种"灌输制"与教师对学生的监管控制如出一辙，老师们只是被动的接受者，缺乏主动性。

雪梅读书写作团队的宗旨是"一群人共同远行"，认为教师自主发展并非"孤立发展"，成员之间彼此的合作、互助、共享是教师自主发展的重要"内力"补给。每一次线下活动，团队都会设置"心语交流"环节，这样的交流帮助老师们从他人身上借力补己，实现团队成员之间的"彼此点燃"，当一个团队整体有了强力的精神粘合剂，个体也便因了团队的强力吸引而能量十足。

3. 按需施训，加强读写的专业指导

由于读书与写作共同体的成员是自愿报名，每个人的读书与写作的底子不同，大部分成员在加入共同体前没有发表过作品，底子较薄弱，因此我们根据成员的需求，进行了以下的培训指导。

问题式导读：阅读习惯的缺失让老师们不会读书或读不懂书，对此，每月共读中，指导老师会提前对所读书目进行纲要式梳理，并提出问题，让阅读困难的老师带着问题或有思考方向地读。对阅读基础较好的老师，则建议他们学会自己提炼问题，归结阅读思路，成为读的引领者。

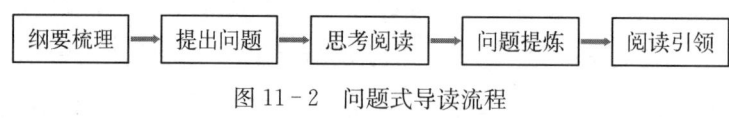

图 11 - 2　问题式导读流程

研讨式共写：教育写作的面比较宽泛，从不同的点出发看到的问题也大不相同。对此，共同体会定时为老师们提供不同的故事素材、不同的案例分析、不同的话题研讨让大家共同着笔写作，并通过面对面的分析点评，以共写中多观点的呈现拓展成员的写作思路，提升成员捕捉问题的视角和敏锐性。

同一个故事

当我们坚定的双脚站到了教育的土地上，就注定了生活的每分每秒都有故事发生，甜蜜的、愉悦的、棘手的、感伤的……

当我们勤劳的双手翻飞在键盘上敲出一段段清脆的故事，就预示着思考的进行、思绪的变幻、思想的升华。

若我们走入同一段故事，将心沉潜，然后再共同走出，让心驻足，这一沉一驻间，又会生发出怎样的别致呢？一段故事，多元思考！

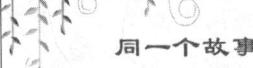

给学生一个信任的支点

实验小学 家玲

最近读到这样一个故事：很早以前，英国有一个叫麦克劳德的小学生，对动物非常好奇，特别想知道狗的内脏到底怎么长的，终于有一天，好奇心促使他将学校校长心爱的小狗杀了看个究竟，为此校长当然要惩罚他，不过校长既没有大发雷霆，也没有传来家长责令赔偿，而是要求"小麦"解剖小狗后，画出一幅骨骼图和一幅血液图。"小麦"愉快地接受了惩罚，也出色地完成了任务。这两幅图现在收藏在英国皮亚丹博物馆。麦克劳德后来成为有名的解剖学家。

"为什么我们的学校总是培养不出杰出人才？"这就是著名的"钱学森之问"。其实原因是多方面的，而身为教师要担负起不可推卸的责任。故事中的"小麦"是幸运的，因为他遇到了一位能够"赏识"他的校长，校长的特殊惩罚其实是激起"小麦"探究解剖奥妙热情的原动力。阿基米德说，给我一个支

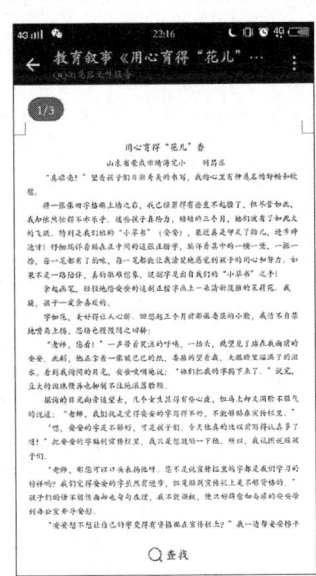

图11-3　共写素材：李玲老师的教育叙事作业

4. 内引外联，促进共同体成员的共同提高

读书与写作共同体的高层发展，需要先进理论和教学实践的紧密结合。基层教师理论水平不高，为了提高专业水平，我们采取了内引外联的方式进行专业指导。

图 11-4　专家专题指导活动

内引： 先后邀请了"叙事者"教师专业发展共同体发起人、"叙事教育"倡导者和实践者王维审老师，省家庭教育高级讲师、中国学习能力研究院特聘讲师贾贻香老师，全国特级教师、山东省首届齐鲁名师宋道晔老师等专家做了"教师读书与写作——叙事教育的实践与探索"专题指导活动、团队建设的打造、班主任工作实践等 7 期教育大讲堂活动。每次活动读书与写作共同体成员都会全员参加。3 月份在我市举办了《全国中小学、中职学校班级创新管理与班主任核心素养提升高级研修班》，国内赵团山、陆小垭等四位知名教育专家就班主任专业发展开展了"可触摸的班级行动德育""教育，就是与

美相遇""和谐教育，健康生活——心理健康教育再认识""班主任的发展能力"等专题讲座。

我们还根据读书与写作共同体成员的需要邀请了"叙事教育"倡导者和实践者王维审老师、《当代教育家》杂志束晨晨主任来荣成和成员进行现场的交流互动，开展专业的引领。

图 11-5　王维审老师在活动中

外联： 读书与写作共同体在成长的过程中，以友好联盟的形式整体加入到"叙事者"成长群中，由两个成长共同体的负责人（王维审、杨雪梅）邀请国内教育专家进群为联盟老师们作成长讲座。目前，团队成员已经通过网络平台参与了包括全国知名班主任杨虹萍"我和我的'幸福里'"在内的 6 次网上专家讲座活动。

表 11 - 1 网上专家讲座

时　　间	主　　题	主讲人	讲 座 资 料
2018.2.10	我和我的"幸福里"	杨虹萍	
2018.3.17	用软实力打造班级文化品牌	王丹凤	
2017.12.9	我在报社编稿子	宋　鸽	
2018.2.24	保卫捍卫童年	吕　健	
2018.4	不跪着教书	吴　非	

时　　间	主　　题	主讲人	讲座资料
2018.5.12	和学生一起做有趣又有意义的事	任秀波	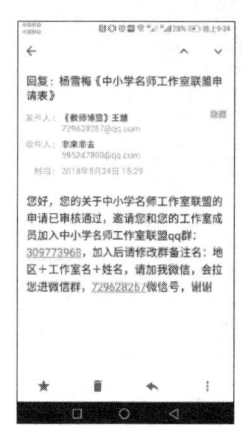

同时,共同体成员还跟随杨雪梅老师走出去,参与了全国中小学、中职学校班级创新管理与班主任核心素养提升高级研修班、全国第四届"教育行走"教师公益研修夏令营、"班主任之友"第四届公益论坛暨南京笔会等活动,进一步在活动中提升自己的阅读写作能力及专业素养。此外,近半年来共同体的飞速发展也引起了多家教育媒体的关注,他们纷纷联系取经,以名家工作室或团队的形式,为共同体的老师们铺路搭台,让他们将成长经验与更多人分享。

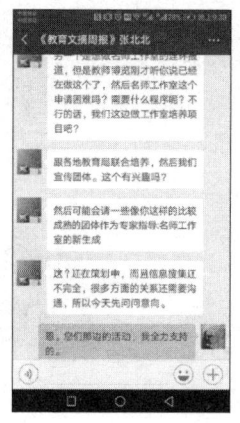

图 11-6　外联平台的搭建

5. 任务驱动,促进共同体成员的自我发展

任务驱动:加入共同体的成员要完成三类任务,**一是悦读**:每月前三周,阅读项目部通过多种形式进行导读(内容上包括"启动导读"和"问题导读",全体团队

成员均可做的"聊书式"导读),完成整本书的首次阅读;第三周周末,由项目部发布读书交流主题,引导成员进行为期一周的反刍式深度阅读;第四周周末,在固定时间举行"线上书吧"读书交流,每人撰写一篇读后感。**二是共写:**每个周六至少提交一篇教育叙事,每篇教育叙事字数要在 800 字以上,提交时间为周六 6:00—24:00,每人选择一篇最优秀的教育叙事,作为"成长作业"在微信群内展示交流。**三是交流:**每月第二周周末,由发展项目部与叙事者团队共同策划一期"名师讲坛"交流活动,由群内名师进行特色展示,由群外名师进行成长引领。团队成员需按时参加,发展项目部负责对参加人员进行考核。

考核驱动:在完成任务的基础上,根据悦读、共写和成长交流的达成情况由发展项目部进行专门考核。其中,悦读考核以线上书吧的登录参与情况和月末读后感的提交质量为考核依据,优秀的读后感将在团队公众号中发布并优先推荐给其他媒体。教育写作的考核于每周六统计,周日公示,对于连续两周不能按时按规定提交作业又无特殊情况说明的,将劝离团队。交流考核的参与情况由项目部截图公示,对于积极参加线上交流的成员,团队也会优先提供成长展示机会。

6. 相互学习,取长补短,促进共同提高

共同体成员利用线上和线下活动,相互学习,取长补短,促进共同提高。

网络培训,开展教育叙事大修改活动

教育叙事大修改,分为同文共评和个别指导两种模式。一是**同文共评**,主要是集体式的文章修改活动。每周日晚 7:30,由杨雪梅老师从团队成员提交的成长作业中选出问题突出或有代表性的文章,全体成员阅读后共同以"拍砖"的形式针对这篇文章提出修改建议。在这个过程中,成员既能通过发现他人问题提升自己的思辨审视能力,也能用他人的问题警示自己。**二是个别指导,**由每个小组长(组长由团队目前发展较好的老师担任)逐一阅读成员文章,对发现的问题给予指导性建议。

图 11-7　团队网上同文共评

集中研讨，开展读书深度交流活动

通过共读、反复品读一本书后，成员面对面研讨交流。研讨内容涉及问题聚焦碰撞（领读老师提出问题，老师们发表观点）、读后思考、收获与感悟交流等形式，成员在研中悟，并将悟到的转变成行动的指引。

经验与创新

| 一 | 建立了新的教师培养模式，丰富了学习共同体的内涵 |

通过读书与写作发展共同体的不断实践，进一步丰富了学习共同体的内涵，探索了特定区域内学习共同体的自主构建及运行策略。

本成果创建了针对农村教师较多情况的一种新的教师培养模式，此种模式将"菜单式""点对式""专项式""打造式"培训模式相融合，实现了几个结合，一是行政激励和名师引领结合，二是集中学习和网络交流结合，三是任务驱动和自主学习结合，四是线上活动和线下交流结合，创建了针对读写共同体的新的构建和管理模式，如图 11-8。

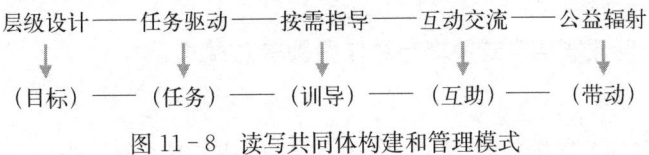

层级设计 —— 任务驱动 —— 按需指导 —— 互动交流 —— 公益辐射

(目标) —— (任务) —— (训导) —— (互助) —— (带动)

图 11-8 读写共同体构建和管理模式

二 创建了读写结合的研学模式

经过不断实践,建立了读写结合的教师自主发展研学模式,即悦读四步研读模式和悦写三步研写模式,如图 11-9 和图 11-10 所示。

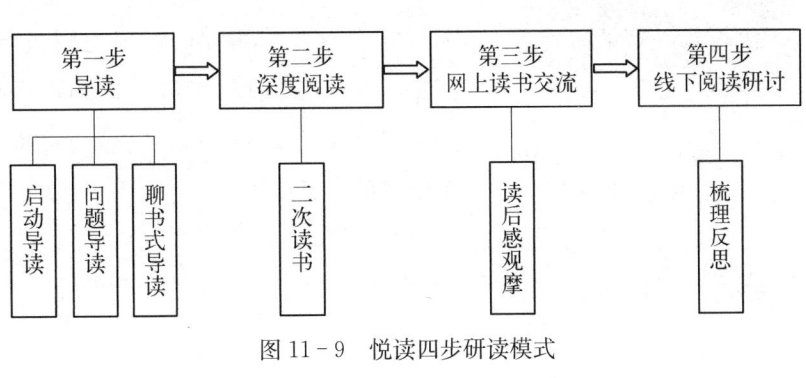

图 11-9 悦读四步研读模式

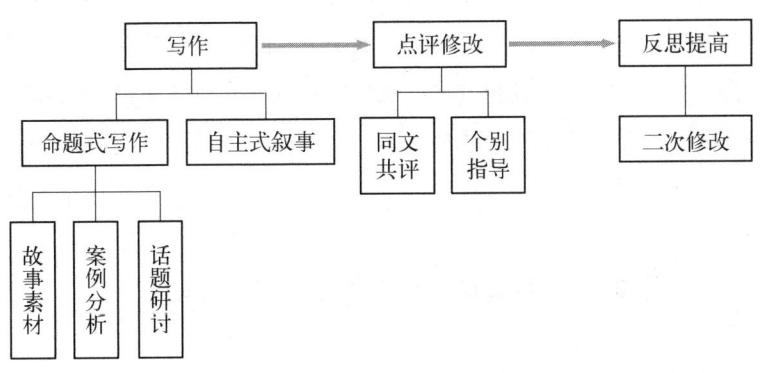

图 11-10 写作三步研写模式

211

三　创建了点环式读书与写作引领辐射模式

在构建读书与写作共同体的过程中,制定的成长理念为:以自身为光,影响他

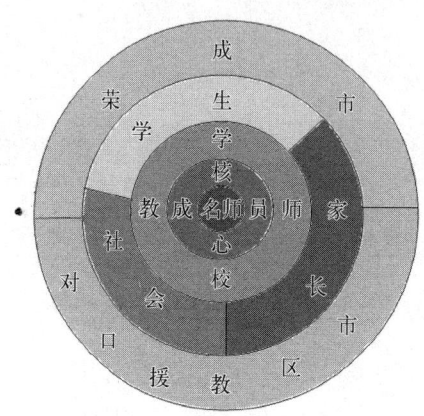

图 11-11　点环式读书与写作引领辐射模式示意图

人成长。在运作的过程中,共同体由名师引领,影响核心成员,核心成员辐射带动学校其他教师。学校的其他教师引领学生、带动家长。共同体的作用也日益增大,由开始的专业的读书与写作提高,到对读书与写作的行为的引领、对读写技巧的指导、对家庭读书与做人教育的指导。引领范围由学校到社会、社区、荣成市、对口支援的山亭区,逐步走向公益性,通过公众号和公益服务,影响更多的人。

思考与展望

"读书与写作"共同体在推动教师成长中,有着毋庸置疑的作用和效果。但该模式运行时间仅一年,目前我们的读书写作并没有考虑到教师群体分工差异和学科差别。接下来,我们会将阅读和写作的成长引领进一步细化,分别从教育管理层面、班级成长层面、学科及课堂反思层面设计读写内容,引导广大教师进一步延伸思考触角,提升学科素养,以更丰富的学识、更专业的理念促进学生的发展与成长。

一　上层推动,重视青年干部读书写作意识培养

学校领导干部对整个学校的发展起着推动作用,他们是否具有成长意识和阅读写

212

作能力,也会关系到学校教师团队的发展。为此,我们打算每年组织提升青年干部读写能力的专题培训活动,用他们成长意识的提升引领教师群体走上阅读和写作的道路。

二　成立工作室,促进不同教师群体读写思考能力提升

为了让不同的教师群体能分别通过阅读和写作提高自己的工作能力,促进内趋式成长的发生,我们将成立班主任名家工作室、各个学科的名师工作室,借助工作室的团体氛围,以同读、共写、互研的模式,推动老师读写能力的提升。

三　联手媒体,引导教师进行有方向地阅读和反思

为了更好地推动教师的读写,我们已与多家教育媒体达成一致意向,将开展专门的教育话题征稿及专著阅读类征文活动,提高老师们主动思考教育问题、找寻解决办法的能力,推动他们走上自发、自觉读书的成长之路。

此外,我们还将创设了多种渠道与平台,推广团队前期的成长经验并发挥引领作用。

案例实践情况

一　行政倡导,成立各学校的读书与写作团队

市教研培训中心统一要求,各学校以读书与写作团队的核心成员为指导教师,成立各学校的读书与写作团队,指导本校的读书与写作。荣成市各学校于2018年1月成立了各自的读书与写作团队,开展读书与写作活动,特别是寒假,各学校开展了各种教师读书打卡活动,部分学校的学生也参与其中,开学后,学校组

织了读书与写作的交流活动,促进了读书活动的深入开展。目前,全市 38 个学区及中小学已经启动了全员参与阅读与写作的活动,蜊江小学的"水石之约"青年教师成长团队、第二实验中学的读写团队已经进行了十余本教育专著的共读,发表教育文章已有二百余篇。

二　政策激励,建立荣成雪梅读书写作公众号

为了扩大辐射的范围,5 月,荣成市雪梅读书写作公众号诞生,教育局在荣成

图 11 - 12　公众号的开设

市教育局的公众号上专门介绍荣成市雪梅读书写作公众号，全市喜欢读书写作的教师、家长、社会人员都可以在公众号上看到读书写作方面的案例。此外荣成教育局的公众号还会不定期推送读书与写作成员的教育叙事，行政激励促进了读书与写作活动的深入开展，也调动了核心团队成员的积极性。

三　搭建舞台，为读书与写作团队成员提供展示的机会

荣成市教研培训中心为核心团队成员提供展示的机会，除了多次邀请杨雪梅老师在各种培训场合进行读书与写作技巧的培训，进行专业的引领外，团队成员发展突出的，也及时给大家提供展示交流的机会，让大家分享自己专业发展的历程。团队成员先后有9人次在荣成市2018年第一期教育大讲堂、荣成市教师写作专题指导活动中进行了个人成长交流，1人次在"全国中小学中职学校班级创新管理与班主任核心素养提升高级研修班"上进行了班级管理经验交流，8人次在"叙事者"教师发展共同体中进行了专题性阅读讲座。

四　走向公益，成立荣成教育领读者志愿服务

为了响应荣成市政府的号召，让更多的人参与读书，雪梅读书写作团队走向公益，5月成立了"荣成教育领读者"志愿团队，开展"五进"的志愿服务。目前团队已经组织了3次大型的志愿服务活动，其中"读书写作·领读下乡"活动已开展了两期，共30名志愿者为全市800名乡村教师、学生及家长提供读书专题讲座、面对面指导及互动研讨咨询等服务。"相约经典·好书推荐"活动的20名志愿者走进了城市书房，寻找发现并整理适合孩子、家长阅读的书目，面向全市的学生及家长群体推广。

图 11 - 13 公益活动的开展

五　　　携手山海，开展扶贫援教活动

6月24日，为了进一步落实荣成市和枣庄山亭区扶贫写作任务，荣山教育对口写作——荣成教育大讲堂在山亭区第二实验小学举行,荣成雪梅读书写作团队指导教师杨雪梅老师做了《用成长陪伴成长——谈教师的发展与责任》的报告。这次报告,点燃了整个山亭区教师群体渴望通过读写实现专业发展的热情,山亭区教育局也派出7名骨干教师加入"荣成雪梅读书写作团队"跟随学习成长,希望更好地在当地推广教师自主成长模式。目前,山亭团队老师的文章也已经陆续见刊。2017年10月,杨雪梅老师对重庆云阳县的骨干教师及班主任进行了读写培

图 11-14　扶贫援教活动

训。2018 年 10 月,她又走进了青海省海北藏族自治州门源县,以《做有故事的教育——我的叙事成长之路》为题,在高原再次掀起了教师读写成长的热浪,部分骨干老师也借助网络的便捷得到了杨老师进一步的指导。

在这一系列的实践过程中,可喜的变化正在发生着:

1. 教师专业成长的自觉性提高了

自从成立名师共同体后,我市教师专业发展的自觉性提高了。从教师的专业成长调查问卷中发现,不同阶段教师前后的观念在转变,教师参加培训的积极性很高。成员梁建丽老师已经是齐鲁名师,临近退休之年,犹豫再三她还是选择加入团队,用她自己的话说:"就是被团队的这种自主自发的凝聚力吸引而来,在我三十多年的教育生涯中,没有哪一次上级组织的活动能让我如此痴迷地投入,高度地自律,长久地激动过。原因很简单,这是我自己的选择。"

团队成立之初,阅读吃力、下笔顿涩、时间紧张是老师们普遍反应的难题。现在,团队里的老师们经过近一年的坚持,已经养成了每天坚持阅读、遇到问题用笔思考的良好习惯,他们最常说的一句话是"只要愿意成长,时间总是会有的"。在共同体成员的带动引领下,全市各个学校的读写团队也都已经有序运行,其中 37 中和实验小学的每日阅读打卡活动和第二实验中学的每日练笔活动都收效显著。目前,自主行动、自觉成长在全市教育系统已然蔚然成风。

2. 通过共同体发展培养"名优"教师

在雪梅老师的引导下,共同体成员之间相互交流、相互影响、相互促进,打造团队凝聚力,激发个人发展的内驱力,从而突破自身发展的瓶颈,成长为骨干教师和名师。2018 年 6 月,团队成员郭红娟、岳晓艳、殷晓菲三位老师被推荐参加威海市学科带头人的评选,刘珂、毕丽丽、张剑华三位老师被推荐参加威海市教学能手的评选,刘艳霞、陈春霞两位老师获得荣成市教学能手的称号,另有多名团队成员被推荐参加了荣成市教学能手的评选。

3. 促进农村教师的专业发展，教师读写能力提高了

我市将读书与写作共同体的组织形式引入全市教师的专业发展，在核心成员的带动下，每所学校成立校级读书团队，促进了我市农村教师的整体专业发展。

目前团队成员共发表教育文章 204 篇，其中国家级 32 篇，省级 154 篇，地市级 18 篇，该数字仍在不断刷新中。

三　案例开发档案

案例归属单位：山东省荣成市教育教学研究培训中心

案例开发时间：2017 年 9 月

案例开发团队：

姓　名	工 作 单 位	学科背景/职称	主 要 贡 献
冯妮	山东省荣成市教育教学研究培训中心	一级教师	共同体团队的整体筹建和指导
杨雪梅	山东省荣成市教育教学研究培训中心	一级教师	共同体团队的具体引领和指导
王晓洁	山东省荣成市教育教学研究培训中心	高级教师	共同体团队的资金及物质保证
张新艳	山东省荣成市教育教学研究培训中心	一级教师	共同体团队的宣传
刘艳霞	山东省荣成市人和完小	一级教师	共同体的主要成员
刘昌乐	山东省荣成市靖海完小	一级教师	共同体的主要成员
张玫馨	山东省荣成市蜊江小学	二级教师	共同体的主要成员
徐小辉	山东省荣成市上庄完小	二级教师	共同体的主要成员

案例十二

自主培育 打造指导专家团队
——青浦区"十三五"校本研修策划者研修班实践案例

上海市青浦区教师进修学院

主题类别：培训团队的专业化建设

关 键 词：校本研修、指导专家、自主培育

摘　　要：为加强对各校"十三五"校本研修规划编制的专业支持，青浦区组建"十三五"校本研修策划者研修班。面对缺少对学校规划进行针对性指导的专家团队的困难，采取"自主培育专家"的策略，将本区 22 所教师专业发展校（园）的校本研修策划者作为培训团队的种子进行孵化和培育，使其在完成本校规划的过程中实践体验，在指导其他学校修改规划的过程中强化专业能力和提升指导能力。通过针对性的培训，既提升了全区中小学（幼儿园）"十三五"校本研修规划的质量，又收获了一支校本研修方面的指导专家团队。

背景与问题

一　背景

校本研修是以学校和教师需求为导向，以解决实际问题，提升教师专业素养，促进学生全面发展及学校可持续发展为旨归的学习活动。

1. "十二五"期间，我区校本研修的总体情况

"十二五"期间我区各校积极探索教师"行动教育"校本化，形成了具有"行动教育"明显特征的"三实践两反思"校本研修基本模型，教师在教研修一体化实践中解决教学实际问题，促进自身专业发展。

但是，在 2015 年 12 月对全区所有中小学、幼儿园校本研修工作开展情况的实地调研和 2016 年 6 月对本区 22 所教师专业发展示范校（园）的综合调研中，我们了解到，我区的校本研修工作中仍然存在着一些亟待改进的问题。比如，由于缺

乏基于教师专业素养发展的全程规划和系统研修,校本研修的内容缺乏主题性引领,过程缺乏整体性统筹,对教师的专业可持续发展的促进作用仍然有限;不同学校校本研修开展情况和教师专业发展状况有明显差异,等等。

2. 进入"十三五",我区提升校本研修质量的主要行动

(1)着眼《规划》,引导学校统筹规划

面向"十三五",为进一步改进校本研修,提升校本研修品质,使教师有更多获得感,我们决定从五年规划的编制入手,引导学校以需求和问题为导向,统筹规划"十三五"校本研修工作。

(2)制定《意见》,帮助学校理性思考

2016年10月,教师进修学院教师发展中心(以下简称教师发展中心)基于区域校本研修现状调研的情况,制定了《青浦区中小学、幼儿园"十三五"校本研修指导意见》(以下简称《指导意见》),以此指导各校做好"十三五"校本研修规划。

(3)培训校本研修策划者,助力学校提升校本研修策划能力

为加强对各校"十三五"校本研修规划编制的专业支持,教师发展中心决定组建"十三五"校本研修策划者研修班,培训对象为学校校本研修的策划者,也就是学校(幼儿园)的校(园)长或分管领导。通过组班培训,指导和帮助学校编制"十三五"校本研修规划,为提升校本研修品质奠定良好基础。

教师发展中心制定了具体的《青浦区"十三五"校本研修策划者研修班培训实施方案》,计划采用主题报告、专题讲座、案例研讨、实践体验、规划评审、现场指导、展示交流等形式,让学校校本研修策划者在理论学习和专题培训之后撰写规划初稿,然后通过专家指导和展示交流修改和完善规划。

二 问题

然而,在根据培训计划预估培训专家团队时,我们遇到了困难:我们难以找到

足够的对学校校本研修规划进行针对性指导的专家。

我们在储备的市级专家资源库中进行了仔细排查,同时,多方打听符合要求的专家,始终无法形成理想的专家团队。

第一,市内兄弟区校本研修方面的知名专家时间精力有限,不可能在一个阶段里反复多次来我区指导。我们也曾邀请他们来对我区的校本研修工作作指导,每次也都有很大收获。但是,如果请他们担任本项目的指导专家,意味着要请他们在一个阶段中抽出相当部分的时间和精力,去了解所指导学校的情况,分析学校校本研修规划的可行性,指出进一步修改完善规划的方向,等等,这对这些专家来说,基本是不可能的。

第二,本区校本研修方面的老专家有时间和精力,但数量不够。本区有7—8位刚退休的老专家,充分了解我区校本研修特点,也熟悉区内的许多学校,且相对有时间和精力全程跟进本项目。但是,我区共有中小学和幼儿园近100所,按照1位专家指导5—7所学校的预算标准,大约需要近20位专家。仅靠这几位老专家,显然是无法满足需求的。

因此,配备一支了解本区校本研修特点、熟悉所指导的学校情况、又具备专业指导能力的培训团队成为了项目实施的最大困难。

问题解决的思路

| 一 | 问题解决的思路 |

经过多次研讨,我们决定:自主培育专家。

我区有22所市区教师专业发展示范校(园),包括3所高中,4所初中和九年一贯制学校,6所小学,6所幼儿园,以及工商信息、初等职校和辅读学校等3所学校。这些学校在校本研修方面的工作做得普遍较好,"十二五"调研显示,许多学校根据本校特点进行了实践探索,也积累了一些有效做法和特色经验,有的已经对"十三五"校本研修有了一定的思路和设想。这些学校的规划编制工作应该会更容易推进和完成,我们可以首先完成对这批学校的培训。同时,我们可以充分发挥这批学校的校(园)长和分管领导的力量,将他们作为下一轮培训中的指导专家,因为他们在经历了本校的规划编制过程之后,不但会非常熟悉规划编制的指导精神和具体要求,而且有基于自身体验的感悟和建议,这就具备了对兄弟学校进行指导和帮助的基本条件,他们是成为培训指导专家的好种子。

那么,如何让这些种子发芽、成长? 我们需要进行培育,使这批"专家苗子"更加专业化,成为真正的"专家"。

我们计划分两轮实施校本研修策划者研修班培训项目,第一轮 22 所市区教师专业发展校(园)先行先试,第二轮在其余学校全面推进。第一轮培训,指导和帮助 22 所学校完成"十三五"校本研修规划,同时通过实践体验对培训团队进行"种子孵化"的重要环节。第二轮培训,则是"苗子培育",让培训团队在实施指导的过程中强化专业能力和提升指导能力,如图 12-1 所示。

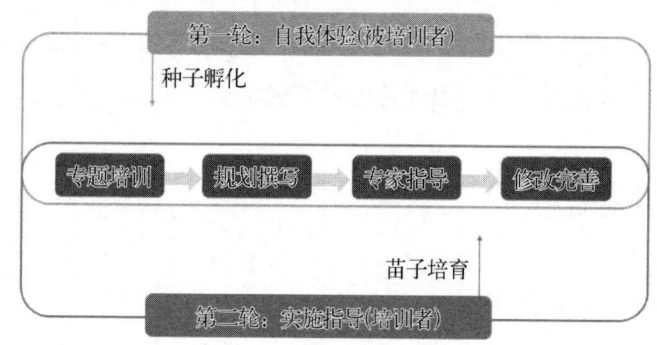

图 12-1　青浦区"十三五"校本研修策划者研修班培训项目设计思路图

二　　问题解决的具体实施过程

1. 自身实践　亲历体验

具体实施过程如下。第一轮培训,共设计了四次集中培训。第一次为调研反

226

馈及教师专业发展校建设和"十三五"校本研修工作的任务布置。第二次培训,是对《指导意见》的详细解读和规划编制的具体要求,并布置了撰写规划草稿的作业。第三次培训在一个半月之后,当时各校已经完成规划初稿,聘请的三位各学段的区内退休老专家审阅过规划,按学校进行现场反馈和个性化指导。之后,各校都根据专家建议进行修改,有的修改了好几次,甚至专门再请专家到学校指导。在第四次培训时,请了3所做得特别好的学校进行了交流。到4月底,所有学校交齐规划的定稿,第一轮培训结束。

谈起这次的培训过程,校长和分管领导们纷纷表示,很累,但收获很大。表面上看只是完成了一个规划,实际上是"全身总动员",是对学校工作的一个全面梳理和整体规划。同时,大家也对这次的培训内容和形式表达了充分的肯定,觉得通过这次实践操作,增进了对校本研修作用与价值的理解,加深了对校本研修内涵、质量、保障条件等的认识。我们欣喜地看到,这些种子已破土而出,"专家苗子"雏形初现。

2. 研讨学习,统一认识

第二轮培训的对象,是除了22所市区教师发展校(园)的72所学校,包括中学和九年一贯制学校18所、小学17所、幼儿园37所,参培对象为分管领导和规划的主要执笔者(一般为学校的师训专管员)。根据各学段的学校数,我们预算中学和九年一贯制学校可分3组,需要3位指导专家;小学也分3组,需要3位指导专家;幼儿园分6组,需要6位指导专家。我们组建了一支12人的指导专家团队,除了第一轮培训的3位老专家,另外的9位是来自22所教师专业发展校(园)的校(园)长或分管领导。

培训班启动前,我们邀请培训团队中的9位新成员进行了一次集中性研讨活动。教师发展中心的朱郁华主任组织大家共同学习了《青浦区教师队伍建设"十三五"行动计划》。然后,抛出关于校本研修工作的6个问题,请大家展开讨论,引导大家在思考分析和互动交流中进一步加深理解。之后,请团队成员提出自己在实施校本研修工作中存在的疑惑或遇到的困难,大家根据自身的理解作出回应,当有认识、理解上不同时,还进行了激励的讨论。最后,朱主任就大家的争议之处和一些共性问题作了解释说明。

这次活动,首先是让培训团队成员明确了自己在接下来一轮培训中的身份,告诉他们,自己已经从"被培训者"转变为了"培训者"。角色的认定促使他们从原来的"我对校本研修已经了解了很多"的思想状态一下子进入"我还需要学习更多"。因此,在"6个问题研讨"和"互动交流"环节,大家参与积极,交流主动,无论是提出的疑惑,还是表达的观点,都紧扣主题、引发思考,完全达到了研讨活动的预期目标。

3. 指标研磨,深化理解

5月4日,第二轮培训班如期启动。第一次培训是开班典礼和姜虹院长的主题报告《校本研修与研修团队建设》。第二次培训是《指导意见》的解读和规划编制要求的布置,在这次培训中,我们还安排了培训团队的成员之一介绍他们学校在《规划》编制中遇到的关键问题和解决方法,这位老师实实在在的介绍受到了大家的热烈欢迎。这次培训结束时,布置学校撰写《"十三五"校本研修规划》。三周后,各校的规划初稿全部交齐。

为了让每位培训团队成员都能够更客观、更专业地审核各校的校本研修规划,我们在他们实施评审前开了一次"评审会议",主要内容是共同研磨《青浦区中小学(幼儿园)"十三五"校本研修规划评价表》(教师发展中心研发,第一轮培训时已使用过)。朱郁华主任首先对评价内容、评价要素和具体要求作了简要介绍,然后请大家仔细阅读,提出不恰当的地方。参加过第一轮评审的三位老专家首先结合在上一轮评审工作中的体会谈了几点建议,接着,其他老师也根据自己的理解(在第一轮培训时印发给各学校)和实施中的困难说了一些想法。

虽然,对《评价表》的最终改动并不多,但是通过研磨,大家进一步加深了对校本研修的内涵理解、明确了规划编制的重点、厘清了做好规划的关键点,这为大家进行评审工作做了很好的铺垫,也在一定程度上保障了评审的质量。

4. 任务驱动,优化指导

按照计划,每位评审老师要在一周内完成文稿审阅,然后对学校进行现场反馈。我们理想中的现场反馈,不但要对规划初稿作出客观评价,还要能为学校提出合理化改进建议,真正起到指导和帮助的作用。

为此,我们为评审老师们设计了具体的任务,我们设计了给评审的"邀请函",分两部分表达了评审要求:首先要求他们对各校规划进行审核,并填写《评审评分表》和《评审意见表》,在现场评审的前一天提交两份材料的电子稿;此外,还在告知现场指导的时间与地点的同时,请他们参加现场指导,向相应学校分管领导及规划主要执笔者反馈对规划的评审结果、提出修改完善的意见。

有了这些明确的要求,培训团队成员们就非常清楚自己要做的事情,即在进行规划文稿评审时,不但要给出评分,而且要明确这评分的实际依据,如果给了高分,就要能说出给高分的理由,同样的,如果扣掉了分数,也要能说出不合理的地方,并给学校提出改进建议。

虽然,对于评审工作而言,这样具体的操作要求显得有些繁琐,但正是这些充分的准备工作,确保了我们培训团队的每一位成员在对学校进行现场指导时都能做到有理有据、客观专业。通过现场指导,各学校对自己的规划都有了更清晰的认识,也明白了规划的不足之处和改进方向,很快,各校陆续递交第二稿甚至第三稿《规划》请专家审核。大多数学校经历了至少3次修改。6月底,分学段进行了最后一次培训,即展示交流一些优秀的校本研修规划。听了其他学校的交流之后,有的学校又进行了修改。截至9月,各校都形成了相对比较完善的"十

图 12 - 2　青浦区"十三五"校本研修规划汇编

三五"校本研修规划,为提升校本研修品质奠定了良好基础。

教师发展中心按中学、小学、幼儿园三个学段收集汇总、审稿、校对、交付印刷,最终形成了三本《青浦区"十三五"校本研修规划汇编》,如图 12-2。

三　成效

通过针对性的专题培训,为区域校本研修工作的质量提升带来了较为明显的推动作用,主要表现在以下几个方面。

1. 五年规划的质量大有提升

相比"十二五",各学校(幼儿园)"十三五"的五年规划有很大改进。首先,在格式上更规范,包含了应有的各个模块;其次,在内容上更具体实在,每个模块的撰写都能围绕主题、表达实际意思,各模块之间的内在逻辑更强;最重要的是,大多数学校能有基于本校特点的分析和对策,客观真实,可行性比较强。在之后对一些学校的调研中发现,学年计划及具体的实施情况等与规划的一致性较高,可见,规划制定是根据实际情况而定、能用来指导实际工作的。

2. 研修的策划和实施能力明显增强

通过查阅学校上传的校本研修项目方案和参与学校的校本研修活动,我们发现,学校校本研修的策划和实施能力明显增强了。学校校本研修所确定的主题更有意义了,大部分能围绕教师专业素养的提升和教学中实际问题的解决;研修的流程更规范了,基本都能真正考虑到教研修一体;研修活动中"研"的氛围更浓厚了,更多教师能以不同的角色参与到研修活动中,交流研讨紧紧围绕研修主题,活动中安排专家微讲座或点评,为大家进一步理清思路,引领教师们有更深层次的认识和思考。

3. 分管领导和师训专管员的专业能力显著提高

经过培训,分管领导和师训专管员的专业能力有了显著提升,他们对学校的校本研修工作的意义有了进一步的深刻认识,对如何规划和开展校本研修工作也有了更明确的方向和更清晰的思路。据不完全统计,2017年以来,30多位分管领导先后在各类培训和会议上交流教师专业发展方面的工作经验;2017年,近20所学校的教师专业发展工作方面的案例论文在《上海教师培训》《青浦实验》等杂志发表。

经验与创新

一 将培训团队建设作为保障培训质量的重要抓手

影响培训效果的因素主要包括培训内容、培训者、学员因素、培训方式及培训环境等五大因素,其中,培训者的专业化、规范化程度,无疑是决定培训质量的关键所在。本案例中,我们充分重视培训者的选择,并根据实际情况大胆采取应对策略。培训的实际效果证明,我们自己孵化和培育指导专家的做法是成功的,在这批专家的努力下,我们完全达到了预期的培训目标。

二 将实践历练作为实施培训的主要方式

在培训团队建设的过程中,我们将实践历练作为了最主要的方式。一是让团队成员在自身实践中体验感悟,深刻领会专业知识、亲身感悟操作环节、难点关键点所在和突破的方法;二是让团队成员在实施指导中历练成长,基于专业发展需求学习探索,不断完善自身专业知识,同时提升自己的指导能力。第二轮培训中的9位培训团队成员,在经历了这次培训后,在专业认识上明显上了一个台阶,指导能力也显著提升,成为了我区校本研修指导工作中的储备力量,在后续我区实施的学年校本研修计划撰写培训等培训项目中发挥重要作用。

| 三 | 将统整资源作为开展区域工作的指导思想 |

在本案例中,我们挖掘来自 22 所教师专家发展校(园)的自有资源,通过培养锻炼,使其成为可以服务于本区的专业指导人员,既解决了培训项目中缺少培训指导专家的困难,又为发展校(园)搭建提供了"在区域发挥示范辐射作用"的履职平台。这一做法,与我区共同体建设、联片活动、柔性流动等工作思路完全一致。同时,在编排小组、确定指导专家时,我们也尽可能结合本区已有的共同体、片的分布,这样指导专家可以相对更熟悉所指导的学校,同时,也可以在后续工作中给予持续的关注和帮助。

思考与展望

| 一 | 存在问题 |

1. 对培训团队成员的整体发展情况缺少综合评估

在第二轮培训末,我们设计了本次培训的质量调研问卷,获得了培训在主题选择、内容安排、方式采用、指导专家和考勤管理等方面反馈信息,整体的满意度很高。但是,我们忽视了对培训团队成员整体发展情况的综合评估。这个项目中的培训团队建设的做法属于首次尝试,我们需要从团队成员的整体发展情况中判断本次尝试的成效,为进一步改进培训团队建设工作提供支撑。同时,我们也需要评估培训团队成员的个体发展情况,通过分析,明确为其后续发展提供进一步指导的方向。

2. 指导的个性化造成不同学段规划的差异

在第二轮培训中,根据各学段的学校数,我们分别安排了中学 3 位、小学 3 位和幼儿园 6 位指导专家。每个学段都由一位参加过第一轮评审的老专家作为组长,当指导专家在评审或指导时遇到难以把握的情况时,则由组长组织大家统一标准,因此各学段的规划基本一致。但是,三个学段之间是相对独立的,尤其是幼儿园和中小学的差异比较大,因此幼儿园段根据学段特点统一了标准,所以三个学段的《汇编》存在着一定的差异。

3. 专家的学校背景限制了其个性化的指导

专家团队的"种子"来源于 22 所市教师专业发展校和区教师专业发展示范校,但这也带来了一定的弊端。一方面,这些学校自身的教师专业发展情况相对较好,校本研修工作的开展也比较成熟,因此,在指导其他层次的学校时,包括一些农村薄弱学校,一些办学规模较小的或新开办的学校,如果仍然站在自己学校的立场,基于自己学校的情况进行思考和提出建议,就难以对被指导的学校提供实质性的帮助。此外,由于市教师专业发展校、区教师专业发展示范校和普通学校的学分要求各不相同,也造成了指导时不够个性化。

二　　　未来发展设想

1. 进一步培养这支队伍

重视这支队伍的后续发展,为其搭建成长的平台。一是充分利用好本次培训的反馈信息,整理和分析与培训团队发展相关的反馈信息,为培训团队的后续发展指明方向。二是继续保持团队的组织形式,不定期地组织团队成员进行研讨交流,分享各自在培训指导中的经验教训。三是为培训团队成员搭建更高学习平台,提供其参加市区级培训者培训的机会,使他们逐步具备培训者的各项技能。

2. 进一步用好这支队伍

在使用中进一步培养这支队伍。将培训队伍成员列入校本研修培训者资源库,为其提供发挥指导作用的机会。在规划编制结束后,我们紧接着进行了学年校本研修计划撰写的培训,同样采用了组班培训的形式,组织各校的分管领导学习如何策划和实施校本研修工作,在这次培训中,我们的这个培训团队发挥了重要作用。此外,为促进学校校本研修活动的质量提升,我们从 2017 学年起开展校本研修方案/案例征集活动,这些老师也承担了前期的指导或后期的评审等工作。

3. 进一步扩充这支队伍

各学段之间,尤其城区学校与农村薄弱学校之间存在一定的差异,因此专家的指导更需个性化。后期可进一步扩大培训团队,由现有专家推荐,将小组中来自不同层次的学校的校(园)长或分管领导纳入,共同组建培训团队,争取在后续校本研修工作中,根据校情不同分配相应的培训团队成员进行针对性指导。

案例实践情况

2017 年 1—6 月,教师发展中心先后两轮组建"十三五"校本研修规划策划者研修班,指导全区学校编制《"十三五"校本研修规划》。

首轮面向 12 所上海市教师专业发展校和 18 所青浦区教师专业发展示范校(共 22 所(部门学校有两种身份)),培训对象为学校(幼儿园)的校(园)长和分管领导。第二轮面向区内其他普通学校,研修班成员为各校分管领导及"十三五"校本研修规划执笔者。

每轮培训均安排 4 次集中学习,包括主题报告、专题讲座、现场指导和展示交流;各学校的撰写和修改规划等自主实践研修贯穿其中。具体安排如表 12-1。

表 12-1　青浦区"十三五"校本研修策划者研修班(第二轮)培训计划

序号	日　期	模　块	主　要　内　容	主讲者
1	5 月 4 日 (13:30—15:30)	主题 报告	1. 开班典礼 2. 主题报告:校本研修与研修团队建设	姜　虹
2	5 月 11 日 (13:30—15:30)	专题 培训	1.《青浦区"十三五"校本研修指导意见》解读 2.《"十三五"校本研修规划撰写建议》 3. "规划编制"关键问题的研讨交流 作业:撰写《学校"十三五"校本研修规划》	朱郁华 马群英 学校 代表

序号	日　期	模　块	主　要　内　容	主讲者
3	6月8日 (13:30—15:30)	现场 指导	《学校"十三五"校本研修规划》现场指导 （分学段同时进行） 作业：修改完善《学校"十三五"校本研修规划》	评审 专家
4	6月15日 (13:30—15:30)	展示 交流	1.《学校"十三五"校本研修规划》展示交流 （分学段同时进行） 2. 结业典礼	学校 代表

　　培训班采取学习时间考核和培训成果考核并重的综合考核方式,参训人员全程参加培训学习,撰写完成校本研修规划,经考核合格的,认定区级学分1分。

　　通过针对性的专题培训,使各校增进对校本研修作用与价值的理解,加深对校本研修内涵、质量、保障条件等的认识,明晰校本研修规划的基本框架、主要内容、编制要求以及编制规划的技术方法。截至2017年9月底,各校都形成了相对比较完善的"十三五"校本研修规划,为提升校本研修品质奠定了良好基础。

案例开发档案

　　案例归属单位：上海市青浦区教师进修学院

　　案例开发时间：2017年1—6月

　　案例开发团队：

姓　名	工　作　单　位	学科背景/职称	主　要　贡　献
姜　虹	上海市青浦区教师进修学院	语文/高级教师	方案设计、主题报告
朱郁华	上海市青浦区教师进修学院	科学/高级教师	方案设计、专题讲座
马群英	上海市青浦区教师进修学院	英语/高级教师	组织实施、专题讲座
印婷婷	上海市青浦区教师进修学院	语文/二级教师	组织实施、资料准备

姓　名	工　作　单　位	学科背景/职称	主　要　贡　献
周红星	上海市青浦区教师进修学院	英语/高级教师	中学段班级管理
陈雪娟	上海市青浦区教师进修学院	语文/高级教师	小学段班级管理
张丽花	上海市青浦区教师进修学院	幼儿园/一级教师	幼儿园段班级管理
姚正其	上海市青浦区教师进修学院	数学/一级教师	平台管理

案例十三

沈阳市 PKCM 教师培训效果评估模型创建与实践研究

沈阳市教育研究院

主题类别：培训评价的专业化设计

关 键 词：PKCM 模式、教师培训、效果
　　　　　评估

背景与问题

1. 效果评估是保证培训质量的重要手段

《教育部关于大力加强中小学教师培训工作的意见》指出，强化教师培训质量监管，建立教师培训质量评估机制，完善教师培训质量评估体系，加强项目过程评价和绩效评估。将教师培训工作作为教育督导工作的重要内容之一，对各地教师培训工作进行督导检查。沈阳市在多年开展的培训工作中，也深刻地认识到效果评估是培训项目实施的有力保障，是教师培训环节中重要的一部分，通过效果评估，参训教师可以更加了解组织部门对培训工作与培训学员的重视，更清楚培训的预期目标与结果；通过干预学习过程，可以进一步督促培训中参训教师的学习进程，提升学习效果；通过反馈结果，可以让培训组织方找到培训中的薄弱环节和问题所在；还可以让培训讲师对教学内容与方法做出必要的改进，提高培训效果。由此可见，评估与学习过程结合得越紧密，培训就越成功。因此，作为完整的教师培训，在培训前、培训中和培训后的科学评估和评估反馈应该是教师培训项目管理的一项必不可少的环节，是保证培训质量、提高培训效益的有效措施，也是改进培训项目，实现教师培训管理科学化的重要手段。

2. 效果评估的相关研究与实践未成体系

全国关于教师培训效果评估的研究十分缺乏，更缺少实践指导性。在专著方

面,目前并没有关于教师培训效果评估研究的专著。在期刊和论文方面,在中国知网(cnki)以"教师效果评估"为主题进行搜索,共有 203 条搜索结果,且有关评价的研究大都集中在以下几个方面:(1) 企业绩效评估研究;(2) 政府等公共部门的评估;(3) 高校教师评估体系研究。因此,从体系构建和实践应用的角度去研究教师培训的效果评估虽依然缺乏参考,但还是有借鉴意义和指导价值的。

3. 沈阳市教师培训工作的现实诉求

沈阳市教师培训目前缺少专业的评价者,已有的评价者大多缺少对培训效果评估的科学意识,没有了解到效果评估对培训项目实施的重要性。而每年沈阳市教师培训的项目有几十项之多,培训工作多、任务重,资金投入大。现在,教育行政领导对培训项目质量提出了更高要求,因此市里急需对各级培训项目进行有效监管与科学评价把关,能有效诊断问题,调控培训方向,促进培训效果改善与提升。故此,应率先提高我市培训者的培训效果评估意识,学习先进区域培训评价方式,探究出适合我市的教师培训效果评估模型,包括理论方法、指标体系、实施策略、工具使用、数据处理、评价诊断方式、常态评价报告等可行性要素,从而研制出我市培训效果评估体系、机制与方式方法等。

二　　案例问题

沈阳市旨在通过理论研究及实践探索创建可操性强的教师培训效果评估模型及体系方法。针对沈阳市教师培训效果评估的现状,抓住教师培训效果评估的核心问题,并将核心问题分解成若干小问题,逐步进行研究解决。

核心问题:适合沈阳市教师培训效果评估的模型是什么?在实践中如何有效应用?

根据核心问题,又细化了以下几个问题。

沈阳市教师培训效果评估模型理论依据是什么?模型与评价的指标体系如

何确立?

基于这个效果评估标准的相关评估方法如何选取? 工具如何制作? 数据如何处理? ……

培训项目效果评估实践中如何应用,如何发挥诊断、导向、调控作用?

问题解决思路

沈阳市经过三年的教师培训效果理论及实践的探索,以课题为牵引,以培训为载体,以实用为目标,围绕着教师培训效果评估的核心问题不断探索,不断尝试,反复验证,最终创建出一个适用于沈阳市教师培训项目效果评估的崭新模型——PKCM 模型,并研制出一系列针对教师培训的评价指标体系,研发了多种教师培训效果评估所需的评价工具,总结出了一套科学的数据分析方法及评价报告的编写模板,为沈阳市的教师培训效果评估提供了有力的保障。

| 一 | 探索出适用于本土教师培训效果评估的 PKCM 模型 |

在研究之初,沈阳市就将教师培训效果评估列为市级重点课题进行专题研究。在研究国内外关于教师培训效果评估理论成果的基础上,开展了国内教师培训评估先进地区的调研及本土培训项目的实践研究。最终基于实践探索,将分层研究的柯式四级模型和分段研究的 CIPP 模型进行有机融合,得到了既可以用于层次评估,又

图 13 - 1　PKCM 评估模型

可以进行过程评估的评估模型,并将其命名为 PKCM 评估模型。PKCM 评估模型包含要素主要有评估阶段、评估内容、评估主体及评估工具等。每个要素可以根据不同培训的评估目的进行有机调整。

表 13 - 1   PKCM 评估模型的具体内容

阶　　段	评估内容	评估主体	评　估　工　具
培训前评估	背景评估	评估小组	资料审核
培训中评估	反应评估	评估小组	满意度问卷(问卷星)访谈
		培训组织方(授课教师)	自评量表
	学习评估	评估小组授课教师	课堂观察(学习评价)前后测问卷(问卷星)
培训后评估	行为改进	授课教师单位	考核评价问卷调查、访谈(360)
	总结评估	评估小组	资料审核

二　　创设出适用于沈阳市教师培训效果评估的指标体系

效果评估指标体系是教师培训效果评估的基石,是评估教师培训的重要标准。如何合理地设置培训的评估指标,是评估的第一步,也是最重要的步骤。在评估研究方法中,编写一个科学的评价指标主要应考虑三方面内容:指标要素、评价标准及指标权重。评价对象的指标要素是指能够反应评价对象特征的各种成分,而评价培训的指标要素就应该是培训的四要素(环境、课程、教师及学员)。评价标准是衡量事物特征各个成分的比较基准。应该是评价培训各个要素的标准,在实际操作中可以细化为二级指标或三级指标。作为评价要素具体内容的二级指标应该根据培训的目的及特点而灵活选择。而作为描述性质的三级指标,在设计时应该丰富多样,而不应该拘泥于表格中提到的内容。指标权重是指各个成分在总体中所具有的重要程度的标志,是说明每个评价要素在评价中的比重的标志。指标权重应该根据评价目的的不同进行调整。沈阳市经过理论研究,结合本市培训项目的特点,研制出了沈阳市教师培训效果评估基础指标体系。

表 13 - 2   沈阳市教师培训效果评估基础指标体系

指 标 项 目			权重	评测工具
一级指标	二级指标	三级指标		
环境	(1) 培训组织与管理	合理性、先进性、精细化		问卷调查访谈
	(2) 培训形式	针对性、多元性、创新性		
	(3) 培训服务	优质性		
	(4) 培训场地	适切性、舒适性		
	(5) 培训食宿	标准化		
课程	(1) 课程目标	清晰性、合理性、可测性		评价量表问卷调查访谈
	(2) 课程结构	科学性、逻辑性、关联度		
	(3) 课程内容	针对性、准确性、先进性、实践性、丰富性		
	(4) 课程组织与实施	有序性、参与性、实效性		
教师	(1) 专业素养	专业理念的先进性 专业知识的科学性 专业态度的积极性 语言表达的流畅性、生动性、感染性 仪容仪表的整洁性		评价量表问卷调查访谈
	(2) 培训能力	教学方法的多样性、启发性、灵活性 教学组织的有序性、互动性、控制力 课件应用的适切性		
学员 (表现与发展)	(1) 学员知识技能水平	前测、后测的差异性比较		测试评价量表访谈
	(2) 学习过程参与度	学习积极性、学习参与性		
	(3) 教学行为转化	提升度		

注:(1) 每一项结构指标的满分为 100 分;(2) 整体评价指标的分数为每一项结构指标乘以权重之和。

三	基于培训项目开展教师培训效果评估实践研究

如何使研究成果在现实中得到检验,是研究的重要环节,也是意义所在。在研究初步得到成果后,研究者选择将农村教师培训及新教师培训作为实验对象,在培训过程中加入评估环节。目的是通过对培训项目实施进行监测和反馈,提高培训的效果,同时对教师培训效果评估的理论进行实践检验与修订改进。

1. 根据培训项目特征设计培训效果评估方案

在为培训项目制定效果评估方案时,首先应该对项目的设计方案进行研究。例如,在为农村教师培训设计评估方案时,我们首先研究了农村教师培训项目的计划书,了解了农村教师培训的培训目标、培训内容和培训方式等,针对农村教师培训项目的特点,设计了农村教师培训效果评估方案,该方案重点在于市区两级的培训中评估和培训后的行为改进,而且整个培训呈现周期性,更能彰显出过程评估的及时性、导向性与调控性。

表 13-3　沈阳市农村骨干教师培训效果评估方案框架

评估对象	评估主体	评 估 内 容	评估工具	满分	权　重	
市级培训	学员	学员满意度 (反应评估)	网络问卷 (评估指标)	100	25%	
区级 (校级) 培训	市级	研修基地(区级)评估	抽样现场 调研	40	30%	55%
		研修工作站(校级)评估		60		
	区级	研修基地(区级)评估	自评	40	20%	
		研修工作站(校级)评估	自评	60		
	学员	学员满意度 (反应评估)	网络问卷 (评估指标)	100	50%	
学员	市、区、校级	培训(跟岗)评价 (学习评估)	网络评价	70	20%	
	学员单位	校本实践评价(行为改进)	评价鉴定	30		

评估方案包含评估目标、评估对象、评估方法、评估步骤及详细的评估指标，此外，我们还编写了评估所需要的各种评估标准。

表 13-4 农村骨干教师培训评估指标设计框架

一级指标	二级指标	评估范围	评估工具	权重
培训(研修)组织管理	前期筹备	市、区、校三级	市级抽样调研评价(包括学员访谈)区级自评学员满意度问卷调查	0.15
	中期组织协调	市、区、校三级		
	后期总结	市、区、校三级		
	基地对工作站的建设与管理	区级		
培训(研修)环境	培训(研修)形式	市、区、校三级		0.15
	培训(研修)服务	市、区、校三级		
	场地设施	市、区、校三级		
培训(研修)课程	课程内容	市、区、校三级		0.25
	教学方法	市、区、校三级		
	实施效果	市、区、校三级		
培训(指导)教师	专业营养	市、区、校三级		025
	培训(指导)能力	市、区、校三级		
培训学员	培训学习过程	学员(参与度、学习成果展示汇报等)	评价量表及成果鉴定	0.2
	实践行为转化	学员(教学能力及行为的转化与提升等)		

表 13-5 农村骨干教师培训研修基地(区级)评估标准

一级指标	二级指标	三级指标及分值	总计
培训组织安排	培训前期筹备	研修工作站的上报数量、前期课程计划(3分)	20分
	培训中期组织、协调	课程安排与协调、与市级培训部门工作对接(接送学员)及学员管理(学员考勤、请假、安全情况等)(5分)	
	培训后期总结	学员考勤表、学员跟岗研修的评价表、学员作业的上交时间、数量、质量、学员满意度调查问卷上交的数量(6分)	

一级指标	二级指标	三级指标及分值	总计
培训组织安排	对研修工作站的建设与管理	研修工作站的组织安排、指导教师人数及水平(5分)	20分
培训环境	培训形式	培训内容的呈现形式、培训中的交流形式(5分)	20分
	培训服务	服务态度、服务质量(7分)	
	场地设施	培训教室的环境、布置以及多媒体的使用情况(8分)	
培训课程	课程内容	课程内容对学员教育理论的引导、课程内容的实际操作性(10分)	30分
	教学方法	教学方法的适切性、多元性(10分)	
	实施效果	学员的课堂反馈、课程实施过程中的整体氛围(10分)	
培训教师	专业素养	主讲教师的语言表达、仪容仪表、着装、教态(15分)	30分
	授课能力	主讲教师的教学组织能力、课程内容充实度、课件设计使用情况(15分)	
总 分			100分

表 13-6 农村骨干教师培训研修基地(校级)评估标准

一级指标	二级指标	三级指标及分值	总计
研修组织安排	研修前期筹备	前期课程计划(5分)	20分
	研修中期组织、协调	课程安排与协调、与区级培训部门工作对接(接送学员)及学员管理(学员考勤、请假、安全情况等)(7分)	
	研修后期总结	学员考勤表、学员跟岗研修的评价表、学员作业的上交时间、数量、质量(8分)	
研修环境	研修形式	研修内容的呈现形式、研修中师带徒的交流形式(5分)	20分
	研修服务	服务态度、住宿安排、服务质量(7分)	
	场地设施	研修教室的环境、布置以及多媒体的使用情况(8分)	
研修课程	课程内容	课程内容对学员教育理论的引导、课程内容的实际操作性(10分)	30分
	教学方法	教学方法的适切性、多元性(10分)	
	实施效果	学员的课堂反馈、课程实施过程中的整体氛围(10分)	

一级指标	二级指标	三级指标及分值	总计
指导教师	自身专业素养	教育理念、听评课水平(10分)	30分
	研修指导工作	对学员在听评课技巧、新课程背景下命题技术提升和教科研活动的设计与开展等方面的指导水平(10分)	
	工作态度与服务	自身的工作态度、责任心与对学员的服务态度、指导态度(10分)	
总　　分			100分

2. 依据评估方案设计多元效果评估工具

评估工具是效果评估中最关键的利器,设计的评估标准都需要借助评估工具测量,工具设计是否科学直接决定了评估结果是否正确,因此为评估设计科学高效且可操作性强的工具是至关重要的一步。在农村教师培训评估中,我们设计了多种评估工具,其中包括:学员满意度调查问卷、基地校访谈提纲、跟岗研修过程记录与评价表、教师教学能力行为转化评价表、研修基地(研修工作站)自评量规等,并采用了网络问卷、实地访谈等方法对农村教师培训进行跟踪评估。

辽宁省农村骨干教师培训区级培训问卷调查

老师您好,为了解培训的实施效果,促进我们更好地开展之后的培训工作,请您协助完成这份反馈问卷。问卷为不记名形式,请您如实填写,谢谢!

1.您在哪所学校进行跟岗研修

_____(请填写学校全名)

2.请您对所在的研修基地及工作站的培训满意程度打分(　)(1-5分,1分为非常不满意,5分为非常满意)

(1)培训的组织安排

(2)培训的形式

(3)培训的场地设施

(4)培训提供的服务

3.请您对本次培训的课程及主讲教师的满意程度打分(　)(1-5分,1分为非常不满意,5分为非常满意)

《新课标在学科教学中的落实》

(1)课程内容的针对性及可操作性

(2)课程教学方法的多样性及实用性

(3)课程的实施效果

(4)主讲教师的专业素养(仪容仪表及语言表达能力)

(5)主讲教师的教学组织及课件使用

《信息技术手段在学科教学中的应用》

图 13-2　学员满意度调查问卷(部分截图)

表 13-7　辽宁省农村骨干教师培训研修基地及研究工作站访谈提纲

区：_____　　学校：_____

访谈维度	访 谈 内 容	标　　准	记录与备注
培训组织安排	1. 区级对本次培训组织安排与协调情况?（中期） （1）课程安排 （2）工作协调(本区工作协调,与市级培训部门工作对接) （3）学员管理(学员培训学习考勤、请教、安全情况等)	逻辑性、安排周密、亮点	
	2. 校级对本次研修组织安排与协调情况?（中期） （1）课程与研修活动安排 （2）组织工作协调 （3）学员管理(学员研修考勤、请假、安全情况等)	逻辑性、安排周密、亮点	
培训环境	3. 本次培训都使用了哪些形式? （1）研修基地(区级)培训呈现形式及效果 （2）研修工作级(校级)研修形式及效果	多样、调动学员积极性、创新	
	4. 本次培训的场地情况? （1）研修基地(区级)情况 （2）研修工作站(校级)情况	专用、保障功能	
	5. 培训服务情况? （1）研修基地(区级)服务态度、质量情况 （2）研修工作站(校级)服务态度、质量、住宿情况	适切性、多媒体	
培训(研究)课程	6. 本次培训课程及研修活动情况? （1）各级课程设置及课程内容对学员教育教学理论的引导,特别是实用性、操作性情况,教学方法如何 （2）研修情况如何(内容、过程、方法、效果)	科学性	
培训教师	7. 本次培训主讲教师(指导教师)情况? （1）研修基地(区级)培训教师专业素养及培训能力如何 （2）研修工作站(校级)专业素养、指导能力及工作态度如何	选择依据	
整体情况	8. 本次培训遇到什么困难和需要?		
	9. 本次培训有什么收获与建议?		

248

表 13‒8 跟岗研修过程记录与评价表

一、参训教师基本情况						
市　　地		市　　县		学　　校		
姓　　名				学　　科		
参训期次		第　　期		联系电话		
研修所在学校						

二、听课记录（至少听课 5 节）

序号	时间	班级	课　　题	主讲教师签字
1				
2				
3				
4				
5				

表 13‒9 教师教学能力行为转化评价表

序　　号	培训教师学习要求	考核分数	实际得分
1	教学汇报与研讨	20	
2	一节课的教案	20	
4	一节课的课件	20	
5	研修记录	20	
6	教学能力行为转化综合得分	20	
7	合　　计	100	

教务主任评语：	教务处评定： 年　　月　　日 （盖章）

表 13‐10　农村骨干教师培训研修基地(研修工作站)自评量规

研修基地(区)：＿＿＿＿＿＿

一级指标	二级指标	三级指标(评估条目及分值标准)	主要查备资料	分值
培训(研修) 组织安排 (25分)	前期筹备	1. 本基地的研修工作站和学科上报总数量(2分) 2. 本基地及工作站前期培训制度建设、课程计划与岗前培训(2分)	基地培训的相关资料(文本资料和影像资料等)	
	中期组织协调	1. 本基地及工作站的课程与活动组织安排(5分) 2. 工作协调(本区内工作协调,与市级培训部门工作对接)(2分) 3. 学员管理(学员培训学习考勤、请假、安全情况等)(1.5分)		
	后期总结	1. 学员跟岗研修的过程记录与评价表数量(文本与网络评价)(1.5分) 2. 学员作业的上交时间、数量、质量(1.5分) 3. 学员满意度调查问卷上交的数量(1.5分) 4. 培训总结性材料上交情况(培训总结和评估自评表等)(2分)	基地培训的相关资料(文本资料和电子资料等)	
	基地对工作站的建设与管理	1. 本基地对工作站的建设(所属研修工作站相关标准制度与要求、培训学科数量、指导教师人数及水平)(3分) 2. 本基地对工作站的组织管理(对培训工作人员的安排指导,对指导教师的培训管理等)(3分)	基地管理的相关资料(文本资料和影像资料等)	

一级指标	二级指标	三级指标(评估条目及分值标准)	主要查备资料	分值
培训(研修)环境(15分)	培训(研修)形式	1. 本基地及工作站培训学习与培训展示的呈现形式(2分) 2. 本基地及工作站培训中的交流形式(2分)	培训环境的说明材料(文本资料、影像资料)	
	培训(研修)服务	1. 本基地及工作站的服务态度(3分) 2. 本基地及工作站的住宿安排、服务质量(5分)		
	场地设施	1. 本基地及工作站培训教室的环境、布置(2分) 2. 本基地及工作站多媒体的使用情况(1分)		
培训(研修)课程(30分)	课程内容	所有课程内容对学员教育教学理论的引导,课程内容的实用性、操作性(10分)	培训中的相关资料和学员的反馈	
	教学方法	所有教学方法的适切性、多元性(10分)		
	实施效果	所有课程实施过程中的整体氛围及学员的课堂反馈(10分)		
培训(指导)教师(30分)	专业素养	主讲(指导)教师的教育理念、专业水平、工作(服务)态度等(15分)	培训中的相关资料和学员的反馈	
	培训(指导)能力	主讲(指导)教师的授课能力及指导能力(15分)		
自评总分				

注：请各研修基地根据自评量表撰写一份自评报告。

3. 采用科学合理的方法进行评估实操

如何使用工具进行科学评估操作呢？即如何快捷地发放各种评价问卷及量表,并对采集的数据科学高效地进行回收及分析呢？这也是培训效果评估中科技性、技术性最强的环节。在互联网时代,培训效果评估也应带有时代特征,应充分利用网络高效、便捷和客观的特点,为培训效果评估保质提速。因此,我们在发放、收集各种问卷及量表时,借助了问卷星的强大功能,使得各方参与评价的人员使用手机扫描问卷星生成的二维码,即可进行网络答题或评分。在积累了足够多的数据后,项目评价者可以从平台提取详细数据及初步的分析结果。但是,要想得到更完善的评估结果,还需要进一步的数据处理与分析。这时,可使用 EXCEL 或 SPSS 进行。

表 13 - 11 使用 EXCEL 进行培训课程满意度问卷数据的分析过程

(1) 培训的组织安排	4.89	4.33	5	4.93	5
(2) 培训的形式	4.89	4.35	5	4.97	5
(3) 培训的场地设施	4.87	4.2	5	4.93	5
(4) 培训提供的服务	4.87	4.1	5	4.88	5
(5) 培训提供的食宿	4.83	3.98	5	4.8	4.95
(1) 课程内容的针对性、实用性及操作性	4.96	4.5	5	4.97	4.98
(2) 课程教学方法的多样性及实效性	4.96	4.43	5	4.97	4.98
(3) 课程的实施效果	4.96	4.45	5	4.99	4.97
(4) 主讲教师的专业素养(教育教学理念、语言表达能力及仪容仪表等)	4.94	4.38	5	4.99	4.98
(5) 主讲教师的培训能力(授课能力、教学组织能力及课件使用等)	4.94	4.4	5	4.97	4.98
(1) 课程内容的针对性、实用性及操作性	4.94	4.37	5	4.95	4.98
(2) 课程教学方法的多样性及实效性	4.94	4.38	5	4.95	4.98
(3) 课程的实施效果	4.94	4.37	5	4.93	4.98
(4) 主讲教师的专业素养(教育教学理念、语言表达能力及仪容仪表等)	4.94	4.4	5	4.96	4.98
(5) 主讲教师的培训能力(授课能力、教学组织能力及课件使用等)	4.94	4.37	5	4.96	4.98
(1) 跟岗研修内容的针对性、实用性及操作性	4.96	4.37	5	4.99	5
(2) 跟岗研修活动安排的多样性及实效性	4.96	4.37	5	4.99	4.98
(3) 跟岗研修的实施效果	4.96	4.37	5	4.99	5

（4）指导教师的工作态度、责任心	4.96	4.37	5	4.97	5
（5）指导教师的专业素养（教育教学理念、语言表达能力等）	4.96	4.43	5	4.99	5
（6）指导教师的研修指导水平	4.94	4.43	5	4.99	4.98
培训环境及组织	4.87	4.19	5	4.9	4.99
新课标在学科教学中的落实	4.95	4.43	5	4.98	4.98
信息技术手段在学科教学中的应用	4.94	4.38	5	4.95	4.98
岗研修课程及指导教师	4.95	4.39	5	4.98	4.99
	4.945	4.405		4.965	
培训环境及组织	29.22	25.14	30	29.4	29.94
课程及主讲教师	19.78	17.62	20	19.86	19.92
岗研修课程及指导教师	49.5	43.9	50	49.8	49.9
总分	98.5	86.66	100	99.06	99.76

T检验

[数据集1]

成对样本统计量

		均值	N	标准差	均值的标准误
对1	前测	22.58	33	10.906	1.898
	后测	40.45	33	7.000	1.219

成对样本相关系数

		N	相关系数	Sig.
对1	前测 & 后测	33	.127	.480

成对样本检验

		成对差分							
					差分的95%置信区间				
		均值	标准差	均值的标准误	下限	上限	t	df	Sig.(双侧)
对1	前测 - 后测	-17.879	12.185	2.121	-22.200	-13.558	-8.429	32	.000

图 13-3　使用 SPSS 软件进行学员前后测的数据分析

4. 优化评估数据分析结果

枯燥的数据堆砌,会使评估的结果变得不清晰、不生动,为了使评估结果一目了然,我们需要合理地使用各种图表,将数据分析后所得的结论进行可视化展示。例如,在新教师培训中,我们对一位教师的授课情况进行了评估,在对参训学员的问卷数据进行分析后,得到下表 13-12。

表 13-12　授课教师的课程实施评价表

姓　　名	课程内容	教学方式	课程设计	专业素养	专业知识	组织能力	综合平均分
XXX	4.87	4.87	4.9	4.88	4.88	4.9	4.88
整体平均分	4.88	4.86	4.86	4.88	4.88	4.89	4.87

采用雷达图的形式对表 13-12 进行可视化处理,教师授课的评估结果就可以直观地呈现在大家面前。

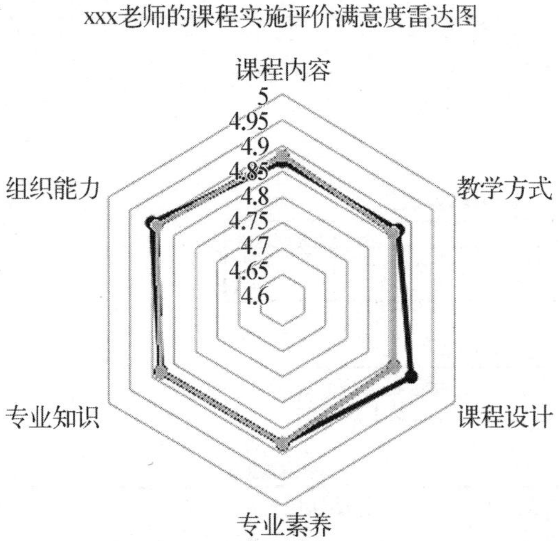

图 13-4　授课教师的课程实施评价满意度雷达图

研究的目的是为了在实践中有效应用。在经过三年的理论和实践研究后,沈阳市将研究所得的成果开发成了系列培训课程,为培养沈阳市教师培训效果评估专业人员提供了专属的课程支持。同时,我们申请了专项培训经费,开展沈阳市教师培训效果评估培训,一年之内为 13 个区县培训了 40 位可以独立进行培训效果评估的专业人员。

表 13－13　沈阳市教师培训绩效评估课程表

培 训 目 标	课程题目及主讲人	课程内容(培训内容)
在评估实践中认识到评估的价值与力量;厘清评估的核心要素;掌握科学而实用性强的评估模型及评估工具等;明确培训项目评估的出发点与目标方向。	《沈阳市教师培训效果评估创新模型与评估实施》(张馨月 沈阳市教育研究院)	1. 以实践案例入手,引领学员深入浅出地认识到评估的价值与力量; 2. 从理论研究推演到实践应用,厘清评估的核心要素,推出科学而实用性强的评估模型与评估工具等; 3. 培训项目效果评估的注意事项。
初步感知评估的整体框架;掌握培训项目评估指标体系的整体架构;学会满意度问卷的设计方法。	《沈阳市教师培训评估的指标体系与满意度问卷设计》(李小萌 沈阳市教育研究院)	1. 初步感知评估的整体框架; 2. 重点分享培训项目评估指标体系的整体架构; 3. 针对不同的评估指标,又辅以对应的评测工具讲解; 4. 满意度调查问卷的编写方法。
掌握利用信息技术制作电子问卷,网络共享发放问卷及收集整理问卷的方法;了解数据分析的基本内容及方法,掌握调查问卷数据的分析步骤及有效方法。	《沈阳市教师培训评估工具应用与有效数据的整理分析》(姜巍 沈阳市教育研究院)	1. 利用信息技术制作电子问卷; 2. 网路发放及回收调查问卷的方法; 3. 数据分析的基本原理与方法,调查问卷数据的分析步骤与方法; 4. 评估报告的科学撰写。

经验与创新

一 以课题为牵引，创建出适切的培训效果评估模型及评估流程

沈阳市在进行教师培训的过程中，发现了评估对培训管理的重要作用及评估在教师培训中的缺失，故申请了市级重点课题进行专题研究，以研究科研课题的专业态度及科学方法，对教师培训效果评估进行了系统的科学研究。最终，创建出了适用于本土教师培训效果评估的模型（PKCM 模型）、评估所需的基本评价指标体系、评价方法及评价工具，形成了一套完整的教师培训效果评估流程，为教师培训效果评估提供了坚实的理论基础。

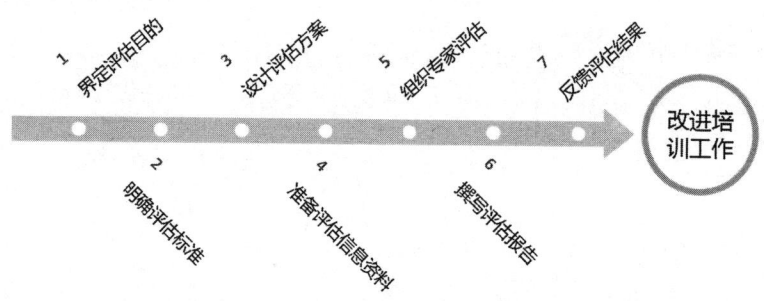

图 13-5　教师培训效果评估流程图

二 以项目为载体，深入实践以检验培训效果、评估研究成果

实践是检验真理的最佳战场。沈阳市每年开展的教师培训项目有几十个，我们选取了不同类型的培训开展培训效果评估的实践研究，例如：2016 年我们为农村教师培训项目及新教师培训项目进行了效果评估。从设计评估方案、编写评估

指标及评估工具,到对培训项目进行评估实施及反馈,每一步都是反复尝试、反复修改、反复验证的过程,在经过多次的实践及修改后,我们最终推出了沈阳市教师培训项目效果评估体系及评估方法。

三   **以诊断、导向、改进为目标,提高沈阳市教师培训项目质量**

研究教师培训效果评估的初衷是为了加强教师培训的管理,提高教师培训项目的质量。因此,将研究的成果应用在培训项目上,为培训项目保驾护航是我们的终极目标。实践证明,在培训中适量加入效果评估,会给培训带来很大的好处,会帮助培训实施得更好。例如:在对农村教师培训的区县跟岗培训环节进行评估的过程中,我们发现某区在培训第一期的学员满意度调查报告中整体分数较低,在对学员的问卷进行分析后,我们诊断出是该区五个研修工作站之一的某一环节出现了问题,并及时将原因反馈给了该区。在第二期培训时,该区的学员满意度分数得到大幅度的提高,这说明了该区根据评估结果进行了及时改进。通过在培训中引入评估,可以导向各区培训从细、从实、从真,促使农培五区五期的培训质量越来越高。

表 13 - 14   农村教师培训某区学员评估改进前后满意度对比表

	第一期满意度	第二期满意度
(1) 培训的组织安排	4.33	5
(2) 培训的形式	4.35	5
(3) 培训的场地设施	4.2	5
(4) 培训提供的服务	4.1	5
(5) 培训提供的食宿	3.98	4.94
平均分及加权后得分	4.19 (25.14)	4.988 (29.928)

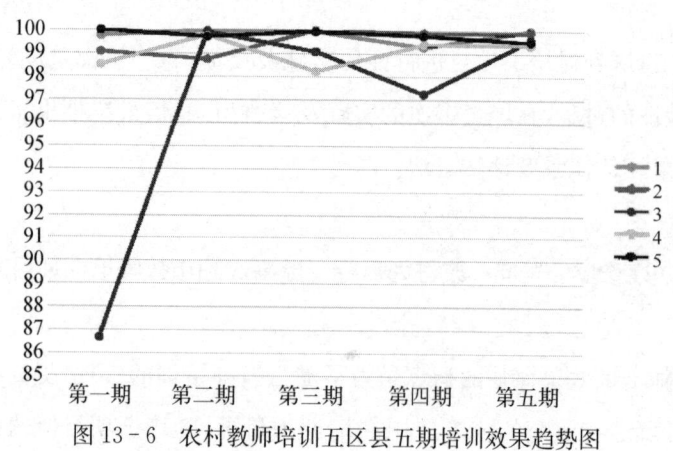

图 13 - 6　农村教师培训五区县五期培训效果趋势图

培训课程开发实施效果评价反馈

XXX 老师:

　　您所开发的新教师岗位技能课程《教师有效教学反思的途径与方法》,通过专家的文本评审和试讲评审获得了全市新教师培训的主讲教师资格。并于 2015 年 12 月 12 日承担了该课程的培训任务,共计 105 名学员对您的培训做出了课程实施效果的满意度评价,具体评价的情况如下:

姓名	课程内容	教学方式	课程设计	专业素养	专业知识	组织能力	整体
XXX	4.87	4.87	4.9	4.88	4.88	4.9	4.88
整体	4.88	4.86	4.86	4.88	4.88	4.89	4.87

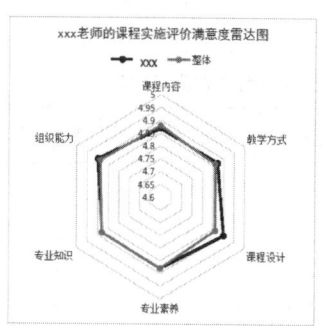

　　您的教学方式、课程设计和组织能力方面均高于整体平均值,专业素养和专业知识方面与整体平均值相等。课程内容方面略低于整体平均值。

图 13 - 7　主讲教师培训课程开发
实施效果评价反馈

　　在新教师课程开发培训中,为了检验开发的培训课程是否符合沈阳市新教师的需求,我们针对开发出的 29 门课程设计了培训课程效果评估调查问卷,并对参加新教师培训的 800 多名新进教师进行了网络调查,在对大数据进行整理分析及将结果进行可视化处理后,我们完成了 29 门优质课程的培训课程效果评估反馈报告,为以后的新教师课程开发提供了科学的依据。

四　以分层有机组合为策略,提升教师培训项目评估的针对性

　　沈阳市创建的教师培训评估理论及方法在使用中具有分层灵活性,可以

根据不同的培训目标,对评估内容、评估方法及评估过程进行有机组合与灵活选择。例如:沈阳市农村教师培训,目的主要是为在市级集中培训及区级跟岗培训中提高农村教师的教学理念及教学技能,在设计评估方案时侧重于培训中评估。沈阳市新教师培训课程开发培训,目的主要是开发出适合于沈阳市新教师需求的培训课程,因此评估方案侧重于培训后评估,即评估开发的课程在新教师培训中的实施情况。而在评价者培训中,则要根据项目需求采用全模型评估。

思考与展望

一　存在的问题

1. 验证效果评估的培训项目较少;
2. 针对不同种类的培训项目的评估方法及指标细化不全面;
3. 质性评估与量性评估的结合还需要提高;
4. 评估报告的优劣等级划分如何科学取值还有待总结。

二　未来发展方向

在以后的教师培训效果评估中,要扩大评估实践的培训项目种类,完善教师培训效果评估的理论体系,结合沈阳市教师培训项目的特点,细化打磨沈阳市教师培训项目评估标准及操作流程,为沈阳市教师培训的专业化提供有力保证。

案例实践情况

应用区域/项目:沈阳市教师培训效果评估培训

应用人数： 13 个区县 40 名培训者

应用方式及成效：

在对培训效果评估进行深入研究后，沈阳市在 2017 年为 13 个所属区县的教师培训管理者量身打造了培训效果评估培训，即评价者培训。

| 一 | 打造亲体验、深研讨、重实践的评价者培训方案 |

教师培训项目效果评估以专业面孔出现在普通培训管理者面前，尚显高冷而陌生，因此置身其中体验是最好的习得方式，并且以实践研究为基础，更易掌握其中的相关技能。因此，评价者培训以对培训项目评估的实践研究探索为主。培训过程中将所有学员代入完整的评估环节，学员既参与评价又被评价，可以亲身体会评估的作用与意义。培训还以任务驱动为前提，设计的任务主要是对区县培训项目进行评估实践，在每一个培训阶段设置相应的培训任务。该培训以研究小组为培训单位，由多名专家组成的专家团队引领贯穿整个培训过程，将集中培训、小组研讨、专题研修与实践研究相结合。培训全程分为四个环节，即：理论能力提升、评估专题研修、项目评估实践、经验凝练提升。

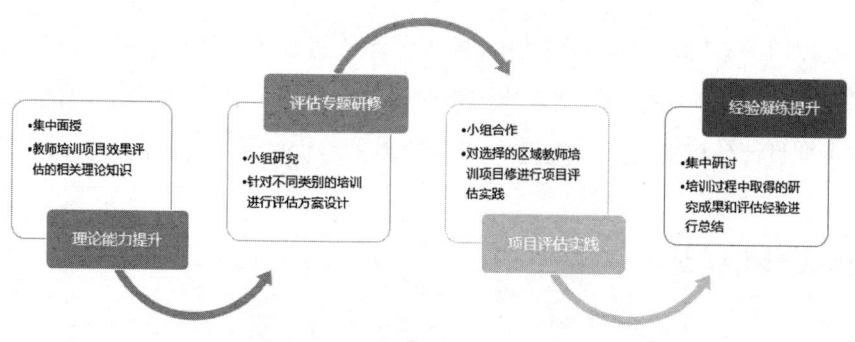

图 13 - 8　评价者培训主要环节

二　小组研讨贯穿培训全程，充分激发学员的激情与智慧

　　小组研讨可以充分调动学员的主动性，激发学员的激情与智慧。评价者培训将小组研讨作为主要的培训手段，培训按照学员研究意愿，分为五个小组，每个小组的主题各不相同，五个主题包括：区域培训效果评估、骨干教师培训效果评估、校本研修评估、名师培训项目效果评估及新教师培训效果评估。在小组研讨过程中沈阳市聘请培训专家现场指导，使小组研讨聚焦关键问题，研讨效果事半功倍。在两轮小组研讨结束后，每个小组都可以完整地设计出适合本组主题培训的评估方案。

图 13-9　小组研讨照片

三　学员在"做中学"，收获效果评估的理论知识与操作技能

　　整个培训过程重视学员的参与度，学员成为培训的主人，对需要学习的知识由被动的接受变成主动的习得。在培训结束时，每个学员可以独立地完成教师培训效果评估方案的设计，评估指标的编写，评估工具的选择及应用，评估数据的汇总及分析等。同时，学员还集体为沈阳市的教师培训设计出了五大类型的评估方案。为以后的教师培训效果评估提供了有力支撑。

　　例如，在培训过程中，我们有意识地将评估引入其中，使学员既是学习者，也是评价者，通过亲身参与对培训项目的评价，对培训效果评价产生直观的认识。

　　在培训过程前后进行测试后，运用 SPSS 统计软件，对于前后测试的成绩进行统计。

沈阳市"十三五"中小学校长、教师培训工作评估
验收方案

一、校长教师培训评估目的
　　为加快推进我市教育现代化建设，全面打造一支高素质专业化的校长教师队伍，落实《国务院关于加强教师队伍建设的意见》、《辽宁省教育事业发展"十三五"规划》和《沈阳市教育事业中长期发展规划纲要（2010-2020）》、《沈阳市中小学校长教师培训"十三五"规划》（征求意见稿）等文件精神的要求，并结合我市校长教师培训工作实际，制定本评估方案。

二、校长教师培训评估对象
　　沈阳市各区县教育局、教师进修院校和中小学校。

三、校长教师培训评估总体设计
　　评估分为三个部分：
　　教育行政部门（20分）
　　教师进修院校（40分）
　　中小学校　　（40分）

骨干教师培训项目评估方案

一、骨干教师培训项目基本情况
　　1.培训目标
　　通过培训，使参训教师在原有经验的基础上，加强师德、创新思维能力、学科知识拓展能力、教育教学研究能力等方面培训，建立科学、合理的教师专业成长路径，提高课堂教学能力，加强信息技术与学科教学整合能力，使其成为具有现代教育观念、合理知识结构、掌握必备的现代信息技术能力，具备一定的教育教学、科研能力的水平高、能力强、业务精的优秀教师，并能起到骨干辐射作用，以带动学校乃至全区教师队伍的整体发展。

　　2.培训内容
　　以集中面授、网络研修、岗位实践相结合的方式，扎实开展师德教育、专业理论、教师成长、课堂教学、现代信息技术、校本教研方面的培训。

　　3.培训方式
　　专家讲座、集中培训、小组合作学习、校本研修、教学比赛等。

　　4.培训环节
　　通过需求调研、集中培训、网络与岗位研修、实践跟踪、成果展示、总结评价六个环节展开培训。

二、培训效果评估目的
　　为了加强骨干教师培训项目的科学管理，诊断、分析骨干教师培训项目中的优势与问题，确保骨干教师培训的必要性，方案的科学性

新教师培训项目效果评估设计方案

一、培训项目的基本情况

皇姑区 2015 年新教师培训项目现已结束。培训项目基本情况如下：

目标：加强师德修养的培训，强化新教师职业素养的培养，增强新教师爱岗敬业、廉洁从教的自觉性。加强专业标准解读和教学基本功方面的培训，帮助新任教师深入理解教师专业标准和掌握常用的教学基本功，更快更好地适应教师新岗位。

内容：分为三个模块：师德师风与职业素养（10 学时）、专业能力（70 学时）、专业成长（40 学时）。

方式：采取区级集中培训与区校双导师指导相结合、理论研修与网络自修相结合、岗位实践与自主学习相结合，力求均衡区内培训资源，丰富培训内容。

环节：

第一阶段：集中培训——岗位基本技能培训（第一年）

第二阶段：校本研修——双导师引领提高（第二、三年）

二、培训效果评估目的

通过评估，查找、分析、改进区域新教师培训项目存在的问题和不足，提高新教师培训实效性，为今后进一步做好新教师培训工作提供依据，构建区域新教师培训的科学体系。

三、培训效果评估对象

新教师培训项目。通过对区教师学校，一线学校、课程

校本研修培训项目效果评估方案

一、培训项目的基本情况

（一）培训目标

依托高校（沈阳师范大学教师发展学院），整合市、区培训资源，以打造校本研修优秀教研组为抓手，采取"以点带面，逐步推进"的方式，带动区域校本研修工作不断向纵深发展，促进基础教育课程改革，促进教师专业化成长和区域教育的均衡发展。

（二）培训内容

对校本研修项目校进行校本研修理论与实践研修相结合的培训。主要以校本研修与教师专业发展的通识理论、问题意识与研究主题、研修方法与策略、课堂观察与评价、研修实践与成果提炼等为培训内容。

（三）培训方法

在实施过程中主要采取专题引领、同伴互助、任务驱动、展示交流、感悟提升等借施，推动区域校本研修工作逐步开展，充分发挥研训一体优势，促进区域教师的专业成长和教育的均衡发展。

（四）培训阶段

培训分为三年，依托沈阳师范大学逐步分阶段实施市级、区级校本研修培训项目。

第一年：依托高校资源，开展校本研修初步尝试。

依托沈阳师范大学优秀的专家团队，邀请区域内外的专家参与到

待评名师培训项目评估方案

依据《沈阳市中小学校长教师培训"十三五"规划》，对待评名师培训项目进行效果评估，特制定此方案。

一、培训项目的基本情况

1、培训目标：

为进一步加强本地区教育领军人才梯队建设，培养一支师德高尚、业务精湛、结构合理的师资队伍，培养一批在本地区乃至市级以上有一定知名度的领军人物，带动本地教育的发展。

2、培训内容

（1）教师职业道德

（2）教育心理学概论

（3）教师、学生心理健康

（4）国际视野下的基础教育课程改革发展趋势

（5）课堂教学模式与教学设计理论

（6）听评课技能训练

（7）小课题理论研究

（8）校本研修活动策划与指导

3、培训方法

专家讲座、自主研修、教育考察等。

4、培训环节

理论学习、实践探究、教育考察三个环节展开培训。

二、培训效果评估目的

待评名师培训项目评估方案　第 1 页 共 5 页

图 13-10　设计的培训项目效果评估方案

263

图 13-11 左栏：

1. 您的姓名：【填空题】【必答题】。

2. 您的区县？【填空题】。

3. 培训者应具备的能力有哪些？【多选题】【必答题】
   ○ 研究能力。
   ○ 指导能力。
   ○ 引领能力。

4. CIPP评价模式是由谁提出的？【单选题】【必答题】
   ○ 唐纳德.L.柯克帕特里克。
   ○ 斯塔弗尔比姆。
   ○ 泰勒。

5. 四层次评估模型是由谁提出的？【单选题】【必答题】
   ○ 泰勒。
   ○ 唐纳德.L.柯克帕特里克。
   ○ 斯塔弗尔比姆。

6. 培训者的研究能力包括什么？【多选题】【必答题】
   ○ 问题的洞察力。
   ○ 求解的钻研力。
   ○ 实践的探究力。
   ○ 道理的解释力。

7. 体验式学习圈理论是由谁提出的？【单选题】【必答题】
   ○ 科勒。
   ○ 汉森。
   ○ 大卫.库伯。
   ○ 威尔士。

8. 以下哪些是四层次评估模型中的内容？【多选题】【必答题】
   □ 学习层。
   □ 反应层。

图 13-11 右栏：

1. 您的姓名：【填空题】【必答题】。

2. 您的区县：【填空题】【必答题】。

3. 沈阳市教师培训项目评估的模型【填空题】。

4. 评估过程中常用的工具有哪些？【多选题】【必答题】
   □ 调查问卷。
   □ 访谈。
   □ 量表。

5. 学员满意度问卷调查时，常使用的便捷技术是【填空题】【必答题】。

6. 设计问卷的首要依据【填空题】【必答题】。

7. 培训者的研究能力包括什么？【多选题】【必答题】
   ○ 问题的洞察力。
   ○ 求解的钻研力。
   ○ 实践的探究力。
   ○ 道理的解释力。

8. 数据处理的最后一个步骤是【单选题】【必答题】。
   ○ 同类项合并。
   ○ 有效问卷的甄别。
   ○ 数据排序。
   ○ 化为单一表格。

9. 体验式培训课程开发的环节有哪些？【多选题】【必答题】
   □ 放开自我。
   □ 互相认识。
   □ 团队组建。
   □ 团队建设。

图 13-11 学员培训过程前后测试题（示例）

T检验

[数据集1]

成对样本统计量

		均值	N	标准差	均值的标准误
对1	前测	22.58	33	10.906	1.898
	后测	40.45	33	7.000	1.219

成对样本相关系数

		N	相关系数	Sig.
对1	前测 & 后测	33	.127	.480

成对样本检验

		成对差分					t	df	Sig.(双侧)
		均值	标准差	均值的标准误	差分的95%置信区间 下限	上限			
对1	前测 - 后测	-17.879	12.185	2.121	-22.200	-13.558	-8.429	32	.000

图 13-12 学员前后测的分析结果

四　　生成多种培训成果，有力支撑沈阳市教师培训效果评估发展

培训成果是对培训质量的最好证明，经过对教师培训效果评估的探索及实践，沈阳市已经形成多种类、多形式的效果评估成果。

1. 研发系列课程，为沈阳市教师培训效果评估提供坚实理论基础

沈阳市将教师培训效果评估的研究成果分层整理，开发出了《教师培训效果评估理论研究》《教师培训效果评估指标体系及调查问卷的设计》及《教师培训效果评估工具的设计及数据分析》三门课程。课程涵盖了教师培训的理论设计及实践操作的全部内容。已经有 80 名沈阳市各级别的培训管理人员接受了该课程培训，课程受到了培训者的广泛好评。

2. 召开经验交流会，将研究所得的成果向全市推广

在培训的最后，沈阳市召开了教师培训效果评估总结会，每个小组对本组研发的评估方案进行了细致的介绍，为同类别的教师培训项目提供了极具参考价值的模板。同时，沈阳市还将此次培训成果制作成培训成果集，向全市推广。希望这些评估方案能为沈阳市以后的教师培训效果评估提供持续性的智力支持。

3. 点燃基层行动，多个区县开展教师培训效果评估实践

沈阳市教师培训效果评估培训的目的就是要加强本区域培训者的培训评估意识，提高区县培训者的评估能力，从而促使培训及培训者走向专业化发展之路。经过一年多的评估培训，区县培训者已经认识到了效果评估对教师培训的重要性。在培训结束后，多个区县开始将自己在培训中所取得的评估理论知识及实践技能运用在培训项目的开展中，能有意识地添加评估内容，对培训进行效果评估。例如：沈阳市和平区在本区的培训中增加了评估的环节；于洪区也对本区的新教师培训进行了效果评估。

图 13－13　培训总结会及培训成果集

2016-2017年于洪区区级骨干教师培训需求调查问卷

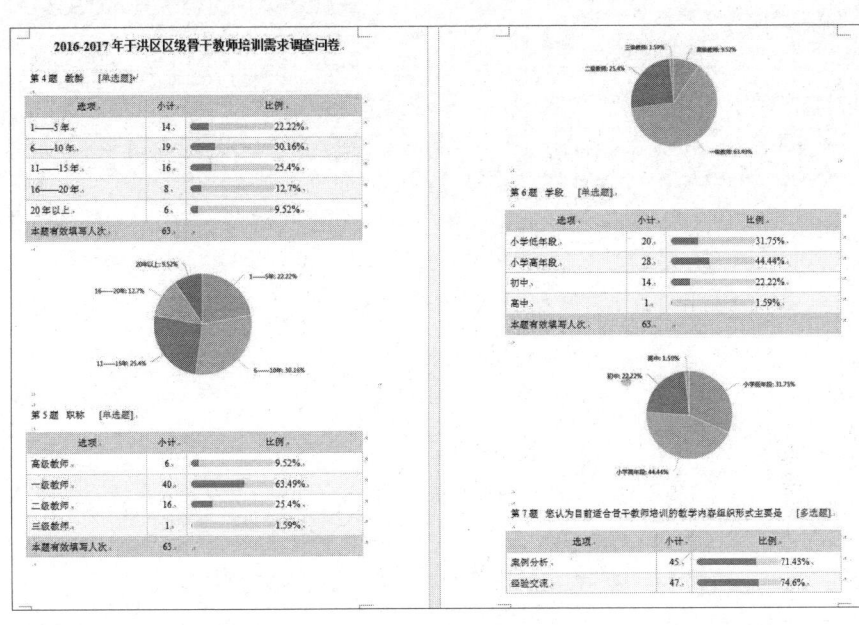

第4题 教龄 [单选题]

选项	小计	比例
1——5年	14	22.22%
6——10年	19	30.16%
11——15年	16	25.4%
16——20年	8	12.7%
20年以上	6	9.52%
本题有效填写人次	63	

第5题 职称 [单选题]

选项	小计	比例
高级教师	6	9.52%
一级教师	40	63.49%
二级教师	16	25.4%
三级教师	1	1.59%
本题有效填写人次	63	

第6题 学校 [单选题]

选项	小计	比例
小学低年段	20	31.75%
小学高年段	28	44.44%
初中	14	22.22%
高中	1	1.59%
本题有效填写人次	63	

第7题 您认为目前适合骨干教师培训的教学内容组织形式主要是 [多选题]

选项	小计	比例
案例分析	45	71.43%
经验交流	47	74.6%

2016-2017年于洪区区级骨干教师培训满意度调查

尊敬的老师,本期培训您全程参加近一年的培训活动。为了了解了解本项目的培训效果,以期为下次研修活动提供更有针对性、实效性的课程设置和培训服务,提升培训品质,诚邀请您参加培训的亲历和思考,请您认真完成以下问题,诚谢您的参与!

(一)培训的组织及环境:

1.您对本期培训的组织及环境的满意度[矩阵量表题][必答题]:

	很不满意	不满意	一般	满意	很满意
组织安排	○	○	○	○	○
面授+网络+校本+自学的培训形式	○	○	○	○	○
基地设施	○	○	○	○	○
项目组的服务态度	○	○	○	○	○
培训的时间安排	○	○	○	○	○

(二)培训的课程及教师:

2.您对本期培训的《教师专业发展 成就职业幸福》的课程内容和主讲教师的满意度[矩阵量表题][必答题]:

	很不满意	不满意	一般	满意	很满意
课程内容	○	○	○	○	○
教师的培训能力	○	○	○	○	○
教师的教学方法	○	○	○	○	○
教师的专业素养	○	○	○	○	○
教师的仪表仪态	○	○	○	○	○
教师的现代化教育技术应用	○	○	○	○	○

3.您对本期培训的《现代信息技术教育与学科整合-微课的设计与制作》的课程内容和主讲教师的满意度[矩阵量表题][必答题]:

	很不满意	不满意	一般	满意	很满意
课程内容	○	○	○	○	○
教师的培训能力	○	○	○	○	○
教师的教学方法	○	○	○	○	○
教师的专业素养	○	○	○	○	○
教师的仪表仪态	○	○	○	○	○
教师的现代化教育技术应用	○	○	○	○	○

4.您对本期培训中的您的指导教师的满意度[矩阵量表题][必答题]:

	很不满意	不满意	一般	满意	很满意
指导教师的态度	○	○	○	○	○
指导教师的专业程度	○	○	○	○	○
研课、磨课指导的效果	○	○	○	○	○

5.您对本期同级培训的课程内容的满意度[矩阵量表题][必答题]:

	很不满意	不满意	一般	满意	很满意
班主任与团体的发展与培养	○	○	○	○	○
班主任专业发展的实践反思	○	○	○	○	○
认知与培训的"魅力"-把握教学重心提纲挈领	○	○	○	○	○
骨干教师如何突破发展高原区	○	○	○	○	○
名师成长规律及其启示	○	○	○	○	○

6.您认为在实践跟踪阶段最大的收获和需要改进的地方是[填空题][必答题]

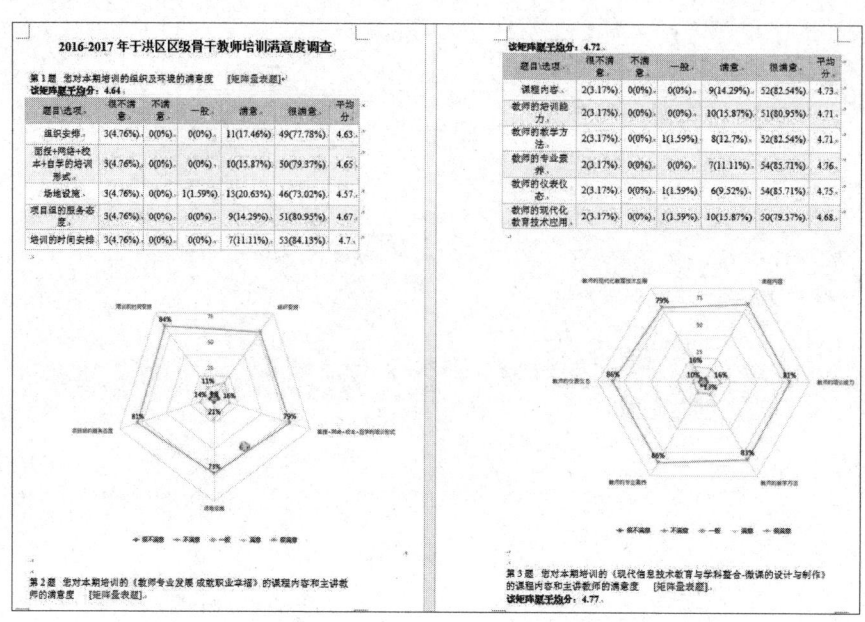

图 13-14　于洪区教师培训效果评估问卷及分析报告

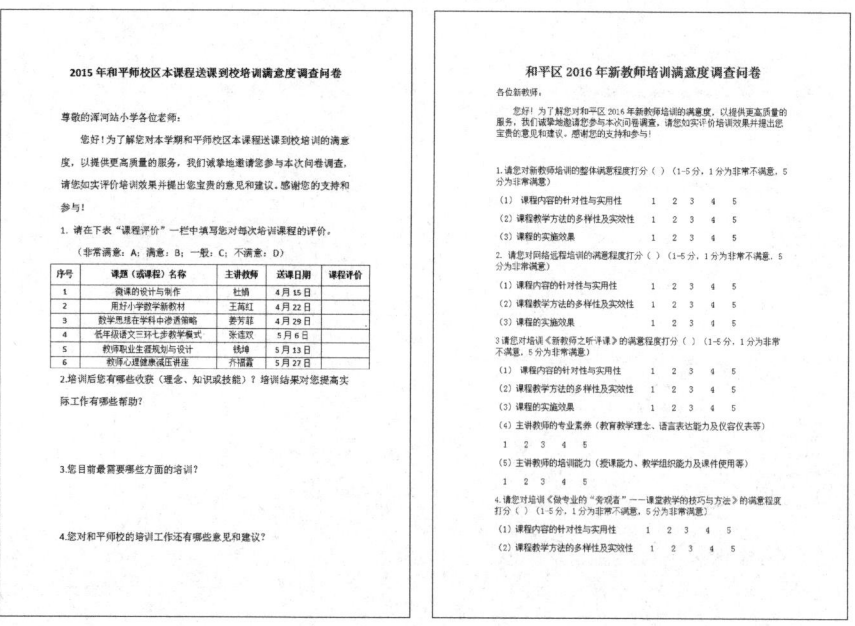

图 13-15　和平区教师培训效果评估

案例开发档案

案例归属单位：沈阳市教育研究院

案例开发时间：2017 年

案例开发团队：

姓　名	工　作　单　位	学科背景/职称	主　要　贡　献
张馨月	沈阳市教育研究院	语文/中学高级	思路设计、总结提炼
姜　巍	沈阳市教育研究院	信息技术/中学一级	实际操作、总结提炼
李小萌	沈阳市教育研究院	课程教学论/中学二级	实际操作、总结提炼

案例十四

学科带头人培训管理机制的专业化构建

上海市长宁区教育学院

主题类别：培训管理机制的专业化构建

关 键 词：学科带头人、管理机制

背景与问题

在教师教育创新与发展的大背景下，长宁区教育局和教育学院根据区域的特点，对区域优质教育人才的使用与培养工作进行了深入的思考，作了有益的探索：在 2002 年长宁区第四次师资工作会议后推出了一项创新举措——学科带头人项目负责制，并在 2002 年—2009 年进行了三轮学科带头人项目负责制工作的实践，迄今已进行了六轮学科带头人项目负责制的实施，取得了一定的成效。为了将学科带头人项目负责制工作向纵深推进，站在区域教师教育创新体系科学构建的高度上，对区域学科带头人项目负责制的机制优化与创新进行研究，其意义十分重大。

| 一 | 增强责任感和使命感，开展教师教育创新实践 |

自区域学科带头人项目负责制工作开展以来，我区的教师队伍建设不断取得新的进展。项目负责制的一系列目标举措已初见成效，骨干教师队伍正在形成，从而带动区域教师队伍总体面貌呈现新的变化趋势。但我们也清醒地认识到教师教育与区域教育整体推进方面存在的诸多矛盾：从总体上看，教师的职业道德、人文素养、心理素质、育德能力及专业化发展水平，还不能完全适应课程改革和素质教育的要求，有待进一步提高；优质教育人力资源总量还不能满足人民群众的需求；基础教育的师资配置还不够均衡等。这也为我们通过项目负责制推进教师教育的探索与创新提供了机遇与挑战。我们应站在新的历史起点，以强烈的责任感和使命感，积极开展学科带头人项目负责制工作的创新与实践。

二	直面课程改革的实际问题，实践学科教师教育改革

当前，我国的基础教育课程改革全面展开，直面问题，"引领""提升""变革"是教师教育的生命力所在。我们应当以学科带头人项目负责制工作的提升为契机，以服务课程改革为取向，有效整合区域教师教育的各种资源，努力缩短项目负责制工作适应、成熟的周期，争取在区域教师教育的改革上取得新的进展。

三	正视项目制工作存在的不足，探索机制的优化与创新

学科带头人项目负责制是我区教师教育的特色品牌项目之一。2002 年—2008 年，我们进行了第一、二轮的实践探索，在教育、教学和教育科研领域对学科带头人项目负责制进行研究的同时，培养了一批优秀的中青年骨干教师，在一定程度上促进了长宁教育优质均衡、科学和谐发展。但是在项目系统性与整体的规划、教师专业发展的阶梯化、协作共享的意识培养等方面仍存在一定不足，这些不足要求我们在学科带头人项目负责制的机制优化与创新方面深入思考，积极探索，并开展更高层次的改革实践。

问题解决思路

一	优化学科带头人项目负责制的管理机制

1. 深化项目内涵，精心打造项目平台

项目是学科带头人项目负责制工作的重要载体，项目的确立应适应国内外学科教学的态势，尤其要配合区域各学科教学改革的需求且具有可行性、有效性和

前瞻性,并应在实际工作的过程中,进一步深化项目内涵,使之契合"任务驱动、专家引领、合作研究、共同发展"的要求。

2. 优化层级管理,建立科学评估机制

在区域学科发展中心这个"学科发展平台"的基础上,探索项目负责制的"管理促进平台"的完善与深化,使其成为区域骨干教师专业发展的重要力量,为区域教师队伍发展提供支撑。努力探究相关政策的制定、结构体系的构建、各方职责的定位、舆论环境的营造,发挥、凝聚与调动各方力量,切实提升项目负责制的运作效能。实行全过程动态管理,明晰工作节点、阶段目标与预期成果,并努力形成联席会议制度,定期召开会议,适时进行反馈与调整,定期督查工作进度情况,做好考核与评估。

3. 积极探索学科带头人项目负责制工作考核

在项目推进的过程中,研发中心细化考核方法,定期督查工作。以《长宁区学科带头人项目推进功能工作考核细则》的实施为抓手,分层管理、职责明确、加强交流、细化考核方法,实行全过程动态管理。在明晰工作节点、阶段目标、工作内容的基础上,定期督查工作进展情况,做好考核评估,并与绩效、奖惩、经费发放等直接挂钩。

二	创新区域学科带头人项目负责制管理机制

1. 深化项目内涵,精心打造项目平台

(1) 项目的确立

学科带头人项目负责制项目的确立经历了四个阶段:① 在广泛征集学科带头人立项意见的基础上,由区教育系统学科带头人工作管理研发中心根据区域教育发展态势制定《长宁区第×轮学科带头人项目负责制项目指南》(以下简称《项目指南》)。② 学科带头人根据《项目指南》,结合自身的专长、特点,合作或独立设计项目。③ 学科组对组内学科带头人项目的确立提出建议,将项目工作与学科建设进行系统的、有机的整合,调整、充实、完善各项目研修计划。④ 区教育系统学

科带头人工作管理研发中心对项目的确立严格把关,并组织专家对各学科组上报的项目研修计划进行立项评审,最终确定可实施的项目。

（2）项目的实施

学科带头人工作管理研发中心办公室和学科组长深入了解项目负责制工作的进展情况,发掘和推广项目活动中富有成效的做法,切实解决各项目组在推进过程中遇到的困难和问题,有效推进各学科各项目的良性发展。

（3）项目的评估与验收

① 对项目研发和成效的考核。学科带头人工作管理研发中心依据各个项目的"项目任务书"中相关的研修目标,聘请市、区相关领域的专家、学科教师代表和相关学校领导对项目进行中期评估、总结验收,并认真听取培养对象的意见,对项目的结题进行考核验收。

② 对学科带头人的考核。根据《学科带头人工作职责》和《长宁区学科带头人项目推进工作考核实施细则》的要求,每学期结束时,学科带头人认真总结项目推进工作,按时填写《学科带头人工作信息表》;学科组适时召开学科带头人工作总结会,学科带头人工作管理研发中心汇总各学科组考核情况,由区教育局评定学科带头人学期工作考核等级,并对项目工作优秀的学科带头人的先进事迹大力宣传,予以表彰和奖励。

③ 对学员的考核。分为两个层面,学员所在学校根据培养对象在本校的工作实绩进行考核,并把考核意见提交区教育系统学科带头人工作管理研发中心;区教育系统学科带头人工作管理研发中心聘请市、区教育专家组成评估小组,根据每位培养对象的自我评定、导师评价与学校考核对其进行评估,并写出书面评估意见;在全面评价的基础上,评选出优秀学员。

2. 均衡资源配置,科学组建项目团队

（1）严格标准,力求均衡

在评选参与学科带头人项目负责制工作的学科带头人时,落实《长宁区促进义务教育阶段师资合理均衡配置实施方案》,明确初中学段所有学校均有区学科带头人、小学学段 50%以上的学校有区学科带头人。同时,确定了相关倾斜政策,将在区域促进义务教育阶段师资合理均衡配置工作中表现突出的教师作为优先推荐的对象,使项目导师的区域分布较之前几轮更为广泛。

(2)规模扩大,全面覆盖

在第四轮学科带头人项目负责制工作中,为了优化管理机制,我们决定实施三级管理的模式,将全区 201 位学科带头人与 625 位教学能手分成语文、英语、数学、综合理科、综合文科、政史地、音体美、理化生、学前教育等 9 个项目负责制工作学科组,合作开发的 75 个项目也同样涵盖了各个学科教育教学的重点、难点与热点问题,同时在学科带头人工作管理研发中心提供的《项目指南》的指引下,各项目尤其是重点项目与"十二五"期间区域教育改革重点关注和攻坚克难的问题密切结合。

3. 优化层级管理,追求项目负责制管理的实效性

为了顺利推进学科带头人项目负责制工作,我们在原来实施二级管理模式的基础上推行三层管理模式。

(1)三级架构,分层管理

学科带头人项目负责制采用"学科带头人工作管理研发中心→学科带头人项目负责制学科组→学科带头人项目负责制项目组"三级架构,开展分层管理。

工作流程:学科带头人根据管理研发中心编制的《项目指南》初定工作项目,填写项目计划书→管理研发中心组织项目评审与项目论证→学科组对认定的工作项目明确领衔者与合作者,制定实施目标与实施办法→在学科组的统一协调下,与学员双向沟通,组建项目组,并确定每一位学员的带教导师→以项目组为单位,学科带头人组织学员进行项目研修→学科组协调管理各项目组的日常工作,管理研发中心定期开展督查工作→项目组做好项目结题与学员结业工作,展示项目成果→管理研发中心组织专家组对各项目工作进行中期评估与综合评价。

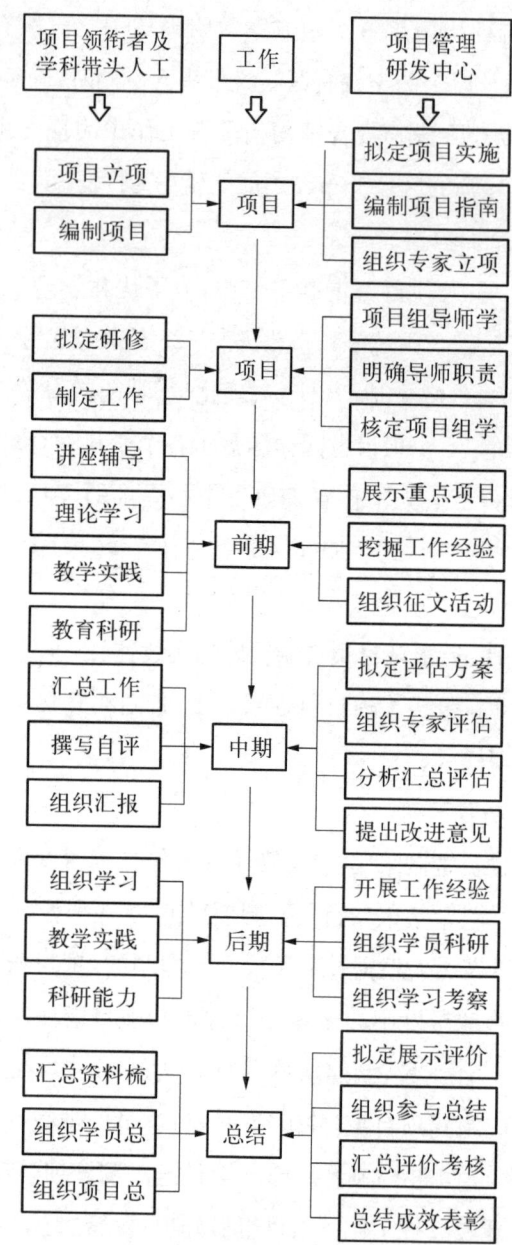

图 14-1　长宁区学科带头人项目负责制工作流程图

278

（2）专家咨询，高端引领

聘请专家根据区域教育教学发展的重点、难点、焦点与热点问题编制《项目指南》，并开设关于项目立项的辅导报告，要求各项目主持人参照《项目指南》，结合自身的专长、特点，合作或独立设计项目；规定学科组必须组织市相关专家对组内学科带头人制定的项目进行评审，调整、充实、完善项目研修计划；区教育系统学科带头人工作管理研发中心的领导和办公室成员全程参与各个项目的专家评审论证会，汇总专家意见，进行监督指导，提出参考建议，并对学科带头人和各学科组上报的项目研修计划进行立项评审，最终确定可实施的项目。经过充分听取专家意见，层层把关之后的项目，均具有实效性强、研究价值高等特点。

（3）专项调研，服务指导

学科带头人工作管理研发中心始终关注基层学校对该项工作的动态评价及需求。管理研发中心组建了调研工作小组，选取了全区中、小、幼不同层次的学校27所，对项目负责制工作开展了全方位的深度调查研究。在调研的基础上，管理研发中心梳理了项目负责制工作中存在的问题，思考了相关有针对性的对策，如：加大项目负责制工作的宣传力度，在各个层面将项目工作的计划、阶段性要求等通过各种渠道进行宣传；积极推广学校项目管理工作的成功经验，努力提高项目工作的影响与效益；加大学科组与项目组的建设，加大项目工作与学校教研组、备课组有机结合，开展研修活动的力度，带动更多的教师了解并参与项目负责制工作，促进区域教师队伍素质的整体提升。

（4）例会制度，交流倾听

进一步健全了项目负责制学科组长例会制度。每学期，学科带头人工作管理研发中心根据需求召开定期与不定期的学科组长工作研讨会。分别就"项目立项""项目启动""学科组、项目组管理制度的建立健全"等常规管理工作以及"中期评估""项目组与教研组结对""项目展示"等重大专题工作展开研讨，倾听意见与建议，并作出决策，极大地推动了项目负责制工作。

4. 科学考核评价,确保项目负责制工作的健康发展

(1) 规范考核,督促引导

学科带头人工作管理研发中心根据《学科带头人项目负责制三年工作实施计划》以及《学科带头人工作职责》的相关要求,特制定了《长宁区学科带头人项目推进工作考核实施细则》,从学科带头人对培养对象的指导、参加集体活动情况、个人自主学习情况、文档资料及总结工作等四大块面对其进行考核。考核的具体流程为:学科组考核——办公室审核——研发中心审定并实施奖励。

(2) 评估展示,优化验收

完善多方评价的机制。在中期评估和总结评价工作中,学科带头人工作管理研发中心精心筹划、认真组织评价小组。评价小组由长宁区教育学院的领导、市级专家、本区专家和学科带头人工作管理研发中心办公室成员四类人员组成。

市级专家和本区专家通过参与评审会或项目展示活动的形式,对项目的实施及在推进区域教育教学改革和发展中发挥的作用等方面作现场点评,并填写《长宁区第×轮学科带头人项目负责制工作项目组成果展示评价意见表》与《长宁区学科带头人第×轮项目负责制项目工作中期评价表》等表格,召开专家评价工作研讨会,作出书面评价;学科带头人工作管理研发中心办公室成员协助专家了解相关情况,并将专家们的意见汇总、归档、提炼,及时准确地反馈给学科组与项目组。

经验与创新

在学科带头人项目负责制的管理中,我们创新了宣传和辐射的专业化管理,具体体现在以下几个方面。

1. 常抓队伍建设,确保宣传辐射持续

建立一支强有力的信息员队伍,使项目制工作的信息得到广泛宣传,及时把项目信息传递到各个层面。由各项目负责人推荐本项目的信息员,各学科组长推荐本学科的信息组长，由学科组信息组长负责本学科各项目信息员的联络工作，从而组建了一支管理有序、高效迅捷的信息员队伍。

2. 搞好阵地建设，筑牢宣传辐射基础

项目负责制专刊《希望的色彩》，设有"管理平台""热点聚焦""专题研究""七彩课堂""教学反思""幼教天地""学海拾贝""心语声声""信息广角""导师风采"等丰富多彩的栏目，可以反映项目的特色活动，展示学员优秀教科研成果，传达学员的成长感言，凸显学员的教学能力、育德能力与科研能力。经过多期专刊的编辑发行，我们又增设了"项目推进"栏目，将学科带头人在项目推进中的工作经验、研究成果刊登其中，提升了专刊的内容品质，同时拓展了学科带头人的展示平台，扩大了项目负责制工作成效的宣传辐射面，有力促进了项目负责制成员对内对外的双重交流。

利用网络平台实施项目管理的方式也已得到广泛使用，提高了管理效率。各学科组与项目组普遍使用网络硬盘提供的文件存储、访问、备份、共享等功能实现学科组、项目组资料的高效管理和学习资料的充分共享。如：理化生学科组不仅在网盘上进行文件管理，还在这一网络平台上充分互动（如图 14 - 2）；英语学科组

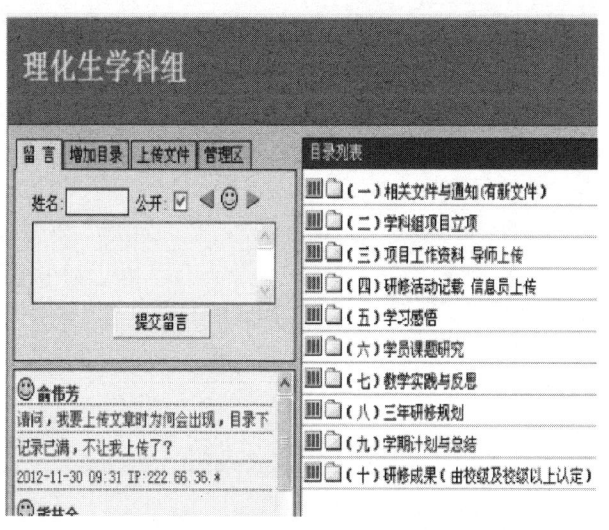

图 14 - 2 长宁区理化生学科组网盘资料

将各个项目组的资料与学科组的资料在统一平台分类管理,相互交流借鉴(如图 14-3);小学美术项目组利用网盘开展阶段性活动资料的交流与共享(如图 14-4)。

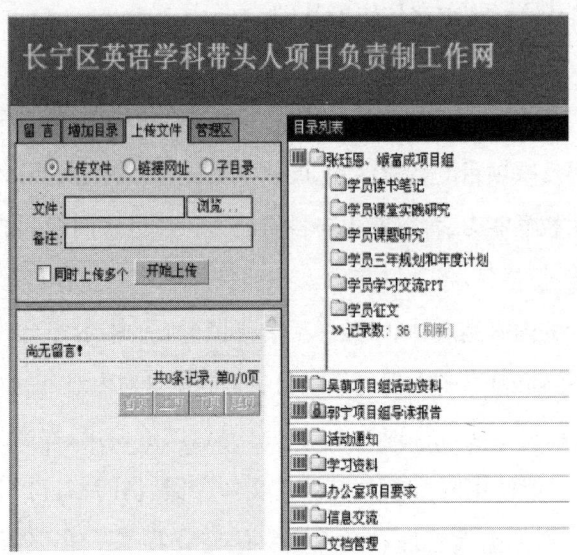

图 14-3　长宁区英语学科带头人项目负责制工作网

图 14-4　长宁区小学美术项目组网盘资料

3. 探索拓展渠道,提高宣传辐射效应

(1) 以深入基层为主要渠道,发挥项目制辐射引领作用

管理研发中心制订《关于学科带头人通过项目负责制加强基层学校教研组建设的实施办法》,对各项目负责制学科组内各个项目可行性及实效性进行认真梳理,将若干重点项目深入基层学校教研组,并以其在相关学校开展带教和教研活动,推进相关学校教研组建设。由学科带头人领衔的有关项目组与学校教研组通过双向选择,自愿结合,互相促进,共同发展,充分发挥学科带头人的专业引领作用,学科带头人所在学校及结对教研组的学校都应共同关心和支持他们的工作,在工作时间、场所及经费、待遇上给予切实的保障。同时,我们还要求项目负责制学员依托学校的校本研修及教研组、备课组活动,努力将参加项目研修活动的收获及理念渗透到学校的各项工作中,积极发挥传播和辐射的作用。

(2) 以成果展示为重要渠道,增强项目经验学习宣传效应

在项目推进过程中,学科组内经常性地开展各项目组之间的工作交流和研讨,汇编了《第×轮项目负责制优秀项目中期成果集》,为项目负责制工作的全面提升做好了基础工作。我们通过学科带头人大会、项目展示活动、局领导工作汇报会等诸多形式,积极组织优秀项目的领衔者、学科带头人、学员代表交流项目工作先进经验和研修成果,让区内外更多教育界的有识之士进一步了解项目制工作,让项目成果得到有效推广。

在第四轮学科带头人项目负责制的 75 个项目中,有 8 个为重点项目,重点项目组每学期举办一次特色展示活动,发挥重点项目在学科组乃至区项目负责制工作的示范引领作用。重点项目工作的学科带头人积极撰写和发表项目研究的心得及相关研究的论文,项目组的学员也积极撰写学习的收获和成果。《希望的色彩》将开辟相关专栏,增强重点项目的辐射面。

思考与展望

经过多年的努力探索,项目负责制在区域教师队伍建设方面取得了显著成效,项目导师以专业的精神、文化的自觉引领学员前行;在管理方略方面有了一定的提升,工作过程细致,管理扎实,为长宁的教育发展提供了专业的体制保障。不仅如此,我们还在教师教育的理念方面有了新的认识:变革是教师专业发展的生存状态、主要路径;交往是教师专业发展的重要保障与专业生活方式;学习是教师变革的支撑与交往的资本。这三方面的素质是教师最核心的素质,关乎教师专业生活的质量。在项目负责制工作中,抓住了这三个方面,也就抓住了教师教育的本质。

一   变革模式,创新机制

学科带头人项目负责制是长宁区教师教育的首创品牌项目,在推进区域教师教育的工作中,这种培养教师的模式有别于统一模式的、没有层次的、通识的、仅仅只有学科和学段之分的教师教育运行机制,而是更注重实效、注重内涵,寻找建立区域优质人力资源的培养机制、管理机制和区域软实力整体提升的最佳结合点,为构建研训结合、团队带教的创新体系,做出积极的探索,创设具有长宁特色的学科带头人综合研究机制。

"变革"是教师教育的生命力所在。项目负责制,之所以能越来越成熟,经受了时间的考验,其根本在于颠覆了传统教师教育的统一模式,旗帜鲜明地强调了教师的自我反思和批判精神的培养。从路径上看,教师专业发展是在已有实践的基础上,通过自我反思并再度实践而实现的。教师的自我反思要求教师把自身教学活动的内容、形式、过程、结果等作为意识的对象,不断地对其进行计划、检查、评价、反馈、控制和调节。学科带头人项目负责制对于区域中青年骨干教师的特色培养而言,把握了教师专业发展的核心并在教师教育的实践工作中培养教师的核心素养,才是教师教育变革的关键。

二　默会提升，合作交往

"人们获得概念与一般理性并不是单独做到的,而是靠你我相互做到的。人是由两个人生的——肉体的人是这样生的,精神的人也是这样生的。人与人的交往,乃是真理性与普遍性最基本的原则和标准。"这种困境的克服需要教师之间加强交往,项目负责制在区域层面打造了这样一个平等交流的开放性的平台,并聚合区域的优质教育人力资源,给骨干教师提供了心理的支持,是他们智慧的源泉。

项目负责制以此为抓手,确立了新型的导学关系,提升教师教育的品质和效能。交往能力和品质的提升不是几次讲座能够实现的,更多在于心知默会,在项目导师的一言一行、一颦一笑中,在一个强大而有效的交往场中,项目负责制学员借助于言语或者非言语符号系统实现的一种以建构项目成员完满的精神世界为目标的主体间交往实践活动。在项目负责制中,导师和学员是平等的主体,这是保障交往顺利进行并取得预期效果的前提。交往过程是一个动态生成的过程,导师和学员之间在知识、情感、态度、兴趣、价值观、方法等方面相互作用、相互交流、相互沟通、相互理解,进行一种全面的心灵对话,促进了学员的发展与导师的成长。

三　持续学习，动力不竭

在项目负责制的机制设置中,不仅要使学员丰富知识、技能,更要帮助学员提高学习的自觉性和热情,对知识保持探究欲望以及养成良好的学习习惯。在学习方式上,倡导自主、合作、探究的学习方式,围绕问题自主建构式学习。在项目研发工作中,学员主动地融入组织,大家把学习作为项目工作的重要内容,读经典、写感悟,外出考察学习,讲座研讨,开课评课、子课题研究,发表论文,建设舆论阵地《希望的色彩》等,基于实践的学习,基于合作的学习,基于辐射引领的学习,把项目组学习与学校的校本研修,教研组活动建设,区域的重点热点工作有机结合,奏出了项目负责制的最强音——项目负责制归根到底是一个学习型组织,是骨干教师成长的园地。区域教师教育对教师学习热情的激发,学习能力的培养方式,就会传递到学生那一端,从而影响整个区域的教育质量。

案例实践情况

一	应用方式

1. 注重顶层设计

第四轮项目负责制启动前,我们总结了前三轮的经验,首先对项目负责制工作的概念界定、构成要素、工作目标、工作流程、工作特点进行了梳理,形成了共识,并请专家对所有学科带头人进行了培训,制订了《长宁区教育系统学科带头人第四轮项目负责制三年工作实施意见》,着重从指导思想、组织机构、发展目标、实施重点、实施保障等方面进行设计,形成了本轮项目负责制工作的框架体系和总体方案。

由学科带头人工作管理研发中心领衔的《区域学科带头人项目负责制机制优化与创新的实践研究》的区级重点课题于 2013 年 3 月结题。课题组集中广大学科带头人和全体学员的集体智慧,在实践探索的基础上进行理论升华,总结出了学科带头人项目负责制工作的基本规律,构建了区域中高端人才培养和促进学科建设的综合运行机制,反过来指导新一轮项目制工作的理性实践,成为顶层设计的重要依据,为全面提升区域教育软实力作出了贡献。

2. 利用专家资源

第四轮项目制工作在前三轮的基础上,更加重视利用外脑,引进智力资源。我们在项目立项、过程管理、终结评估中,充分发挥市、区教育专家的作用。我们聘请专家根据区域教育教学发展的重点、难点、热点编制项目指南,并开设关于项目立项的辅导报告;规定学科组必须组织专家对组内学科带头人设计的项目进行评审,调整、完善项目研修计划;我们采取市级学科专家和区域项目推进专家相结合的方法,参与项目的中期评估和终结评审,对项目组的工作进行量化评分和质性分析,对项目工作进行评价反馈,提出优化意见。我们还及时召开专家评价工作研讨会,认真听取专家的意见,肯定成绩,指出问题,探讨解决方案,调整和改进工作,促使项目负责制健康发展。

3. 强调过程管理

我们进一步健全了项目负责制学科组长例会制度。每学期,我们根据需求召开定期与不定期的学科组长工作研讨会,就某些日常管理事务及重大管理举措与组长们交流,充分听取他们的意见,通过思维的碰撞激发后续工作的思路,明确相关工作的要求,由组长们通过各自负责的学科组传达学科带头人管理研发中心的任务要求与管理意图,充分体现了分层管理的优势。

4. 形成激励机制

我们努力为学科带头人项目负责制工作创造良好的外部环境,激励学科带头人和教学能手积极创新和参与项目活动,表彰学科带头人项目负责制工作中评选出来的优秀项目、优秀学员,总结推广项目工作的经验,开发研究成果,形成凝聚人才、多出成果的激励机制。我们分别制定了对项目、对学科带头人和对学员的考核要求。

5. 追求辐射效应

(1)加强信息交流

第四轮学科带头人项目负责制加强了各学科组建立完善信息交流网络的工

作,由各学科组长推荐本学科的信息组长,并由项目领衔人推荐一名学科带头人负责本学科信息汇总及宣传报道,由学科组信息组长负责本学科各项目信息员的联络工作,从而组建了一支管理有序、高效迅捷的信息员队伍。同时,在项目领衔人或办公室审核后,提交区教育信息中心,在长宁信息网上发布,为第四轮项目工作营造了良好的舆论氛围。

2. 办好通讯专刊

学科带头人工作管理研发中心办公室依托各学科组信息员着力办好项目负责制通讯专刊——《希望的色彩》,重点反映项目研修的工作方案与精彩片段、导师的课程设计与带教感悟、学员的专业发展与学习体会、导师与学员的教科研成果等,促进学科组之间以及与区域内外教育同行之间的交流研讨,提高了我区项目负责制的辐射面和影响力。学科组长、学科带头人的踊跃投稿使专刊的层次得到了提升。

3. 内外双重交流

学科带头人工作管理研发中心办公室还注重与外界的交流。历年来,外省市各区县教育同行专程来学习项目负责制的运作方式;师训部还利用与小、幼各学区校长们的交流机会,宣传项目负责制工作,争取基层学校的支持。在工作终结阶段,各项目组还提供了网络展示材料,简述各项目项目名称、主持人姓名、项目目标等基本情况,提炼项目活动特色,介绍项目取得的理论研究成果、实践探索成果和导师学员的成长等,对项目开展全方位的宣传。

二　研究成效

本课题实施研究至今,在以下三方面取得了初步成效。

1. 通过剖析项目负责制培养与发展机制的内在机理,认识了教师专业发展中蕴含的一般规律。

在学科带头人项目负责制中,导师与学员在认知、热情、欲望与意志的交融状态中互动发展,减少了认知负荷,提高了认知的敏锐度,实现了个体与团队的智慧生成;通过阅读、实践、交往与反思等活动,延拓了开放的心灵,获得与分享着默会知识。同时,项目负责制因为默会知识的参与而充满生命力与个性色彩,使教师教育实践回归理解、对话、互动,从而实现了学科带头人与学员共同的专业发展。这也许就是学科带头人项目负责制在区域教育教学改革与队伍建设方等面发挥积极推动作用的本质所在。

2. 通过对区域学科带头人项目负责制机制优化与创新法的实践研究,形成了一套相对科学完善的运作机制,并在一定程度上促进了长宁优质教育人力资源在区域范围内的均衡配置,有效辐射,促使学科带头人实现从"学校人"到"区域人"的转变,在区域学科教学领域、教育教学改革创新及带教青年骨干教师等工作中发挥积极作用,在一定程度上推进了区域学科建设与课程改革。区学科带头人管理研发中心组织的相关督查评估工作表明,各项目组大都重视资料的积累、过程管理和制度建设。项目工作的资料不仅完整、清晰,还有一定的深度和广度,显示了项目负责制工作各项机制的逐步完善与优化,也体现了第三、四轮项目制工作实践的研究成效。

案例开发档案

案例归属单位:上海市长宁区教育学院

案例开发时间:2012 年—2017 年

案例开发团队:

姓　　名	工 作 单 位	学科背景/职称	主 要 贡 献
熊秋菊	上海市长宁区教育学院	数学/特级教师	案例总方案设计
罗宇锋	上海市长宁区教育学院	物理/高级教师	案例实践指导

姓　名	工 作 单 位	学科背景/职称	主 要 贡 献
卓　佳	上海市长宁区教育学院	历史/高级教师	案例方案设计
朱颂华	上海市长宁区教育学院	物理/高级教师	案例实践与撰写
后　娟	上海市长宁区教育学院	语文/高级教师	案例整理与撰写
黄怡华	上海市长宁区教育学院	历史/一级教师	案例实践与整理
徐　胤	上海市长宁区教育学院	教育心理/一级教师	案例实践与整理

案例十五

混合式教师培训课程方案的开发与实施

西南大学网络与继续教育学院

主题类别：培训资源的专业化开发

关 键 词：混合式、教师培训、课程方案、
开发

背景与问题

一 传统课堂教学与网络教学优势互补催生了混合式学习

传统课堂教学模式是"以教师为中心"的课堂教学模式,在这种课堂教学模式当中,教师能主导课堂,师生之间有面对面的情感交流。而网络课堂教学模式是"以学生为中心"的课堂教学模式,这种课堂教学模式则强调学生是信息加工的主体,是知识意义的主动建构者。当前,网络课堂教学模式的兴起,使传统课堂教学模式受到前所未有的挑战。人机交互是网络课堂教学的一个基本特点,其最大优点是突出学生的认知主体地位和学习的主动性,适合个性化学习,适宜培养创造性人才。从这一点上说,传统课堂教学模式应该从网络课堂教学模式的优势中得到启发。但换个角度来说,人机交互使得计算机成为隔在教师和学生之间的一道障碍,不利于教师在课堂上发挥主导作用,也不利于师生情感的交流。因此,网络课堂教学的优势正好弥补传统课堂教学的不足;而传统课堂教学的优势恰好能弥补网络课堂教学的劣势。这种优势互补的关系正好催生了混合式学习。

二 西南大学近年来的实践成果为开展混合式培训提供了现实依据

"十三五"期间,西南大学以促进教师专业发展为目标,以西南大学川渝地区名师资源为载体,以教师继续教育创新为主线,加强顶层设计、学术引领,开展了

学科骨干教师培训。培训从"学科专业深度融合、课程学习与讨论互动整合、专家引领和学校参观研讨相结合、网上研修与岗位实践整合"四个方面着手,提高教师法律法规与师德、综合审美素养、信息技术素养的应用能力,优化学科教学能力,促进教师专业发展。通过诊断调研、按需培训、网上研修与主题研讨、专家引领、课堂答疑、学习笔记与培训成果共享几个步骤,将网络研修和大课教学相结合,既解决了工学矛盾,又共享了学习成果,得到老师们的一致好评。培训项目在实践探索创新中,不仅实现了培训目标,完成了培训任务,而且还形成了培训特色,为开展混合式培训提供了现实依据。

三 混合式教师培训课程方案的开发是创新教师行业人才培养的重要手段

我国基础教育课程改革之所以强调研究性学习,主要是为今后培养"大众创业,万众创新"人才打下良好基础,因为这样可以激发民族的创业精神和创新基因。研究性学习是把课堂与现实联系在一起,使学生通过对课题的实践研究,在解决实际问题的过程中逐步培养学生主动探究的态度、能力与创新的精神。这就要求教师培养也要注重创新精神和实践能力、应用能力,所以混合式教师培训课程方案的开发是创新教师行业人才培养的重要手段。

问题解决思路

一 理论基础

1. 系统优化理论

系统优化理论是在系统论的基础上提出来的。它可以用公式 $1+1>2$ 来进行表达。系统论的创始人之一贝塔朗菲认为,整体效应必将远远高出部分效应的简单加总,系统优化以系统成员之间相互需要和互利作为作其理论前提,不仅仅优势单位可以组合实现"优优互补",同时还可以在优势与劣势单位之间实现"优劣互补"。系统优化原理主要是指集团化管理系统内部,通过计划、组织、协调等职能,实施整体利益最大化的过程。本案例中将借助系统优化理论,最大限度优化混合式教师培训课程方案。

2. 以人为本理论

以人为本,把人类的生存作为根本;或者,把人当作社会活动的成功资本。以人为本,强调人的主观能动性,强调尊重人的价值取向。本案例中强调以培训学员为本。

| 二 | 混合式教师培训课程方案的开发与实施思路 |

开发混合式教师培训课程的基本思路是按照表 15 - 1 内容,依据混合式课程开发理论,确定课程开发依据,明确培训目标,组织培训内容,选择培训资源,确定培训方式,从培训内容、培训资源、培训流程等方面全面构建、设计开发混合式教师培训课程方案。接着,聘请专家对该混合式课程方案进行论证。然后,实施调研,再次优化该混合式课程方案。最后,实施该混合式课程方案,并开展线上与线下过程性评价,期间收集关于培训效果的案例和数据作为进一步修正的重要依据。

表 15 - 1　混合式教师培训课程方案的开发与实施思路表

主　题	内　容	主　要　方　法
混合式教师培训课程方案的开发与实施	第一步:设计混合式课程方案	调查法
	第二步:专家论证混合式课程方案	行动研究
	第三步:优化混合式课程方案	
	第四步:实施混合式课程方案	

经验与创新

<table>
<tr><td>一</td><td>混合式教师培训课程方案设计的前期准备</td></tr>
</table>

1. 分析参训教师

(1) 参训教师的群体特征分析

首先,参训教师作为成人学习者,他具有以下五个共同的行为特征,即:第一,有独立的自我概念并能指导自己的学习;第二,学习建立在已有经验的基础上;第三,以问题为中心进行学习;第四,学习需求与变化着的社会角色密切相关;第五,学习动机更主要来自内部而不是外部。其次,参训教师作为一个教师群体,除了具有上述 5 个一般的成人学习的特点外,还具有另外一些显著的行为特征,即:就学习方式而言,其特征表现为有意义接受和实践参与相结合。参训教师的学习常常不仅表现为对系统的、一般的知识的意义接受,有时还体现在将所学的新知识迁移运用到自身实际的教学和工作中。就其学习特点而言,表现为参训教师的个体经验与同伴互助相结合。因此,在混合式学习培训中,我们既要尊重培训专家的直接经验,同时也要为参训教师的团体学习创造条件。

(2) 参训教师的需求分析

参训教师对于混合式培训中的线上线下活动、资源和评价的需求可能存在一定的差异,而这种差异对于混合式教师培训课程方案设计具有关键的指导作用。因此,为了了解参训教师的专业发展水平及对培训的需求情况,广泛听取各方面的意见和建议,更好地服务,按需施训,项目实施单位在培训前期应对参训教师从基本信息、学识专业素养、教育教学素养、教学研究素养、教学情况、信息技术情况、校本研修、专业发展八个方面设计有针对性的问题进行调研,按需设计培训课程并形成参训教师情况报告,为课程目标的制定和课程内容的选择提供重要的参考。

2. 分析培训目标

目标既是培训的起点,也是培训的归属。培训项目开始前,项目组应根据送培单位的要求及实际情况、参训教师的实际需要、结合培训内容的结构,对培训目标进行准确定位。例如,在2017年1月西南大学网络与继续教育学院与北京市东城区教师发展中心联合开展骨干教师培训项目时,就曾经历在调研的基础上,多次讨论、修改、再讨论、再修改的循环模式后将目标定位为:通过采用诊断调研、按需选学、层次递进、线上线下的研修模式,提升参训学员的教育境界和专业愿景;拓展理论视野,积淀人文素养,提升教育教学理解能力、教学水平,积极发挥引领示范作用;了解当前教学前沿理论并能在教学实践中进行应用,对学科教学有创新意识和能力;根据学员学习需求制定培训计划,搭建学员与专家、学员与学员的智慧共享平台。这样进行目标定位可以有效地帮助学员形成自主学习、团队协作的研修意识,提升送培单位骨干教师的专业自主发展能力。

3. 分析培训内容

(1)培训内容体现"新"和"实"

"新"指的是培训内容应该是引领参训教师学科发展的最新知识、最新的教育教学理论和理念;"实"指的是培训内容应该能解决教学情景中的难点和疑惑。因此,培训内容的选择应体现以下四大原则,即:第一,以校本研究为基础,案例选取应接地气;第二,内容结构体现循序渐进,逐步形成系列化;第三,课程资源开发体现新课程、新知识、新方法;第四,以解决实际问题为导向,理论联系实际。

(2)培训内容的呈现形式应考虑线上和线下

线上的培训内容主要是为满足参训教师进行网络课程学习的需要而选择的,包括文本、视频、图像、声音和动画等多种媒体形式,线上培训的资源主要有课程介绍、教学课件、教学视频、培训案例、作业及测试题、网络外部链接、参考书目等。线下的培训内容就是参训教师所在学校为单位实施校本研修的内容,它是在网络课程的基础上延伸出来的培训内容。

4. 选择辅导教师

辅导教师对培训质量起着至关重要的作用,应该按照高标准进行严格选拔,制定较高的资格条件。最好由高校研究教学法的知名专家、教授和中学一线的特级教师、高级教师、教学名师和教研室的专家组成,给他们一定的待遇和荣誉。也可以邀请外地的著名专家进行集中面授或网上集中交流,以便辅导教师能针对中小学教学中出现的问题,提供合理的解决意见或建议,能为学员指点迷津。辅导教师与学员沟通的方式要多样化,要请专家引导大家一起讨论解决学员提出的教学中经常遇到的典型问题、疑难问题。

二　混合式教师培训课程方案设计的原则

混合式教师培训课程方案设计的主要目的是通过独特的教学设计和现代新型授课手段,把学习环境、学习方式、学习媒体以及学习内容等要素有机融合,从而最大限度地发挥培训者的主导作用,提高参训教师的自主学习能力。在课程培训方案设计中应体现三大原则。

1. 方案设计应具有可操作性

混合式教师培训课程应着眼于参训教师的实际情况,把握好平衡与适度的关系,不能为混合而混合。培训形式应注重参训者之间的合作学习与对话交流,秉承可操作的原则。培训内容要针对参训者的实际工作需要,培训理论少一点,实际案例多一点;脱离现实少一点,结合工作多一点;以启发或帮助教师形成适合个人工作实际的操作思路为主。尤其在线上学习阶段,要综合考虑参训者的学习时间和软硬件设施等情况,内容尽量与参训教师的工作实际相关,更多地考虑到应用性、拓展性目标,把学与用有机地结合起来,促进参训教师在"做中学"并实现学以致用。

2. 方案设计应体现互动性

在进行混合式教师培训课程方案设计时,要充分调动教师参与的积极性,利用他们已有的经验,如把某些经验作为教学案例,安排他们进行经验交流与分享、互动研讨等,使他们在相互学习中成长。在集中研修阶段,可以采取提问启发、分组讨论、经验交流、学员模拟、角色扮演等参与操作,让参训者获得更多体验的机会,避免采取单向传授的方式,在参与中诊断并解决现实教学中的问题。在线上学习阶段,除了对集中研修的内容进行消化外,要引导参训教师在专家、辅导教师、参训教师与学习资源之间同步或者异步地交互,分享教学中的经典案例,促进参训教师有效学习的实现和知识的构建。

3. 方案设计应把握整体性

混合式教师培训模式并不是简单的线上线下的混合,而是运用多种教学理论,协调各个要素,对两种学习形式中的各种学习要素进行有机融合,以发挥混合式学习的优势,实现教学最优化。这就要求设计培训方案时,要统筹规划整个培训过程,各阶段的培训目标、培训师资、培训内容、培训形式、培训学时、培训考核和培训时间、地点、设施的安排等既要明确,又要前后连贯。要充分考虑集中面授和网络研修两种学习形式的特点,基本性的主题放在集中面授时开展,而面向未来的提高性和发展性的话题,也包括非预设的在培训活动中新发现的、挖掘的、主要由学员提出的话题等拓展性主题,放在网络研修中开展,以满足参训教师个性化、多样化的需求。

三　　混合式教师培训课程方案设计的主要内容

---

1. 线上课程的设计

(1) 线上课程设计的注意事项

我们在进行线上课程设计的时候应注意以下五点:第一,课程设计应减少工学矛盾,以满足参训教师个性化学习的需要;第二,课程设计的内容应具有针对性,以利于参训教师将线上所学的理论和技能运用到教学实践中;第三,课程设计应有效解决校本研修资源短缺问题,以利于参训教师开展校本研修;第四,线上课程设计应拓展校本研修的空间,使校际之间的合作研修更加便捷;第五,线上课程设计应提供便捷的研修平台,以利于参训教师轻松开展在线研修活动。

(2) 线上资源与研修活动的类型

线上培训资源按照教学作用的不同可以分为讲解性材料、案例、评价材料和拓展性材料(详见表 15 - 2)。课程研修学习活动类型包括阅读、主题讨论、案例评析、作业和学习反思等(详见表 15 - 3)。

表 15 - 2　线上课程学习的资源类型

资源类型	资源名称	要　点　说　明
讲解性资料	微视频	针对课程中某一个知识点的讲解,按知识点的逻辑顺序排列,内容短小
	教学课件	呈现视频中讲课用的 PPT 课件,供在线浏览或下载
	课程介绍	内容包括主讲专家介绍、课程概要及学习方法指导
案例	典型案例课例素材	突出教学应用的典型课例资源,包括讲课视频和课例素材(教学设计、课件、教学反思)
评价材料	作业及练习	根据培训内容设计的主观论述题
	测试题	参训教师自我评价和诊断学习效果的手段
拓展性材料	参考书目	列出参考书目的清单,并注明书名、作者、出版社等相关信息
	网络外部链接	与培训有关的网页资源,并注明资源标题及网页来源

表 15 - 3　线上课程研修学习的活动类型

活动类型	资源工具	要　点　说　明
阅读	讲解性材料拓展性材料	指观看视频、阅读材料等在内的自主学习活动,也包括定期或不定期的自由讨论
主题讨论	基于主题的异步讨论	主题设置应具有一定的应用情景,并且需要在整个讨论过程中进行针对性的引导和干预
案例评析	案例	围绕课例表达的内容设置问题,以主题讨论的形式开展

活动类型	资源工具	要 点 说 明
作业	评价材料	对参训教师提交的作业应及时评价与反馈,跟踪记录参训教师的自测结果
学习反思	心得体会	参训教师自我总结和反思的学习经验和不足,以作业形式提交,可以在线上评价

2. 线下课程设计

在进行线下课程设计时,应秉承"一个定位、两个基本点"的原则,采用集中培训的方式,结合培训研修平台,采取任务驱动的专题理论研修,期望提升参训教师的整体理论水平、专业能力和科研水平。

"一个定位"指的是"文化引领,关爱伴行"。在线下课程方案设计中,遵循"文化引领、关爱伴行、梦想激发、根植于课堂、立足于参训教师、基于成长"的原则设计学习活动。具体措施包括:项目专家"温暖式的培训设计"、项目执行团队的"在线值班与答疑"、电话全天候服务,为每一位参训学员提供不少于 8 门与教学实际相关的课程资源,便于参训教师熟悉教学新理论,提出教学中存在的新问题。

"两个基本点"指的是"解决教师课堂问题、优化课堂教学"。在具体的实施过程中,以"解决参训教师课堂问题、优化课堂教学"为基本出发点,以期满足参训教师的学习需求,让他们有更好的学习体验。具体措施包括以下六个方面:

第一,训前问卷调查,确保收集学员总体信息和课堂问题,按需施训;

第二,训中专家面对面答疑,确保解决教学问题;

第三,训中课程讨论,学员互动交流经验;

第四,组建项目执行团队和技术团队,随时解决学员学习困惑和技术问题,为学员提供优质全面的服务;

第五,丰富资源积累,建立生成性资源库(主题讨论库、学习问题库、作业成果库、参训教师专业发展调研库);

第六,进行拓展延伸和训后追踪行动(深入调研、建设资源库、发现活跃教师等活动)。

在学习流程上,全体参训学员按照网络研修——发展调研——主题研讨——集中培训——训后思考——成果共享的学习流程,根据实施方案中的教学计划,循序渐进地完成各项培训任务。

在组织管理上,创新运用项目管理机制,指定专人具体负责参训教师在集中面授期间的学习和生活管理,营造和谐的学习氛围。

3. 混合式教师培训评价设计

参训教师评价是对教师学习的过程和结果进行全面的测定和衡量,在培训实施中起着重要的导向作用。在进行混合式教师评价时应遵循三个原则:第一,线下集中培训应强调参训教师互评,这样既可以丰富培训评价的主体手段,还可以提升评价的客观性和真实性。第二,高校(或机构评价)与送培单位评价相结合,这样既可以保证参训教师线上线下的学习效果,也可以确保送培单位自主开展校本研修的质量。第三,混合式教师培训评价应体现多元评价的特点。这种多元评价体现在阶段性评价与总结性评价相结合;自我评价、参训教师自主评价和辅导专家评价相结合;定性评价和定量评价相结合。混合式培训评价方案是在坚持培训原则的基础上,对线上培训和线下培训进行评估的评价内容和考核标准(见表15-4)。

表15-4 混合式教师培训评价的参考方案

评价维度	评价指标	评价参数	评价主体
线上培训	资源学习	学习时长	主讲教师评价
	课程作业	作业 练习 测试	主讲教师评价 参训教师评价
	主题讨论 案例评析	有效参与次数 讨论或评价内容	主讲教师评价
	个人反思	学习心得	主讲教师评价 参训教师互评

评 价 维 度	评 价 指 标	评 价 参 数	评 价 主 体
线下研修	活动成果	教学设计 教学课件 课堂实录视频 说课视频 听评课记录 教学反思 佐证材料	主讲教师评价 参训教师自评 参训教师互评 项目组评价 送培单位评价
	研修与实践评议	对他人研修成果的评价	主讲教师评价
	研修记录	研修日志	主讲教师评价 参训教师互评 项目组评价

四　混合式教师培训课程方案的实施策略

混合式教师培训是一种数字化环境下的新型培训与学习方式,与传统的面授培训和远程培训模式相比,无论是培训者还是参训教师所处的生态环境都发生了巨大的变化,他们在培训过程中所扮演的角色、培训教材与学习资源、培训与学习工具等诸多要素,从形式到内涵的变化都很明显。这就要求我们在实施过程中,特别注意训前调研、培训组织、主题研讨、集中面授、线上线下和支持服务等多种有助于参训教师自主学习、互动学习的培训形式,促进培训效果的最大化。

1. 培训前调研工作要扎实

为了解参训教师的专业发展水平及对培训的需求情况,广泛听取各方面的意见和建议,更好地服务,按需施训,教师培训项目组应在培训前期从基本信息、学识专业素养、教育教学素养、教学研究素养、教学情况、信息技术情况、校本研修、专业发展八个方面设计多个问题对参训教师进行调研,按需设计培训课程并形成参训教师情况报告,以便了解参训教师需求,明确培训方向。

2. 在培训组织方面,各阶段要联系紧密

在培训组织方面,一般可以安排 7 个研修阶段,每个研修阶段各有侧重,环环相扣。通过开班仪式,明确培训任务,熟悉操作;通过发展调研,提出问题;通过网络研修,了解培训安排,学习培训课程;通过主题探讨,向面授专家问诊;通过集中培训,与专家面对面,进行文化熏陶;通过返岗实践,将理论与实践有机结合,不断总结和反思;通过成果展示,沐浴花香果硕,让成果精彩绽放。

3. 主题研讨参与面要高

为保障参训教师针对面授课程及感兴趣的专家提出有价值的问题,教师培训项目组应在研修平台设置相关课程的主题研讨,通过公布面授课程主题、授课专家简介、课程简介等信息,引导参训教师针对课程、专家提问。项目组将前期参训教师提出的问题进行分类汇总,在面授前两周提交给授课专家,以便专家有充足的时间进行解答。

4. 集中面授形式要多样化

集中面授培训聚焦"教育理念""学科教学策略""学科专业素养与学科融合"等方面,培训形式包括"专家讲座、互动交流、文化体验",以专家讲座为主,充分发挥专家的引领作用,期间安排学校课堂观摩以及互动环节,促进学员与专家、学员与学员之间的交流。

5. 线上线下应有机融合,满足不同需求

培训形式的运用从灌输向参与转化,改变以往以"教师讲授"为主的单向灌输知识的形式,以满足教师多元化需求的线上与线下相结合、教授讲课与成果共享,层次递进的参与式研修,搭建学习圈子共享平台,线上部署《基于问题求解的教师专业发展》《普通中小学骨干教师专业发展途径探索及案例分析》《课堂教学观摩、研讨、专家点评》等 20 门学科与通识课程。线下组织为期五天的专家、教授与名师授课团队及培训答疑专家团队参与培训。

6. 服务支持应全方位

为帮助与督促学员学习,组织单位为每一期教师培训提供了良好稳定的技术平台以及丰富的服务渠道。除了 24 小时的客服热线电话、参训教师管理微信群、研修平台公告,在培训过程中,客服轮流全天值班,全程跟进指导。同时,项目组还通过短信平台、电话联系等与项目管理员进行适时沟通,采用多渠道的人性化服务进一步保障培训工作的顺利开展。

思考与展望

一	主要问题

1. 教师在职培训项目依然主要靠政策驱动,学员的学习积极性有待提高

目前在职教师培训市场发展仍处于初步阶段,主要受限于专业教师培训师资短缺、在职培训水平有限等不利因素。一方面,教师培训师资比例不协调,即专职从事教师在职培训的教师人数相对较少;另一方面,地方省市级教育学院作为教师在职培训的主要教学单位,缺乏较为完备的学术门类和学术梯队,教育和教学水准不一。目前在职教师培训多由政府购买,如国培计划、地培计划,支出来源于各地的教育经费。从而导致学员的学习动机有待加强。

2. 培训成果难以跟踪和检验

培训成果只有经过长期调整修正,才能变成习惯。而人们往往比较倾向于短期可见的好处,不太重视长期影响,这严重影响培训成果的跟踪和检验。

3. 教师培训工学矛盾依然突出,缺乏将学习与工作整合起来的机制与方法

各级培训都有规定时间及地点,但由于教师在学校担负着教育教学任务,因此,教师培训虽能提升教师的能力,加速教师专业化的发展,但处理不好往往又会影响教师正常的教育教学工作。

二　展望

在后期的混合式教师培训课程方案的开发与实施中,我们要正确认识教师在教育教学实践中的关键性和决定性的作用,以教师核心素养为依托,了解和尊重学生,遵循规律,立德树人,创新发展,做好混合式教师培训课程方案的设计与实施。

实践案例情况

西南大学是教育部批准的"教育部国培计划远程培训国家资质机构",在多个省(市)开展了"国培计划"远程培训项目;同时开展了教育培训、农业培训、信息化培训及其他综合培训等短期集中培训,共计培训学员 30 余万人次,目前在培学员 7 万余人,学校长期为云南省提供教师培训,承担的项目有:昆明市五华区"51336 教育人才培养计划"小学教师培训(2015 年—2016 年,共 8 期),昆明市中小学春城教学名师培训(2017.9),昆明市呈贡区中小学教师科研能力提升培训(2017.9,2 期),昆明市五华区"三名工程"中小学教师培训项目(2017—2019)等(详见表 15-5),在培训中受到云南学员的好评。

表 15-5　西南大学网络与继续教育学院 2017 年开展的混合式教师培训项目一览表

项 目 名 称	起 止 时 间	学 科	人 数
2017 国培示范性网络研修和校本研修整合培训项目	2017.8—2018.7	全学科	1 500
2017 年北京市东城区学科骨干教师高级研修班	2017.3.26—4.1	全学科	47
2017 年昆明市春城名师(中学)高级研修班	2017.9.11—9.15	全学科	73

项 目 名 称	起 止 时 间	学 科	人 数
2017年昆明市呈贡区中小学骨干教师教学科研能力提升专题培训	2017. 9. 17—2017. 9. 23 2017. 9. 24—2017. 9. 30（共2期）	全学科	108
2017年云南建水校长培训	2017.5.25—2017.5.27	全学科	130
2017年国培计划—云南省中小学、幼儿园网络研修和校本研修整合培训项目	2017.10—2019.10	全学科	35个示范校
2017年云南省省培中小学幼儿园信息技术应用能力提升培训项目	2017.9—2017.12	全学科	4 040
2017年普洱乡村教师信息技术应用能力提升	2017.9—2017.12	全学科	3 000
2017年贵州幼师国培网络研修和校本研修整合	2017.7—2017.12	幼儿教育	2 000
2017年重庆高中教师信息技术应用能力提升工程培训	2017.9—2017.12	全学科	1 329
国培计划(2017)—重庆市乡村教师网络研修与校本研修整合培训	2017.9—2017.12	全学科	1 000
"国培计划(2016)"—示范性网络研修与校本研修整合培训项目	2016.10—2017.7	全学科	3 000
2015年示范性网络研修与校本研修整合培训项目（信息技术应用能力专项培训）	2016.10—2017.3	全学科	2 600

案例开发档案

案例归属单位：西南大学网络与继续教育学院

案例开发时间：2016 年 9 月

案例开发团队

姓　名	工　作　单　位	学科背景/职称	主　要　贡　献
黄越岭	西南大学网络与继续教育学院	教育学/研究员	案例统筹
周渝锋	西南大学网络与继续教育学院	教育管理/副研究员	案例总体设计
莫　鸿	西南大学网络与继续教育学院	教育技术学/工程师	产品规划与设计
唐　旭	西南大学网络与继续教育学院	教育管理/项目主管	案例总结与撰写
黄顺利	西南大学网络与继续教育学院	商务管理/项目主管	案例实践组织与反馈

案例十六

同步县域课堂改进 支持校本常态研修
——中国教师研修网—陕西白水示范性
网络研修与校本研修项目纪实

陕西省渭南市白水县教育局

主题类别：教师专业化发展

关 键 词：示范项目、同步课改、常态研修、实效性、动力机制、效力机制

背景与问题

2017年4月，由陕西省教育厅逐级推荐，教育部批准，白水县被列为2017年国培计划——示范性项目网络研修与校本研修整合项目县，由中国教师研修网与白水教育局协同组织项目实施。中国教师研修网组织专家深入白水县基层学校就项目如何有效落地，深入分析白水县信息化时代下校本研修的实施现状，经过认真反思，发现了以下问题。

中小学的校本研修机制不健全、质量不高，具体表现为"五缺五少二不足"。一是缺主题，少研修；二是缺同伴，少互助；三是缺资源，少借鉴；四是缺平台，少交流；五是缺引领，少指导。一不足是从领导到教师，对校本研修作用的认识不足；二不足是资金投资不足。

远程培训与学校教学及校本研修两张皮。远程培训下不来，一套一套讲理论，有些理论与教师具体的教学联系不紧密，有些理论缺乏操作性，教师想得来但做不来。教师的实际问题得不到关注，问题就得不到解决。

远程培训与校本研修两头都缺乏动力，主要表现在：在参训意愿上，可

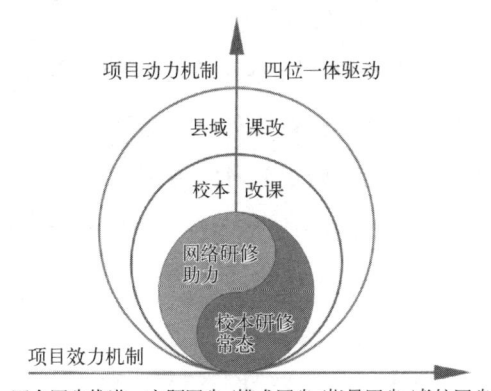

图 16-1　培训模式图

学可不学;在项目学习上,只看课不做课;在项目指导上,只导学不导做;在项目考核上,有作业无作为。

问题解决思路

要解决网络培训与校本研修有效结合的问题,关键是要建立项目实施的动力机制,要以县域课改为动力点,以校本改课为着力点,不断创设网络研修与校本研修有效整合的效力点。

一	聚焦课改:四位一体驱动,形成项目动力机制(解决项目实施"下不来"的问题)

在白水县被教育部确定为网络培训项目县后,中国教师研修网组织专家赴白水县进行调研,确定了年度研修主题、研修模式与双方职责,制定了项目实施方案。接着专家对项目管理者、坊主、坊员就线上与线下混合学习的目标任务、内容、步骤以及考核办法进行了面授与辅导。

1. 县域课改拉动

白水县教育局将 2017 年定为质量提升年,成立了课改领导小组,制订了《白水县校本研修实施方案》和《课堂教学改革方案》,优化课堂教学,提高教育质量,将"以学定教"确定为研修主题,下发了质量提升任务,提出了依托教育部教师研修网"示范性网络研修与校本研修整合"项目引领带动的要求,扎实有序地开展了形式多样的校本研修活动。

2. 校本改课带动

全县中小学校(幼儿园)32 所学校,按照教育均衡发展要求和教育局课改安排,一是建立了城乡结合的 9 大联盟校,以联盟为单位,开展片区联动,同伴互动,实现面上开花。二是选取了云台乡中、云台中心校、西固镇中、西固中心校、收水中心校5所学校为课改实验校，以点带面，重点开展课堂教学实验改革，实现点上结果。

各联盟校重点开展"三学三课三赛"。"三学"即学教育理论、学课标、学先进经验。"三课"即网上优质课、同课异构课、骨干教师示范课。"三赛"即各联盟校联盟内部先赛教，评出骨干，联盟间再进行赛教，评出选手，最后县上赛教，评出县级教学能手。联盟校"以强带弱"，同伴互助，开展形式多样的教研活动，致力于教师的共同发展，全面提高联盟间的教学质量。通过建立联盟帮扶，缩小了差距，促进了城乡之间的均衡发展，解决了乡村学校生源严重流失和城市学校班级过大的难题。

课改实验校重点开展"三研讨二观摩一课题"活动。"三研讨"即教研室课改组与课改学校领导、教师研讨新的教育动态、新的教学管理、新的教学模式；学校教学管理层从校长到主任再到教研组长，研讨方案与落实办法；教研小组组织同科教师研讨教学方法。"二观摩"即课堂观摩，课改组带领同科教师深入课堂坚持周周观摩，人人听课，节节记录，时时评课，开展理性磨课，让深度学习有效发生；课改组带领课改学校骨干教师外出参观名校，开阔眼界，与优秀学校交流合作，学习好的教学方法和先进的教学理念。"一课题"即课改组将教师在教学过程中遇到的实际问题作为研究对象，解决真实问题，并把问题转化成课题进行研究，按照"发现问题——制定方案——形成课题——展开研究——深入反思——形成理论"的步骤，不断深入探索，为全县教学提供理论指导。三年来，课改组每月一简报，通报工作内容、问题解决方案和教师教学心得；每周一问题，暴露课改点存在的突出问题；每学期一总结，分析得失，查漏补缺。通过重点校的课改活动，一方面为课改校教师树立了教改科研意识，提供了方法，促进了课改校教育教学质量的提高。把课改与教学实践紧密结合起来，以研促教，以教促研。做到教学即研究，教研就在反思、教学、教育叙事、提升总结和借鉴提炼中。教师专业水平有了提升，教学质量有了提高。另一方面为全县全面开展新课程改革和提高教学质量提供了实践经验。

3. 校本研修驱动

网络研修与校本研修整合以后,大大提升了校本研修的实效。

线上线下教师自主学习:线上学理论、观好课、搜资源、思问题;线下学课标、看教材、备教案、做反思。

线上线下教师同伴互助:线上信息交流、经验共享、晒课研课、问题探究;线下课改沙龙、专题讨论、同伴辅导、合作研究。线上发五帖:问题帖、研讨帖、交流帖、反思帖、评价帖。线下四参与:参与集体备课、参与学科教学研讨、参与观课议课、参与校本研修。

线上线下专家引领:线上理念引领、目标引领、方法引领、问题引领;线下做样子、找方子、引道子、量尺子。

通过研修,逐步建构了基于课堂规范化的"备、上、评"模式、优化课堂结构以学定教的"起点、难点、落点"模式和课改组深入基层的"问题、反思、经验"模式。

"备"就是备好课。利用4周时间,分8个步骤完成,即思,反思自己日常备课标、教材、学生的方法;学,学网上资源、方法;做,自己设计一节课的目标;研,小组运用ORID讨论法说方法、谈点子;辩,成员之间分别议论对方的方案;改,修改设计的教学目标;晒,坊间晒一节目标设计;结,总结提炼目标设计经验、方法。

"上"就是上好课。

"评"就是评好课。同样利用4周时间,分8个步骤具体完成。

"以学定教"的"起点、难点、落点"分三个阶段。

第一阶段:预习性任务(起点)

确定学习起点,围绕学生学习起点,初步掌握预习性任务设计方法,形成一份学习起点与学习任务分析单。

第二阶段:针对性教学(难点)

解决学习重难点,围绕学生学习重难点,反思提炼针对性教学策略,形成一份针对性教学片段设计与反思单。

第三阶段： 跟踪性练习（落点）

检测学习效果，围绕学习效果反馈，初步掌握跟进性练习设计方法，形成一份跟进性练习设计与效果分析单。

"问题、反思、经验"就是课改组深入基层，走进课堂，与教师、学生开展研讨的工作模式。暴露问题、寻找问题、发现问题是一切教研课改工作的起点，问题越多，工作越深入，教研越落地，课改越有抓手。课改组走进学校，通过听、看、查等形式，罗列问题清单，抓住第一手材料，接着就问题进行整理，寻找理论支撑，建构解决方案，再次走近教师，论长短，补露缺，最后形成经验，加以推广。

4. 网络研修助动

遴选课改一线获奖课例和优质资源，提供课改的"样子"，包含教学设计（教案）、课件、微课、白水教学论语、改进课与研讨课、坊主示范课、教学反思、美篇等。搭建线上线下混合研修的平台，提供研修的"路子"，包括线上交流发帖，线下主题活动。设计"课中问，问中学，学中变"的研修方式，提供研修的"模子"。构建名师送教、省外取经的交流学习通道，提供借鉴的"方子"。三年来，经过北京专家指导、西安名师的送教、北京西宁学习培训的交流参观，网络研修项目对当地校本研修真的起到了示范引领作用，起到了网络研修助力教育质量提升的作用。

二	促进常态： 四个同步实施，形成项目效力机制（解决校本研修"上不去"的问题）

1. 主题同步

网络研修、校本研修和实际课堂教学实践主题同步，课堂教学的基本问题就是校本研修要解决的问题，校本研修要解决的问题就是网络研修培训学习的问题。通过聚焦问题，合力研修，解决课堂教学的本质问题。2017 年的研修主题是

"备、上、评"，解决课堂教学规范问题；2018年的研修主题是"起点、难点、落点"，解决课堂教学结构问题；2019年的研修主题是"问题、反思、经验"。

2. 模式同步

在整体研修过程中，线上线下按照"课中问，问中学，学中变"的模式研修。2017年三者的共同模式是：备、上、评。每一个阶段都按照"思、学、做、研、改、晒"的模式研修。2018年三者的共同模式是：起点、难点、落点。每个阶段都按照是什么（任务描述）、学什么（课程资源）、怎么学（发现、改善、分享——线上看招，线下辩招，课上改招，坊主亮招）的模式研修。

3. 指导同步

网络学习指导与校本研修指导同步，项目坊主指导与专家指导同步，线上指导与线下指导同步，校本研修与课堂指导同步。坊主既能指导网络研修，又能深入校本，参与线下。理论与实践同步，指导与问题同步，学习与反思同步，所有指导都能精准课堂、精准问题、精准质量的提升。

4. 考核同步

2017年，网络考核与校本考核结合，以校本考核为主，由县局备案，作为评优树模的必备条件。2018年，以县教育局业务考核（裸备）为主，开展基于"以学定教"的预习性任务设计、针对性教学、跟进性练习的教学设计全员考核，以考促学，以考促研。2019年，实行"三级考核"，即对联盟校实施捆绑式考核（9大联盟校），对片区实施比较式考核（3大片区），对实验校实施阶段式考核（5所改革学校）。

经验与创新

1. 形成真动力

区域课改任务驱动：在县教育质量提升年，将网络研修纳入学校集体、坊主、坊员个人校本研修的量化考核之中，通过示范性项目，拉动校本研修的有效开展和课堂教学有效性的提升;通过2018年对县域内全体坊员进行"以学定教"教学设计的裸备,倒逼教师进行网络研修,激发教师校本研修的内驱力。

2. 支持真研修

主题同步基于课改真需求:主题来源于问题,问题来源于课堂实践。

模式同步基于问题真学习:在实践中发现问题,通过真问、笃学、实做的一步步研修,通过反复实践、理论学习、分析概括,形成操作简单、研修有效的经验总结。

3. 合力真指导

坊主团队即课改团队,教研员、骨干教师即坊主,教研室、备课组即坊主室:坊主也是坊员,坊主团队也是课改团队。指导是学习,学习也是指导。教研员重心下移,深入课堂,发现问题,分析问题,研究解决办法。教研员—骨干教师—教师,坊主—坊员,形成一个共同体,一周一推,一科一进。问题销号法,成绩赶超法,教师不断钻研新教法,攻克新问题,学校之间不断地竞争,努力提升质量。

专家指导即课改指导:专家一手抓项目学习指导,一手抓校本改课指导;既在网络上指导,又深入基层课堂指导。指导,是围绕实际教学中的问题、围绕"以学定教"的教法进行指导。

4. 实施真考核

项目实施中,县校分别制定了考核方案。县上通过组织坊主、坊员进行裸备,考核网络研修与校本研修实效;各校通过量化校本研修过程任务对教师进行考核,将考核结果与学期结果挂钩。教研室课改组采取周评估、月评估和学期综合考核相结合的方法,对学校进行考核。

在项目实施的过程中,示范性网络研修与校本教育教学研修得到了充分紧密的联系。网络研修助力校本研修,校本研修提升了网络研修实效。项目着力于网络研修助力、校本研修常态、校本课改落地、县域提升的"四位一体"与主题同步、模式同步、指导同步、考核同步的"四个同步",落实了网络研修与校本研修的实效,实现了县域课堂质量的可持续发展,促进了教育质量的提升。

思考与问题

未来应思考如何延续项目效应,实现县域教学质量的持续改进,建立信息化与区域化长期协同的专业发展共同体。同时还应思考如何优化项目精准助力课堂,支持学生深度学习,提分提能提素养,健全支持精准学习、精准教学的资源开发体系。

案例实践情况

白水县中小学校国培计划——网络研修与校本研修整合项目

项目人数 1 542 人(初中语文 177 人,数学 103 人,英语 119 人,道德与法制 43 人,物理 48 人,化学 35 人,体育 29 人,音乐 12 人,美术 21 人,历史 13 人,地理 9 人,生物 12 人。小学语文 345 人,数学 248 人,英语 69 人,体育 29 人,音乐 26 人,美术 33 人,信道科 12 人。学前 152 人。)分学段分学科为单位组建了 12 个初中工作坊(城关一中、城关二中、田家炳中学分别建立语文、数学、英语工作坊,县级理化工作坊,史地政治综合工作坊,体音美信综合工作坊),10 个小学工作坊(东风小学、胜利小学、北关小学、白水小学分别建立语文、数学工作坊,县级英语工作坊,体音美信综合工作坊),2 个学前教育工作坊,共计 24 个学科工作坊。由白水县教研室教研员、城区初中、小学、幼儿园省市级教学能手共计 35 人担任工作坊主持人团队。同时选取了 32 个项目学校主管教学的副校长或教务主任担任管理员。

在应用方式方面,一是要建立网络研修助力校本研修常态,校本改课带动,县域课改拉动的四位一体动力机制,解决项目落不下的问题;二是要形成校本考核与县域考核一体的项目评价机制,解决项目实施过程的推动问题;三是要实施主题同步,模式同步,指导同步,考核同步的四个同步网络与校本研修机制,解决校本研修上不去的问题。

1. 教师教学有改善

观念上,开始以教师为中心向以学生为中心转变。行为上,从以教定学转向以学定教。技能上,运用备学情的方法,解难点的策略,测达标的技能。在研修中生成了点子库 260 个、经验封 450 个,汇集了老师们的生成性智慧,开展组织改进课与研讨课 209 节,标志着"以学定教"迈出了扎扎实实的步子。汇集《白水论语》322 条,展现了老师"自己的理论,凝聚着教师们研修实践的理性思考"。

2. 校本培训有改观

从流于形式到有规有效。一是三步走:跟着学,混合做,自主研。从线上预设主题到线下生成主题再到校本自主研修。东风小学语文坊组织全体坊员依据"备好课、上好课、评好课"的研修主题,线上平台"找法子,学样子",线下交流分享"找路子、量尺子"形成了以"随文识字"教学为主题的识字坊、以"生活化交际"方式为主题的口语坊、以"整本书阅读"为主题的阅读坊、以"古诗吟诵"法为主题的古诗坊、以"当堂习作流程"为主题的习作坊、以"思维导图"在教学中的应用为主题的导图坊。这样的工作坊达到一半以上。大坊下有小坊,大主题下有小主题。据实研修,富有特色,扎实有效。二是四个有:有主题,有活动,有方法,有考核。北井头李家卓小学、雷村乡中心校、北关逸夫小学,分别形成了校本考核与县域考核一体的项目评价机制,并按照网络研修与校本研修的常态要求,结合学校实际开展了富有成效的研修活动,形成了"一校一式"的活动。

3. 校本课堂有改进

理念在改,为学习而设计,为学困生解难。胜利小学语文工作坊以课标为主线,以学为中心,走进乡校,走进课堂,研讨标准,找好起点,破解难点,精准落点,分层指导,分类推进。流程在改,先学,再评,后教。备课标,析学情,定目标,先评价,再教学。形态在改,预习性任务,针对性教学,跟进性练习。学生在改,学生想学、会学,教学质量在提升。

4. 联盟学校有改变

九大城乡联盟体立足校本,依托项目,携手互助,问题从小校本来,研讨在大校本中,解决又回到小校本去,相互学习,资源共享,优势互补,齐头并进,捆绑评价,荣辱共存,出现了乡下弱校由弱变强的可喜局面。北塬镇中利用盟主校城关一中的优势,依托网络研修资源与项目平台,诊断自身问题,开展研讨交流,寻找有效方法,解决实际问题,提升教育质量,学校教学变化明显,成绩提升显著。

5. 县域质量有提升

全县实施课堂教学改革,引入动力管理机制,各个学校以规范"备、上、评"和优化"起点、难点、落点"课堂结构为抓手,提升了课堂教学的有效性,强力地推动了全县教学质量的提升。2018 年,学期末检测考试义务段 1—8 年级,学科笔试成绩及格率达到 85％以上,9 年级升学考试,平均成绩处于全渭南市第三名。2019年课改学校积极性进一步提升,课改步子迈得更大,课改成效更加显著。

案例开发档案

案例归属单位:陕西省渭南市白水县教育局

案例开发时间:2017 年 5 月—2019 年 7 月

案例开发团队:

姓　名	工　作　单　位	学科背景/职称	主　要　贡　献
宋冬生	原合肥师范学院	中文	项目首席专家
张　欣	中国教师研修网	物理学	项目负责人
陈昌发	中国教师研修网	中文	项目统筹管理
贺　军	中国教师研修网	法学	项目课程开发

姓 名	工 作 单 位	学科背景/职称	主 要 贡 献
孙晓东	中国教师研修网	计算机科学及应用	项目技术保障
杨 茜	中国教师研修网	教育信息技术	用户呼叫中心
屈玉虎	陕西省渭南市白水县教育局	教育局长	组织协调
陈建喜	陕西省渭南市白水县教育局	中学高级	业务主管
段闯宏	陕西省渭南市白水县教研室	中学高级	组织实施
王文戈	陕西省渭南市白水县教育局	中学高级	组织实施
种忠武	陕西省渭南市白水县教研室	中学高级	业务骨干

中国教育学会教师培训者联盟简介

当今世界,教育水平越来越成为国家创新能力和综合实力的指针。习近平总书记特别强调,"努力培养造就一大批一流教师,不断提高教师队伍整体素质,是当前和今后一段时间我国教育事业发展的紧迫任务"。《国家中长期教育改革和发展规划纲要(2010—2020 年)》明确提出"大力发展教育培训服务"。培训者是教师培训院校或培训机构整合培训资源、实施培训任务、承担培训管理的核心责任主体。如今,培训任务不断升级、培训工作专业性日益增强,承担培训的各级各类机构和院校的培训者亟需提升专业素养、加强自我更新,因此,搭建通畅的交流平台、创造直击问题的研讨氛围以及组建真正有效的学习共同体,是推动培训者专业成长的重要途径。在此时代背景下,中国教育学会决定联合相关组织和师范院校成立"中国教育学会教师培训者联盟"。

一 主旨与目标任务

中国教育学会教师培训者联盟是在中国教育学会领导下,由上海市教育学会和华东师范大学联合倡议,协同上海市师资培训中心、山东省中小学师训干训中心,以及北京师范大学、东北师范大学、华中师范大学、西南大学、陕西师范大学、西北师范大学、上海师范大学等高校的相关学院发起,并吸纳多家高等院校、各级教育学院、教师进修学校(院)等从事教师培训的专业单位以及个人组建的公益性、合作性、专业性的行业协作平台,以"成就教师培训者的专业梦想"为宗旨,致力于为教师培训者创设相互学习、研讨的学术交流机会,共同探索教师培训的系统解决方案以及教师培训者的专业发展路径。

中国教育学会教师培训者联盟的目标任务是：关注与适应国际国内教师培训发展的趋势，聚焦我国教师在职培训的理念、内容、模式、技术等关键问题，通过整合国内外优质教师培训资源，创新教师培训资源流通的灵活机制，为教师培训者的专业发展提供交流平台、研究基地与系统化解决方案，探索培训者专业发展的有效机制与途径。

二　　指导思想和组织原则

中国教育学会教师培训者联盟的指导思想是：以科学发展观与立德树人精神为指导，全面遵循党的教育方针，深入贯彻落实《国家中长期教育改革和发展规划纲要(2010—2020 年)》，以培育与提升培训者的先进办学理念和专业水平为目标，围绕培训者的专业发展和工作实务进行协同实践与合作研究，推动与提升培训者群体的专业发展，适应未来教师专业发展和终身学习的需要，提升中国教师培训的专业化水平。

中国教育学会教师培训者联盟的组织原则是：坚持公益性原则；坚持自愿性原则；坚持平等性原则；坚持发展性原则；坚持开放性原则。联盟成员权益平等，资源共享，协同探索，平等交流，共同进步。

三　　行动目标

中国教育学会教师培训者联盟的行动目标是建立成员之间的常态化研讨与交流活动，加强成员间的深度沟通、协同与联动，加强培训行业自律，形成教师培训者学术研究、实践交流、资源共建共享的平台。具体体现在：

- 合作开展研究，共同攻克教师培训理论与实践中的瓶颈问题；
- 定期举办年度会议，发布专业资讯、调查结果、分析报告和应用数据等研究成果；

- 通过征集、遴选、评审等方式评选各类培训实践典范；
- 研究与构建培训者能力框架与标准，规范与提升培训者团队专业水准；
- 探索新技术、新模式在教师培训中的应用；
- 提炼与分享优质课程资源、优秀培训模式，形成资源联动互通、共建共享的氛围与机制。

四　　管理和运作

中国教育学会教师培训者联盟的最高管理机构是理事会，理事会成员由中国教育学会、上海市教育学会以及副理事长单位成员构成。理事会设理事长、副理事长、理事以及顾问等职务。华东师范大学开放教育学院为联盟秘书处，负责联盟的日常管理。

中国教育学会教师培训者联盟副理事长单位共 11 家，分别是（按拼音排序）：北京师范大学继续教育与教师培训学院、东北师范大学教育学部教师发展学院、华东师范大学开放教育学院、华南师范大学基础教育培训与研究院、华中师范大学职业与继续教育学院、山东省中小学师训干训中心、陕西师范大学教师干部教育学院、上海师范大学现代校长研修中心、上海市师资培训中心、西北师范大学教师发展中心、西南大学网络与继续教育学院。

图书在版编目（CIP）数据

中国教育学会教师培训者联盟2018年度实践案例集/闫寒冰,魏非主编.—上海：华东师范大学出版社,2020

ISBN 978-7-5760-0269-0

Ⅰ.①中… Ⅱ.①闫…②魏… Ⅲ.①教师培训—案例—汇编—中国—2018 Ⅳ.①G451.2

中国版本图书馆CIP数据核字（2020）第053133号

中国教育学会教师培训者联盟2018年度实践案例集

主　　编	闫寒冰　魏　非
责任编辑	彭呈军
特约审读	张艺捷
责任校对	郑海兰　时东明
装帧设计	卢晓红

出版发行　华东师范大学出版社
社　　址　上海市中山北路3663号　邮编 200062
网　　址　www.ecnupress.com.cn
电　　话　021-60821666　行政传真 021-62572105
客服电话　021-62865537　门市(邮购)电话 021-62869887
地　　址　上海市中山北路3663号华东师范大学校内先锋路口
网　　店　http://hdsdcbs.tmall.com/

印 刷 者　上海锦佳印刷有限公司
开　　本　787×1092　16开
印　　张　21
字　　数　261千字
版　　次　2020年7月第1版
印　　次　2020年7月第1次
书　　号　ISBN 978-7-5760-0269-0
定　　价　78.00元

出 版 人　王　焰

（如发现本版图书有印订质量问题,请寄回本社客服中心调换或电话 021-62865537 联系）